建筑企业
破产重整法律实务

李乐敏 主编

中国法制出版社
CHINA LEGAL PUBLISHING HOUSE

本书编委会

主　编

李乐敏

编　委

何雨梦　　傅梦露　　丁天甲　　刘梦群

李韦霏　　丁林阳　　董　冬　　翁雪毓

序　言

　　建筑业是我国国民经济的重要支柱产业，承载着基础设施建设、社会民生保障、创造就业机会等多方面的重要社会使命。建筑企业作为典型的市场经济主体，也面临着市场竞争的冲击、经济环境的变化、国家政策的调整等多重社会风险因素的考验。建筑企业在发展的过程中，也会随着"优胜劣汰"的市场经济规律，出现企业因种种原因经营亏损，甚至倒闭破产的情况。这就使建筑企业如何顺利地破产退出，那些具有挽救价值和希望的企业获得重整挽救成为人们关注的社会话题。

　　通过破产重整，建筑企业可以解决沉重的债务包袱，优化资源配置，于绝境中重生，实现企业的转型升级。但是，任何企业的重整挽救成功都非易事，涉及众多复杂法律问题、经济问题和社会问题的建筑企业更是如此。我们要看到，企业的破产问题与其他法律问题存在一些重要的区别。在企业处于正常经营状态、具有债务清偿能力的情况下，由于债权人等利害关系人的债权清偿等正当的权利都可以得到实现，当事人间的冲突矛盾、法律问题大多是因正当行为与非法行为、正当利益与违法利益之间的博弈而造成的，此类矛盾处理的规则要相对简单、明确一些。但在企业丧失清偿能力、无法清偿和实现所有合法正当债权时，矛盾的性质便会发生转化。这时最为突出的问题往往转化为多种正当权利相互之间的矛盾，如担保债权人与无担保债权人之间的清偿矛盾、职工债权人与其他债权人的矛盾，等等。由于这些社会问题在不同领域和层面上法律的调整原则可能存在差异，乃至发生冲突，在复杂的实践中要想平衡并实现不同性质权益的实质公平是十分困难的。如何在破产法法律框架内有效地解决这些矛盾，就成为建筑企业进行破产重整亟待深入研究和灵活解决,进而实现企业挽救的关键。

法律的生命在于实践,尤其是其解决各种复杂社会问题的规范能力。对建筑企业破产重整立法与实践的探索创新、经验总结、补充完善,更是需要丰富的破产实务工作实践经验与深入的理论研究。由浙江振邦律师事务所多年从事破产管理人工作的各位同仁们共同创作的《建筑企业破产重整法律实务》一书,便在这样的背景下应运而生。本书作者从法律实务的角度出发,为建筑企业的破产重整提供全面的经验参考和工作指导,并希望通过本书的出版,能够让更多的人了解建筑企业破产重整的复杂性和重要性,共同为建筑企业的健康发展贡献一份力量。

如前所述,企业破产重整是一个既复杂又敏感的法律问题。在当前复杂的经济环境下,企业面临着巨大的挑战和压力,破产重整成为那些陷于破产境地的企业得到挽救、走出困境的重要途径。然而,建筑企业的社会法律关系十分复杂,要想重整成功并不是进行简单的债务重组或资产清算就能够实现的,还需要从多角度、多层面综合考虑,确保各方的正当权益得到公平保障、妥善处理,才可能在实现债权人利益最大化的基础上,促使债务人企业得到挽救重生。

本书从建筑企业破产重整的基本原则、模式选择、破产财产识别、债权的审核与处理、继续经营的模式以及投资人的招募与确定等多个方面入手,进行了深入的研究探讨。作者详细阐述了建筑企业在面临破产危机时,如何通过重整实现企业营运价值最大化、债权公平清偿、维护建筑市场秩序等目标,同时也对不同类型的企业重整模式进行了比较和分析,为建筑企业根据自身情况选择适合的重整模式提供了指导。此外,书中还对破产财产的识别和处理进行了深入探讨,特别是对工程款等建筑企业的特殊关键问题的处理提出了一些独到的见解。书中不仅提供了对立法规定和理论知识的正确理解,还结合了振邦律师事务所在建筑企业破产重整领域的探索与实践,以及对具体典型案例的分析,为建筑企业和法律实务工作者提供了宝贵的实务经验参考。如在基本原则方面,本书提出了建筑企业价值最大化、破产债权公平清偿以及维护建筑市场秩序等核心原则。这些原则不仅体现了破产重整的基本精神，也符合建筑业的特殊性和实际需求。遵循这些原则，有利于建筑企业在破产重整过程中实现价值最大化，保障各方利害关系人权益的平衡。在重整模式选择方面，本书介绍了实践中存在的预重整、存续式重整、出售式重整以及清算式重整等多种模式，并针对不同模式的适用条件和风险解决进行了深入分析。建筑企业及相关中介机构可以根据面临的实际情况和重整需求，选择最适合自己的重整模式，以实现最佳的重整效果。在破产财产的识别方面，本书详细阐述了工程款、施工设备、管理费以及建筑企业资质等破产财产的认定和处理方式。这些财产是建筑企业破产重整中的重要组成部分，正确处理这些财产关系对于保障重整的顺利进行具有重要意义。

从总体上看，本书的特点之一是专业性。本书针对建筑企业的特点，深入探讨了其在破产重整中的各种特殊法律和社会问题，如建筑企业资质的维护、工程款债权的处理等。本书还根据最新的法律法规、司法案例、研究发展和市场变化，向读者提供了最新的破产重整理论和实践方法。作者团队在建筑企业和破产重整领域具有的丰富实践经验和深厚理论功底，使其能够准确把握建筑企业的需求和痛点，为读者提供全面的法律知识和高质量的实务经验指导。

本书的特点之二是实用性。本书紧密结合建筑企业的实际情况，针对其在破产重整过程中可能遇到的各种问题进行了深入分析，并提出了切实可行的解决方案。同时，书中还引用了振邦律师事务所的实际操作案例，将理论与实践紧密结合，提供了丰富的实务经验和案例分析，增加了书籍的实用价值。

本书的特点之三是全面性。本书内容涵盖了建筑企业破产重整的全过程，从基本原则到具体操作，从破产财产的识别到债权的审核与处理，再到继续经营的模式选择等，为读者提供了一个具有系统性、全面性的建筑企业破产重整法律框架，帮助读者理解和掌握建筑企业破产重整的全过程。

本书由振邦律师事务所各位从事破产实务工作的同仁共同写作完成，体现了该所在建筑企业破产重整领域中的理论研究成果和实践工作经验。书中提到的典型案例，如某达公司、某越建设、某程公司破产清算转重整案件等，展示了振邦律师事务所在处理建筑企业破产重整方面的专业能力和业绩。本书的作者团队针对建筑企业的破产重整挽救问题，把握建筑企业的关键需求和实务痛点，为读者提供高质量的法律知识和实务经验指导。本书对法律专业人士以及建筑企业的管理者和从业人员来说，都具有很高的参考价值和指导意义。

综上所述，《建筑企业破产重整法律实务》一书是一部内容全面、研究深入、实践经验丰富的法律实务著作。它既有对破产法理论的深度研究，又体现了管理人实践工作的努力与创新，做到了理论与实践的紧密结合，为建筑企业破产重整提供了有力的法律支持与经验指导，提出了许多具有建设性、前沿性的观点。尽管这些观点可能还存在需要进一步深入与完善的问题，还有待于在破产法理论与实务方面与各位同仁们通过探索发展。我们相信，随着破产法及相关法律法规的不断完善和建筑市场环境的不断优化，建筑企业的破产重整将会迎来更加广阔的发展前景。同时，我们也期待更多的法律实务者和理论研究者能够关注这一领域。希望本书的出版能够对从业者处理建筑企业重整业务起到启发、借鉴、推进的效用，更希望破产管理人以及其他从事破产法理论研究与实务工作的各界同仁们共同努力，持续研究、深入探索、积累经验，不断推进我国破产法的立法、理论和实务不断前行，取得更大的成果。

欣然，是以为序。

中国人民大学法学院教授、博士生导师
中国人民大学破产法研究中心主任

2024 年 5 月 6 日

目录 Contents

导 论 ·· 001

  第一节　作为国民经济支柱产业的建筑业 / 003

    一、建筑业的发展历史 / 003

    二、建筑业对我国国民经济的影响及重要意义 / 005

  第二节　我国建筑业发展下行及其成因 / 008

    一、建筑业及其市场主体建筑企业发展下行 / 008

    二、下行成因之外部经济环境因素 / 010

    三、下行成因之建筑行业自身原因 / 012

  第三节　以破产重整方式拯救建筑企业 / 016

    一、维护社会经济环境总体稳定 / 017

    二、促进建筑企业价值最大化 / 019

    三、实现建筑企业工人权益保障的最大化 / 024

    四、修复建筑企业继续合规运营 / 025

    五、维护全体债权人利益 / 027

  第四节　本书的逻辑框架 / 028

第一章　建筑企业破产重整的基本原则 ··· 031

  第一节　引言：建筑施工实践中的多元利益主体 / 033

  第二节　建筑企业价值最大化原则 / 037

    一、建筑企业价值最大化原则的由来 / 037

    二、建筑企业价值最大化的核心体现——建筑企业资质维护 / 041

第三节　破产债权公平清偿原则 / 044
　　一、公平清偿原则的意义 / 044
　　二、公平清偿原则的核心体现——实际施工人权利的取舍 / 047
第四节　维护建筑市场秩序原则 / 056
　　一、企业破产重整中的市场秩序维护 / 056
　　二、维护建筑市场秩序的核心体现——农民工群体利益保障 / 058

第二章　建筑企业破产重整的模式选择 …………………………………… 061
第一节　预重整模式的适用 / 063
　　一、预重整模式的界定 / 063
　　二、建筑企业选择预重整的优势 / 067
　　三、预重整的程序流程 / 071
　　四、建筑企业预重整的风险及应对 / 075
第二节　存续式重整模式的适用 / 078
　　一、存续式重整模式的界定 / 078
　　二、建筑企业采取存续式重整模式的考量因素 / 079
　　三、建筑企业存续式重整模式的风险及应对 / 082
第三节　清算式重整模式的适用 / 088
　　一、清算式重整模式的界定 / 088
　　二、建筑企业选择清算式重整模式的考量因素 / 090
　　三、建筑企业清算式重整模式的风险及应对 / 096
第四节　出售式重整模式的适用 / 100
　　一、出售式重整模式的界定 / 100
　　二、建筑企业选择出售式重整模式的考量因素 / 101
　　三、建筑企业出售式重整模式的风险及应对 / 103

第三章　建筑企业破产重整中破产财产的识别 ………………………… 109
第一节　破产财产的定义 / 111

第二节　工程款 / 112

　　一、工程款处理中实际施工人概念的厘清 / 112

　　二、工程款认定中实际施工人法律地位的类型化处理 / 117

　　三、实际施工人工程款债权在破产中的惯常做法 / 122

　　四、实际施工人工程款债权受司法解释变化的影响 / 127

第三节　其他破产财产 / 135

　　一、施工设备 / 135

　　二、管理费 / 138

　　三、建筑企业资质 / 140

第四章　建筑企业破产重整中债权的审核与处理 ………… 145

第一节　建筑企业破产债权审核与处理的基本原则 / 147

　　一、形式审查原则 / 147

　　二、实质审查原则 / 148

　　三、形式与实质相结合原则 / 149

第二节　建筑企业破产债权审核与处理的一般方法 / 151

　　一、界定破产债权的类别 / 151

　　二、债权审核的流程与要点 / 155

第三节　建筑企业特殊债权的审核与处理 / 163

　　一、工程款债权的审核与处理 / 164

　　二、税收债权的处理 / 169

　　三、职工债权的审核与处理 / 174

第五章　建筑企业破产重整中继续经营的模式 ………… 177

第一节　破产前建筑企业经营的特点与问题 / 179

　　一、建筑企业经营的一般理论 / 179

　　二、建筑企业的特殊经营模式 / 181

第二节　破产后建筑企业继续经营模式选择的原理 / 187

一、破产重整程序对企业治理结构的影响 / 188

二、破产后建筑企业继续经营模式选择的理论基础 / 189

三、继续营业选择的原则 / 191

四、建筑企业继续经营的内容 / 192

五、继续经营模式选择具体的判定标准 / 194

第三节 建筑企业继续经营的模式 / 198

一、管理人经营模式 / 198

二、债务人自行管理模式 / 204

第六章 建筑企业破产重整中投资人的招募与确定 ········· 215

第一节 投资人招募的前提 / 217

一、建筑企业破产重整范围确定的必要性 / 218

二、建筑企业重整范围的确定标准 / 219

第二节 投资人招募的方式 / 225

一、理论背景 / 225

二、主流招募方式评价 / 227

第三节 投资人确定的标准 / 229

一、实务中确定标准的模式 / 229

二、现实中确定标准的困境 / 231

三、投资人确定标准的完善 / 235

第四节 投资人确定后的权益实现 / 241

一、股权转让的实现 / 241

二、信用修复的实现 / 247

附录 建筑企业破产重整典型案例 ········· 257

某达建设、某达交通合并破产清算转重整案 / 259

一、案件基本情况 / 259

二、案件处理过程 / 261

三、案件处理结果 / 263

　　四、案件学理评析 / 264

某越建设重整案 / 266

　　一、案件基本情况 / 266

　　二、案件处理过程 / 267

　　三、案件处理结果 / 269

　　四、案件学理评析 / 270

某程公司破产清算转重整案件 / 275

　　一、案件基本情况 / 275

　　二、案件处理过程 / 276

　　三、案件处理结果 / 277

　　四、案件学理评析 / 278

后记 / 280

·导 论·

第一节　作为国民经济支柱产业的建筑业

一、建筑业的发展历史

改革开放以来，建筑业迎来了全新的发展机遇。这个时期，建筑业在新技术和新材料的应用方面取得了长足的进步，对国民经济及就业产生重要影响。21世纪初，我国建筑业及其市场主体建筑企业进入了高速发展阶段。这一时期，我国建筑业及其市场主体建筑企业不断创新与探索，各种新兴建筑技术与建筑材料得到广泛应用，如3D打印建筑、智能建筑等。2010年以后，我国建筑业开始向建筑智能化和生态绿色化方向发展，倡导绿色、低碳、环保、经济的理念，提出了"建筑工业化"和"智能建筑"的概念，加快了建筑业及其市场主体建筑企业的技术升级和转型升级。2020年7月，住房和城乡建设部联合多部委发布了《关于推动智能建造与建筑工业化协同发展的指导意见》，指出智能建造与建筑工业化融合发展，对推动建筑业转型升级和高质量发展意义重大。[①] 总体而言，建筑业及其市场主体建筑企业的蓬勃发展历程经历了多个阶段，从工业化、大型化、标准化到现代化、智能化及生态化的转型，取得了诸多成绩及成果，建筑业及其市场主体建筑企业在我国现代化建设与城市化、城镇化基础设施建设中扮演了重要角色，对国民经济快速增长起到了巨大的影响与推动作用。

---

① 参见《关于推动智能建造与建筑工业化协同发展的指导意见》，建市〔2020〕60号，2020年7月3日发布。

从数据上看，第四次全国经济普查数据显示，2013年以来，全国建筑业市场主体建筑企业生产能力显著提升，生产规模快速增长，承接工作量稳步提高，行业实力明显提升，全国建筑业总产值迈入了20万亿元大关，国民经济支柱产业地位凸显。建筑业生产规模快速扩大，总产值等主要指标创历史新高。2018年，全国建筑业企业完成建筑业总产值225817亿元，达到历史最大规模，比2013年增长40.8%，年均增长7.1%；签订合同额487844亿元，创历史新高，比2013年增长68.6%，年均增长11.0%。[①] 其中，各类建筑企业协调发展，私营建筑企业产值增速最大，2018年，国有建筑业企业完成建筑业总产值4391亿元，比2013年下降54.0%，年均下降14.4%；私营建筑业企业完成79810亿元，比2013年增长65.9%，年均增长10.7%，占比35.3%，提高5.3个百分点。[②]

分项目看，总承包建筑业企业对整个建筑行业起到行业支撑作用。2018年末，总承包建筑业企业完成建筑业总产值204911亿元，比2013年增长42.7%，年均增长7.4%，占全国建筑业企业比重90.7%，提高1.2个百分点；专业承包建筑业企业完成建筑业总产值20905亿元，比2013年增长24.6%，年均增长4.5%，占全国建筑业企业比重9.3%，下降1.2个百分点。2018年，全国建筑业企业实现利润总额7975亿元，达到历史最高水平，比2013年增长31.2%，年均增长5.6%；上缴税金总额7503亿元，增长43.7%，年均增长7.5%。[③] 全国建筑业企业实现利税总额逐年增长，壮大建筑企业自身实力，作为支柱产业为国家财政收入保持稳定增长也作出了贡献，对国民经济增长作出了巨大的贡献。

[①] 参见《全国建筑业企业生产规模快速扩大——第四次全国经济普查系列报告之十》，载国家统计局（2019年12月16日），http://www.stats.gov.cn/xxgk/sjfb/zxfb2020/201912/t20191217_1767578.html，最后访问日期：2024年4月11日。

[②] 参见《全国建筑业企业生产规模快速扩大——第四次全国经济普查系列报告之十》，载国家统计局（2019年12月16日），http://www.stats.gov.cn/xxgk/sjfb/zxfb2020/201912/t20191217_1767578.html，最后访问日期：2024年4月11日。

[③] 参见《全国建筑业企业生产规模快速扩大——第四次全国经济普查系列报告之十》，载国家统计局（2019年12月16日），http://www.stats.gov.cn/xxgk/sjfb/zxfb2020/201912/t20191217_1767578.html，最后访问日期：2024年4月11日。

建筑业产值规模屡创新高，逐步发展成为国民经济支柱产业。随着建筑业不断发展，产值规模迅速扩大，一次又一次突破历史高点。2018年，全国建筑业完成总产值23.5万亿元，是1952年的4124倍，年均增长13.4%。①

建筑业及其市场主体建筑企业的高速发展，在推动就业率、带动建筑产业链发展、增加国家财政收入、创造利润、推进我国城市化发展和城镇化建设等方面发挥了重要作用，是我国不可分割的经济组成部分。

二、建筑业对我国国民经济的影响及重要意义

作为国民经济支柱产业，建筑业从业人员持续增加，相应行业成为吸纳就业的重要经济领域。同时，建筑业内部结构不断优化，多业共同协调发展的格局已经形成，带动了其他产业链可持续发展；各地区基础设施建设繁荣，建筑业及其市场主体建筑企业地区结构更加均衡，东部地区仍保持明显优势。此外，建筑业国有企业、私营企业、股份上市企业等多元化发展，所有制结构趋于多元，企业活力不断增强，其中建筑业私营企业产值、利润逐年增长，成为拉动经济的重要组成部分。

综观全球经济，建筑业的经济地位仍是居于较为重要地位的，建筑产业在全球经济大国中仍是关键性的产业，更何况是基础制造业和基建强国的我国，因此建筑业对经济的贡献不仅在我国处于支柱地位，在全球经济中也是举足轻重的存在。

（一）促进建筑业及相关行业的就业

作为国民经济支柱产业的一项重要指标就是该行业为国民就业提供了多少就业岗位。建筑业自改革开放以来不断发展壮大，带动其他产业的联动发展，解决了我国城乡数千万劳动力的就业问题，大量建筑工人参

---

① 参见《全国建筑业企业生产规模快速扩大——第四次全国经济普查系列报告之十》，载国家统计局（2019年12月16日），http://www.stats.gov.cn/xxgk/sjfb/zxfb2020/201912/t20191217_1767578.html，最后访问日期：2024年4月11日。

与到城市房地产及基建建设中，房地产等建筑产业成为吸纳就业的重要领域。

从统计数据看，建筑业及相关行业解决了我们城乡 4000 多万劳动力的就业问题。建筑产品的定制化和生产过程的流动化，使得建筑业仍属于劳动密集型、技术密集型产业。根据 2009 年至 2018 年 10 年间的中国统计年鉴，建筑业每年都能提供大量工作岗位，就业人数占全国就业总人数的 5% 左右且比重稳步提升，建筑业能吸收大量农村剩余劳动力，在稳定就业、平衡城乡发展方面，具有重要的经济、社会效益，体现了其支柱产业的地位和作用。[1] 建筑企业对于吸纳剩余劳动力、解决城乡人口就业问题有重大作用，积极带动了其他上下游产业的剩余劳动力就业，充分化解了我国劳动力市场就业难的问题，加速推进了城镇化发展和城市化建设的步伐，平衡了城乡差距发展。建筑劳务企业、建筑机械设备企业、建筑材料企业、建筑设计单位、建筑咨询、建筑审计等相关联企业均提供了众多就业岗位。

（二）创造社会财富

从实物形态看，建筑业以建筑实体的形式为经济社会创造出大量的物质财富，如城乡建设中的房产、道路、桥梁等，为国民经济发展提供了坚实的物质基础；从经济价值形态分析，建筑业及其市场主体建筑企业以经济产值的形式为社会增创了巨大财富。根据《中国统计年鉴（2019 年）》数据[2]分析，2018 年各产业国内生产总值的横向比较中，建筑业作为独立产业进行分类，且在 12 类产业分类中的国内生产总值也具有举足轻重的贡献及影响。

---

[1] 参见王军辉、李德智、吴晓飞：《我国建筑业支柱产业地位和作用的实证分析》，载《建筑经济》2020 年第 12 期。

[2] 数据参见国家统计局编：《中国统计年鉴（2019）》，https://www.stats.gov.cn/sj/ndsj/2019/indexch.htm，最后访问日期：2024 年 4 月 11 日。

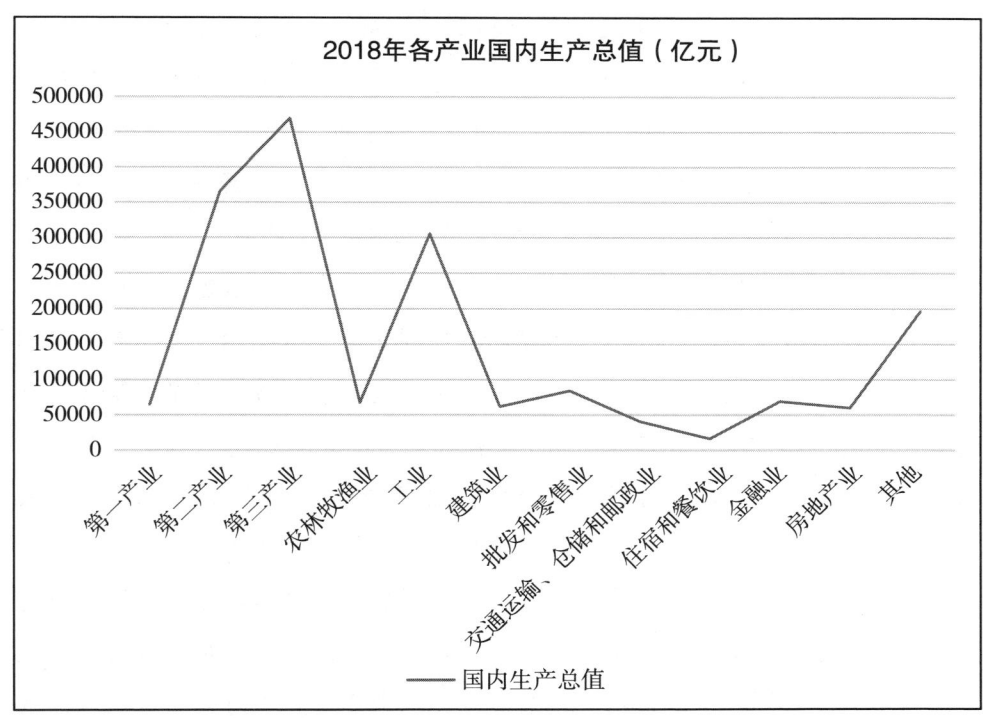

（三） 推进城镇化建设及城市化进程

建筑业及其市场主体建筑企业以实物、实体的形式为社会财富，为城市化、城镇化建设提供了坚实的物质基础。城市化、新农村建设中的基础设施及配套设施，均是由建筑企业组织施工实施，建筑企业在旧城改造、棚户区改造、新农村建设项目中发挥了重要作用，为我国推进城镇化建设作出了重要的贡献。

（四） 带动其他相关行业的联动发展

建筑业创造国民生产总值、创造社会财富的同时也带动了其他关联行业的发展。其他行业与建筑业的相互影响、相互联动的关系，丰富和增强了我国国民经济的多样性与紧密性。其中，建筑材料就涉及多个领域，如化工、冶金、林业、轻工、机械、矿业、石油、能源等。建筑业的兴盛发展，还带动了旅游业、运输业、教育培训、咨询等服务行业的联动发展。

我国建筑业成本大部分为建筑材料等的消耗，需要大量的钢材、水泥、木材、玻璃、燃料动力等相关材料。通过后向产业联系，建筑业发展明显带动了钢铁、建材、机械、能源工业等重工业及其他上游产业的发展，是这些产业的重要市场。当然，建筑业除了带动上游产业的联动发展，还密切影响着下游产业的发展，如房地产、旅游业、服务业等基础性下游产业。根据 2007 年至 2018 年《中国统计年鉴》的投入产出完全消耗系数等有关数据，建筑业历年影响力系数均超过 1.23，在 17 个大类行业中排名第五或第六。每 100 元的建筑业产出中，原材料生产类的制造业投入占比均超过 20%，可见建筑业对基础制造业的拉动作用。建筑业产出 1 单位产值，将带动全行业约 1.5 单位产值，对国民经济的带动支撑作用明显且突出。[1] 因此，建筑业影响力是巨大的，起到承上启下的作用，用其坚实的基础联动了各行各业的良性发展。

建筑业的发展目前对于我国国民经济的影响是不可估量的，各行各业与建筑业仍属于相互促进或者相互依赖的关系。当然，建筑企业及建筑业近几年的困境对于我国经济的警示也逐渐显现，未来建筑业该何去何从，如何确保建筑企业在全球经济下行压力环境下稳步发展是必须思考的问题。

第二节 我国建筑业发展下行及其成因

一、建筑业及其市场主体建筑企业发展下行

受外部经济因素的影响及自身发展矛盾的限制，建筑业及其市场主体建筑企业也逐渐由兴盛发展转为下行发展。上文分析了建筑业辉煌发展的 20

---

[1] 参见王军辉、李德智、吴晓飞：《我国建筑业支柱产业地位和作用的实证分析》，载《建筑经济》2020 年第 12 期。

年，2018年建筑业总产值增长达到顶峰，预示着建筑业将会随着经济环境宏观调整、房地产政策导向等原因而面临发展压力。

根据《中国统计年鉴（2022年）》，虽然2017年至2022年建筑业国内生产总值一直处于增长状态，但是观察国内生产总值构成足以发现：2019年建筑业总产值占比为7.2%，为历史最高；2020年建筑业总产值占比开始下行，为7.1%，2021年为7.0%，呈现逐年递减趋势。[1] 另根据国内生产总值指数分析[2]，2016年至2021年建筑业国内生产总值指数处于下滑状态，预示着建筑业已经逐年开始下行。建筑业企业出现债务危机，诉讼、仲裁案件增多。建筑企业近几年因外部经济环境及自身管理等原因，工程款回款慢、周期长、成本大，造成资金链断裂，外部债务暴增，一些民营、中小国有建筑企业陷入债务危机，从而走向资不抵债甚至破产。

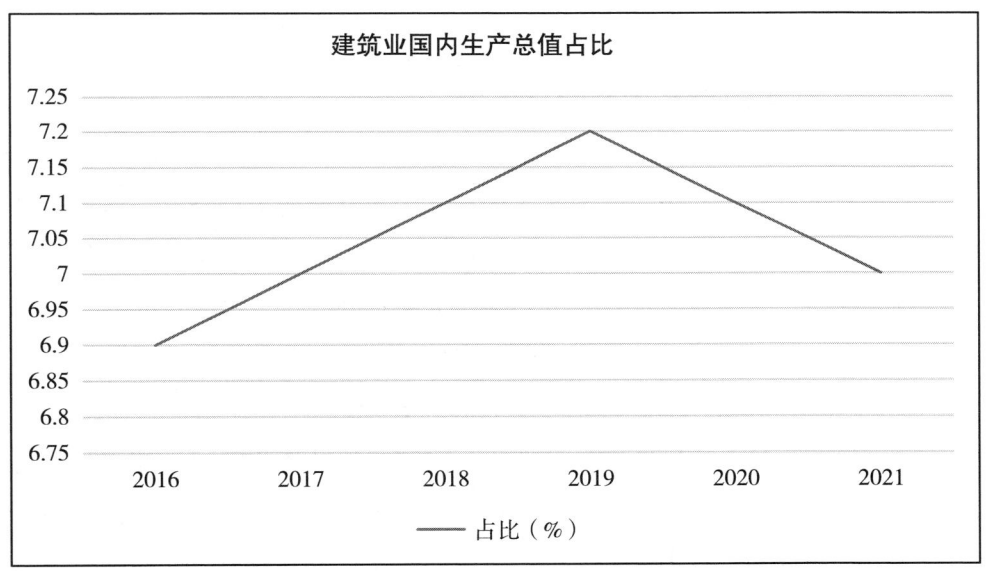

---

[1] 数据参见国家统计局编《中国统计年鉴（2022）》，https://www.stats.gov.cn/sj/ndsj/2022/indexch.htm，最后访问日期：2024年4月11日。

[2] 数据参见国家统计局编《中国统计年鉴（2022）》，https://www.stats.gov.cn/sj/ndsj/2022/indexch.htm，最后访问日期：2024年4月11日。

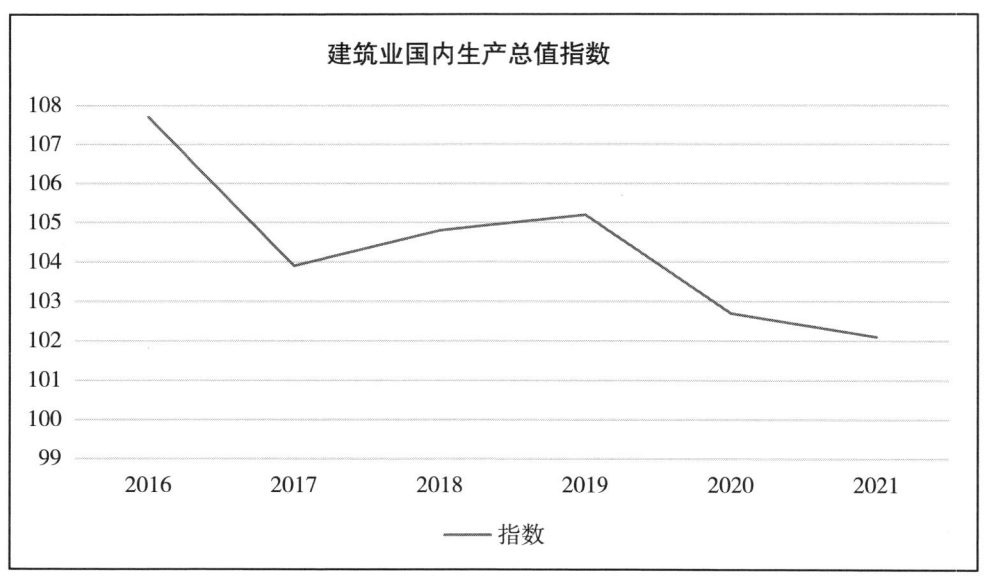

二、下行成因之外部经济环境因素

建筑业下行实际与国家宏观经济调控、产业发展密不可分。房地产经济的下行以及国家房地产政策的调整，与建筑企业下行具有紧密关联。作为国民经济支柱型产业，自改革开放以来确实为国民经济、全民就业、社会财富作出了巨大贡献，尤其是国家大力发展房地产经济阶段及推进城镇化建设时期，建筑业及其市场主体建筑企业的兴起与繁荣有其历史必然性。现阶段，受全球经济的不景气、房地产经济泡沫、国家宏观经济政策的调控等各项因素的影响，促使建筑业及其市场主体建筑企业需要转型升级，不适宜市场需求的建筑企业势必会被市场所淘汰，建筑企业发展必将迎来产业的洗牌与创新，这是每个产业发展的必经之路。

当然建筑业及其市场主体建筑企业的日渐下行，有其自身之因素存在，比如转包、违法分包、借用资质等违法行为乱象多发，债务危机频发，建筑业民间投资逐步缩水等各项原因综合导致了现今的部分建筑企业举步维艰、濒临破产。

外部经济因素与内部自身原因相互影响、相互作用，从而加速了某些中小建筑企业无法适应现阶段的建筑市场而逐渐出局。因而，部分建筑企业下行破产是多方面、多层次、多维度的因素共同作用导致，也是建筑业发展历史进程的必然现象。

（一）房地产经济形势与国家房地产政策调整

2023年1月13日，有关部门起草了《改善优质房企资产负债表计划行动方案》，围绕"资产激活""负债接续""权益补充""预期提升"四个方面，重点推进二十一项工作任务。上述二十一项工作任务包括继续推动"保交楼"、多渠道稳定优质房企融资、扩大租赁住房供给、完善金融政策等内容。

2023年8月17日，中国人民银行发布《2023年第二季度中国货币政策执行报告》，报告中提出："适应房地产市场供求关系发生重大变化的新形势，适时调整优化房地产政策，促进房地产市场平稳健康发展。"

我国房地产经济自改革开放以来经历了多阶段发展历程，从高速扩张发展逐步进入了供求关系均衡的平稳健康发展阶段，上述文件和报告的制定与发布，表明房地产市场供求关系出现了不平衡并发生了重大变化；新时期、新阶段，"保交楼"、稳定房地产市场、促进优质房企融资等政策才是房地产经济发展的首要目的。房地产政策的调控，市场供求关系的重大变化，也逐渐影响了作为下游行业的建筑企业的生存与发展。

1. 房地产经济泡沫

建筑业及其市场主体建筑企业下行发展尤为重要的因素之一系房地产经济泡沫。受无序扩张的房地产经济、民间炒房的兴起、房地产金融缺乏监管等因素影响，房地产市场的供求失衡，从而形成了房地产泡沫。为抑制房价过快上涨，国家提出了多重解决措施：严格控制土地供应总量，推广租购并举的住房制度，完善土地市场调控机制，规范开发企业合规管理，严格金融监管防止房地产资产泡沫。各地也相继出台了相应的抑制房价过快上涨的政策及措施，防止房地产资产泡沫的增大。

2. 房地产建设过剩

房地产泡沫以及供求关系的影响，势必导致房地产建设过剩，房企也从原先的无序扩张转变为现阶段的稳扎稳打，平稳发展。房地产过剩，将会使房建成本增加、房地产开发企业资金链断裂，并产生连锁反应，如建筑企业工程款无法兑现，商业汇票无法兑现，项目缺少资金而逐步烂尾无法续建，从而导致建筑企业债务危机；上游无法回收工程应收款，下游无法支付材料款、分包款，材料商、分包商纷纷起诉、仲裁，实际施工人逃避垫付责任，最终处于中间弱势的建筑企业只能先行垫付工程债务以解决债务危机，以收取管理费为经营模式的建筑企业因无融资能力而只能选择宣告破产。

3. 国家房地产政策紧缩

为应对消费者购买力下降，房地产建设过剩，供求关系发生重大变化的现象，国家出台了有序稳步的房地产紧缩政策，房地产市场逐步进入健康有序的发展阶段，当房建等基础工程建设项目逐步减少，建筑企业竞争逐渐增大时，房企为节省成本会提出比较严格、低价的招标信息，建筑企业为承接项目，也会压低价格竞标，从而逐渐淘汰了一批不能适应房地产新形势的建筑企业，尤其是缺乏合规管理、肆意无度扩张的中小建筑企业。

（二）经济形势的影响

建筑业及其市场主体建筑企业的下行发展、债务危机、供求关系变化等离不开全球经济大环境的不景气与低迷。全球经济大环境的作用，进一步造成材料、人工和机械设备等价格上涨、成本增加，导致建筑业及其建筑企业成本的相应增加、低价中标的项目亏损惨重。

三、下行成因之建筑行业自身原因

追本溯源，我国建筑业及其建筑企业发展的下行低迷发展趋势其本质仍是其自身原因所致，外部原因只是加速了自身原因或内部原因的影响时间。

建筑业下行发展与其不规范经营模式息息相关，违法分包、转包、借用资质等违法经营模式在建筑企业以及传统建筑业中时有发生，一些中小建筑企业系空壳公司，自身并无组织施工建设的能力，其维护及持续建筑资质是为了收取管理费，为实际施工人挂靠或者转包、违反招投标法等违法违规的工程建设模式提供帮助，并从中赚取差价。实践中，很多建筑企业在承接项目或出借资质后，并未对工程项目进行实质性管理并投入实质性施工成本，而是由实际施工人自行支配并管理项目，导致了项目亏损、工程质量瑕疵、虚假债务成本剧增等管理风险，从而形成债务危机。

上述是建筑企业自身管理上、合规上的问题，当然，建筑企业本身运营过程中的风险也阻碍着建筑企业的良性发展，这种风险由多重因素共同作用形成，如建筑业的不景气导致建筑企业资金链的断裂，民间建筑投资的减少导致项目建设的困难等。

1. 建筑企业转包、违法分包、挂靠等违法乱象行为时有发生

《民法典》《建筑法》《招标投标法》等从不同角度、层次规定了建筑企业实施建筑行为、签订合同的效力性强制性规定，以维护建筑企业市场公平竞争秩序及保障建设工程质量安全。我们认为，应从《民法典》《建筑法》《招标投标法》等法律的立法目的角度，将导致建设工程施工合同无效的强制性规定限定为以下两类：（1）保障建设工程质量和施工安全的规范；（2）维护建筑市场公平竞争秩序的规范。[①] 因此，根据《民法典》及《最高人民法院关于审理建设工程施工合同纠纷案件适用法律问题的解释（一）》的相关规定，转包、违法分包、借用资质、违反招投标法的建设工程施工合同应当为无效合同，因上述行为涉及建筑市场行为的公平竞争关系，以及转包、违法分包、借用资质等违法行为对于工程质量及施工安全均会造成不良影响，《民法典》及司法解释对上述违法行为作否定性评价，尤其是实质性影响了工程质量或公平竞争秩序的违法行为，更应当受到否定的价值判断。

[①] 参见最高人民法院民事审判第一庭编著：《最高人民法院新建设工程施工合同司法解释（一）理解与适用》，人民法院出版社2021年版，第14页。

然而，建筑企业实施建设工程合同过程中，转包、违法分包、借用资质等违法行为在建筑领域中时有发生。其中，开发单位与被挂靠者是建设工程施工合同的双方当事人；挂靠者与被挂靠者之间存在挂靠关系；材料设备供应商等第三方单独与挂靠者或与挂靠者和被挂靠者共同发生采购、租赁、定作等法律关系；开发单位与挂靠者虽没有直接的合同关系，但发生争议时作为发包人的开发单位可依据《最高人民法院关于审理建设工程施工合同纠纷案件适用法律问题的解释（一）》第15条的规定，将负责实际施工的挂靠者与总承包人、分包人一起列为共同被告，同时，实际施工人、发包人为被告主张权利的，法院也可以追加转包人或者违法分包人为当事人。[①] 可想而知，不管是挂靠的施工方式还是转包的施工方式，所涉及的法律关系均是相对复杂的，虽然建设工程施工合同法律关系应当遵循合同相对性原则，但是在建筑工程领域，完全依靠合同相对性解决建设工程施工合同纠纷显然远远不够。所以，建设工程施工合同纠纷，依据最高人民法院司法解释，允许一定程度地突破合同相对性，将一系列的施工主体列为当事人，解决纠纷才能事半功倍。正是因为建筑业的不规范乱象才导致了建设工程施工合同纠纷的处理与一般的合同纠纷处理有明显的区别，挂靠、转包、违法分包等违法违规行为，一定程度导致了建筑企业的下行发展。

截至2023年8月20日，笔者于中国裁判文书网上检索"建设工程""转包"两关键词，可以搜索到213594篇裁判文书；截至2023年8月20日，在中国裁判文书网上检索"建设工程""违法分包"两关键词，可以搜索到129169篇裁判文书；截至2023年8月20日，在中国裁判文书网上检索"建设工程""挂靠"两关键词，可以搜索到114349篇裁判文书。由此可见，建设工程纠纷案件，司法实践涉及"转包""违法分包""挂靠"等违法行为不胜枚举。当然，建筑企业这些违法违规经营模式及管理模式与建筑业发展的历史息息相关。之前我国建筑市场呈现出供大于求的形势，进入建

---

① 参见董建中、高玲：《建筑行业挂靠纠纷审理中存在的问题及解决对策》，载《法律适用》2007年第6期。

筑市场门槛较低，行业利润较高，在利益驱使下，建筑企业竞争激烈，而且建筑业兴起的时候，监管力度不到位，因而转包、违法分包、挂靠等低成本经营模式已经较为普遍。

建筑行业存在的这些问题，在建筑业快速发展时期还未暴露出来。一旦建筑业衰退发展，遭遇债务危机时，原先不合法、不合规的行为就会逐渐暴露出来。大部分建筑企业依靠转包、出借资质、违法分包等方式收取管理费，仍由实际施工人自行组织施工管理，一旦资金链断裂或者建设单位逾期支付工程款，各项问题均会显现。如工程质量、施工安全、建筑工人工资等问题无法得到有效解决，首当其冲还是由具有建筑资质的建筑企业买单，从而形成了债务问题及社会矛盾，建筑企业逐步被债务拖垮。另外，存在实际施工人的工程建设，如建筑企业没有合规管理，也可能存在实际施工人恶意虚构债务套取工程款的情形，最后风险还是由建筑企业承担。

2. 建筑企业资金链断裂与民间建筑投资缩减

在新时期、新阶段，建筑业的发展也随之发生重大变化。房地产经济的下滑和低迷，也逐渐影响了建筑企业的经济实力。政府指导价、信息价及建筑工程定额机制的完善建立，建筑市场成本越来越透明，以前能够高价中标的项目，现今只能保本中标，建筑业的利润也逐渐下降，建筑企业资金的匮乏，导致先前的预付式施工和现行的垫付式施工已经存在巨大差距，许多建筑企业存在资金链断裂的情形，项目实施进退两难。

建筑企业的民间资本逐步减少，也受到投资大环境的影响。民间资本不敢投资、害怕投资，从而形成了恶性循环，项目施工没有预付款，实际施工人没有资金投入，材料供应又不同意赊账，只能由建筑企业先行垫资施工，最后完成后建筑单位因房地产供求关系变化而没有建设资金，导致项目烂尾。

建筑企业资金链断裂及投资减少是建筑企业自身行业的局限性所导致，如何突破这些问题，就需要建筑企业顺应时代潮流，进行深层次的转型发展。

3. 应收工程款成本高与债务风险

建筑企业自身的应收款项的回收成本高，项目下游供应商存在债务风险，无论是采用何种方式运营，上游的工程款均由建筑企业进行收回，下游的供应商欠款也均由建筑企业先行支付。然而，工程应收款的维权成本比较高、期限冗长，绝大部分均需要通过长时间的诉讼、仲裁并支付高额的律师费、诉讼费、保全费、鉴定费进行回收，争议较大的还需要进入鉴定、二审等复杂程序，甚至建设单位破产受理后诉讼程序仍未终结。另外，大部分材料采购、机械租赁、专业分包均是以建筑企业名义签订，一旦款项拖欠，大量材料商、分包商起诉建筑企业，实际施工人无法解决债务困境时，建筑企业只能应诉或先行垫付。两头难的境地让建筑企业的生存空间及利润空间逐渐缩水，甚至走向破产。

第三节 以破产重整方式拯救建筑企业

根据《企业破产法》相关规定，建筑企业在不能清偿到期债务且资产不足以清偿全部债务或明显缺乏清偿能力的，或者有明显丧失清偿能力可能的，可以向人民法院提出重整、和解或破产清算申请。司法实践中，破产清算评估、拍卖等程序所需时间较长，资产变现困难，容易导致建筑企业的资产进一步贬值，不利于债权人利益的实现。

破产重整，是在企业无法偿还债务、存在经营困难的担忧时，按照破产法的规定，调整债权债务和经营方案，使之走出困境、维持营业的一种再建型债务清理制度。[①] 破产重整实际上系拟进入破产清算程序的建筑企业的一种拯救方式。如何促使陷入债务危机的建筑企业通过调整债权债务、企业经营模式等破釜沉舟、凤凰涅槃、获得新生，破产重整为其提供解决方案。只要不违反法律法规强制性禁止性规定，那么重整的形式与方案均可以由各方破产主体进行协商，从而实现各方主体利益最大化。简单来说，就是以破

---

① 参见王卫国：《论重整制度》，载《法学研究》1996年第1期。

重整的方式拯救"病入膏肓"的建筑企业。因此，以破产重整拯救建筑企业存在其合理性、必要性。可以说，只要有利于破产重整程序的顺利进行，且不为法律所禁止，就可以在债务人重整程序中适用，从而成为债务人进行破产重整的措施。①

重整的目的是维持公司之事业，而不是企业的外壳，重整制度设置的目的是挽救企业的经济与社会价值。② 与此同时，与普通企业不同，在对建筑企业破产程序进行抉择时，应考虑其社会影响和作为支柱性产业对于维护经济环境整体稳定的意义。建筑企业破产重整，是平稳度过房地产转型期的重要选择，有助于维护房地产市场的总体稳定，除非万不得已，建筑企业破产清算程序应当慎用。因而除了用尽所有的救济途径，不到最后，建筑企业破产清算势必是不经济、不和谐的选择，严重的就会引发各种社会矛盾。也就是说，只有破产重整方式才能拯救建筑企业并发挥其最大效应。有学者主张应当优先适用重整程序，因为重整作为一种破产预防程序，是一种救济型而非毁灭型的程序，在破产法中应当具有优先效力。③

一、维护社会经济环境总体稳定

作为国民经济支柱性产业的建筑企业进入破产程序后，对于地方经济发展、城市区域规划及社会稳定的影响是巨大的。

对于大型建筑企业而言，其所承接的工程项目将烂尾，大批建筑工人及管理人员将无法保障收入甚至失业待工，众多材料供应商、分包商债权将无法得到清偿，从而产生一系列社会问题及法律问题。建筑企业一旦出现债务危机或者破产，会引发众多连锁反应，甚至可能影响国家经济的稳定发展。那么建筑企业陷入债务危机，资不抵债，人民法院裁定受理破产并进入破产清算程序清理破产建筑企业的债权债务以及后续注销破产企业是不是建筑企

---

① 参见贺小电：《破产法原理与适用》，人民法院出版社2012年版，第112页。
② 参见王欣新主编：《破产法原理与案例教程》，中国人民大学出版社2010年版，第213页。
③ 参见吴庆宝、王建平主编：《破产案件裁判标准规范》，人民法院出版社2009年版，第39页。

业破产后的唯一出路，值得我们思考。一般的破产清算程序，建筑企业的债权人针对破产财产而言并不能完全得到有效清偿，甚至一般无优先性或者担保性债权几乎得不到清偿或者清偿率极低。更有甚者，建筑企业破产清算完毕注销后，将面临着大批员工失业，普通建筑工人的工资很可能得不到清偿，从而引起一系列社会问题。更加可惜的是，建筑资质是建筑企业最具有价值的资产之一，因其具有专属性质，无法单独从建筑企业的人员构成、注册资本、经营业绩、商誉等个性化内容中进行剥离，破产清算拍卖，将无法实现资质的效用最大化，从而无法拯救建筑企业。

对于建筑企业而言，破产清算并不是其债务危机解除的最优解决方式，通过破产重整或者破产和解程序，让建筑企业继续存续，或者引进投资方重构延续其主体资质，才能实现企业最大价值，解决一系列经济和社会问题，从而平稳度过房地产发展下行时期。即使法院裁定受理建筑企业破产后，只要债权人、债务人达成和解协议或经法律规定的主体申请的，仍有破产重整的机会，促使建筑企业继续存续经营，实现自动"造血"功能。对于建筑企业而言，如立即破产清算，并不能达到最好的社会效果与经济价值，反而令建筑企业继续存续，或者招募新的投资人收购其优质资产，拍卖劣质资产，才能实现利益最大化，对债权人、债务人、投资人均可以达到共赢。因而建筑企业破产重整程序的启动与实现对于其债务消化、企业价值的延续具有必要性及重要意义。从保障就业、减少失业率、稳定经济发展以及实现建筑工人工资利益等社会角度分析，建筑企业破产重整对于拯救建筑企业也具备必要性。

通过重整，建筑企业能够获得存续，继续利用资质开展续建工程或承建新项目工程，这也是度过房地产周期的有效途径。在房地产市场持续出现问题时，根本性的解决方法还是促使整个房地产产业链恢复"造血"能力，通过可持续经营实现各方利益的最大化。对于建筑企业而言，其自身获得自主经营能力，原通过破产清算遣退的员工可以继续与重整后的建筑企业续行劳动关系，也避免了大量员工的失业问题，稳定了建筑市场秩序，实现了破产重整的社会效益及经济效益。一旦建筑企业进行破产清算，建筑企业主体就会消灭，不仅绝大部分债务无法清偿，还会对建筑市场秩序产生不良的影响，不利于建筑市场的稳定发展。经过破产重整后的建筑企业，其资产及债务经过合法合规化破产重整框架体系进行鉴别与过滤，合规化、合法化的建筑企业应当更加适应现在的建筑企业市场秩序，从而使项目续建成为可能，资质得以继续保持，不仅稳定了建筑市场的基本秩序，而且可以以重整新生的主体继续参与建筑市场的经营与合规化运行。因而建筑企业破产重整对于拯救建筑企业、稳定建筑市场秩序具有重要的意义，从而实现法律效益、社会效益、经济效益的统一。

在程序上，如果在被宣告破产后，确实需要保留债务人企业的存续，可以适用《企业破产法》第105条规定，"人民法院受理破产申请后，债务人与全体债权人就债权债务的处理自行达成协议的，可以请求人民法院裁定认可，并终结破产程序"，通过与全体债权人达成民事和解的方式予以解决。[1] 经破产程序转化的重整程序规定在《企业破产法》第70条第2款，债权人对债务人进行破产清算的，在人民法院受理破产申请后、宣告债务人破产前，债务人或者出资额占债务人注册资本十分之一以上的出资人，可以向人民法院申请重整。

二、促进建筑企业价值最大化

破产重整是一种预防破产的积极措施，能够更好地拯救企业。破产重整除可以调整债权人与债务人之间的债权债务关系之外，还可以采取股东无偿转让股份、资本公积转增股份、债转股、引入投资者、资产重组等方法，不仅仅是债权人的让步。[2] 公司的重整制度实际是债务人借助企业破产法提供谈判机制与债权人就当前的债权契约重新谈判，无力偿还的重整公司得以避免清算，债权人整体上可以得到大于清算所能得到的支付，实现双赢基础上

---

[1] 参见王欣新：《破产王道：破产法司法解释文件解读》，法律出版社2021年版，第125页。
[2] 参见申林平：《上市公司破产重整：原理与实务》，法律出版社2020年版，第3页。

的帕累托改进。① 建筑企业重整对其最为重要的是资质资产等无形资产的继续存续与再利用，实现建筑企业资产的最大效用。重组后的建筑企业在剥离劣质资产后，又能以企业资质承接或者续建工程，不仅可以增加、保障建筑企业资产，拯救建筑企业，还可以保障债权人债权的清偿率。

1. 使破产重整建筑企业的财产价值最大化

实践中，拯救建筑企业主要重整模式在司法实践中有三种，存续式重整、出售式重整、清算式重整，以及近年来多地法院进行的创新尝试——预重整模式。

存续式重整模式是现行司法实践中适用较为典型的重整模式，又称为一般式重整模式、承债式重整模式。在存续式重整模式下，建筑企业主体资格存续并继续经营管理，保留壳资源，主要通过债务减免、延期清偿、债转股等方式解决债务负担。

破产重整司法实践中，采用较多的是出售式重整模式。在该模式框架下，债务人将壳资源全部或者部分出售转让，延续企业营业事务，将转让对价及剩余未转让财产处置所得价款以清偿全体债权人。但是，将壳资源转移至新设子公司需要投入较多的时间、人力、物力成本，业绩不能延续将影响壳资源的价值。债务人正处在建设工程企业资质管理制度发生变革的过渡期，如采用传统的出售式重整模式，存在较高的风险隐患，如无法顺利平移资质，则会对整个破产程序产生较大影响。因而，实践中出售式重整又可以分为两种方式，即正向出售式重整和反向出售式重整。

但是在实践中，对于破产程序中企业资产整体出售的叫法五花八门，有的称之为"转让性重整"，有的称之为"清算式重整"，还有的称之为"重整式清算"，但实质都是清算中以资产买卖形式发生的企业兼并重组。②

在中某建设集团有限公司破产重整案中，法院将其重整模式界定为清算

---

① 参见王佐发：《上市公司"重整融资"模式的检讨与改进路径》，载《证券市场导论》2010年第3期。

② 参见程顺增：《论破产清算中担保物权实现的限制——以民法典现下实现之不同为视角》，载王欣新等主编：《破产法论坛》第10辑，法律出版社2015年版。

式重整，该案具体的做法是新设一个全资子公司，将企业原有的权益、资产、负债除需要保留的外，全部转移到该子公司内，由该子公司负责清算资债，而原中某建设集团只留下一个保留了相关资质的净壳，最后将这个净壳进行出售变价，提高了债权的清偿率，也得到了良好的重整效果。[①] 虽然上述的出售式重整模式叫法各不相同，但是实质并无区别。

正向出售式重整主要特点在于并不保留原企业的主体资格，其保留的是企业尚处于良性的营业事务，通俗地说就是具有重整价值的营业事务。反向出售式重整则将良性的资产留在企业本身，保留企业主体资格，对于其余资产则是剥离出去并在变现之后将所得款项用于清偿所有的债务。具体而言，由破产企业设立全资子公司，将企业的负债、非主营业务、资产账面处理剥离至子公司，使得投资人青睐的企业资质、优质资产、主营业务保留在破产企业并进行重整，投资人通过股权收购获得破产企业的资质、资产、主营业务及控制权。两种模式下，建筑企业重整均是将优质资产或者优质业务进行剥离，让其主体继续存续或业务继续经营，增加并创造建筑企业的优质资产，保障财产的最大价值，实现其自动"造血"功能，从而促使破产的建筑企业重生，拯救陷入债务危机的建筑企业。

当然其他重整模式也可以并行适用，比如债转股等模式，一定程度上也可以促使建筑企业财产保值增值。在重整过程中，管理人通过项目工程资料梳理，确定有实际施工人项目的管理费及各项垫付费用，也可以代表建筑企业与项目实际施工人谈判工程款及管理费的比例问题及后续工程保修责任等问题，尽最大努力实现建筑企业破产财产价值最大化，拯救建筑企业并使其继续存续、经营，发挥其自身效能。

2. 充分实现与保障建筑企业资质等无形资产的价值

我国实行建筑工程施工资质准入制度，即建筑企业应按照其拥有的注册资本、专业技术人员、技术装备和已完成的建筑工程业绩等条件申请资质，

---

① 参见朱咏妍：《清算式重整制度研究——以僵尸企业清理为目标》，华东政法大学 2017 年硕士学位论文。

经审查合格且取得建筑企业资质证书后，方可在资质许可的范围内从事建筑施工活动。[1] 因而，建筑企业资质作为企业无形资产有其比较特殊的存在，资产的价值与建筑企业的注册资本、专业技术人员、技术装备、业绩等相匹配。建筑企业的资质一旦脱离建筑企业本身或者上述的注册资本、专业技术人员、技术装备、业绩等实质性构成，那么建筑企业资质的价值将不复存在。因而只有在破产重整的框架下，建筑企业资质的无形价值才能发挥其最大效能。然而破产清算主体消灭后，后续的资质将很难和之前的注册资本、专业技术人员、业绩等关联起来，在破产重整的模式下，可以将有利于资质价值的技术人员、技术设备、业务等与破产建筑企业的劣质资产进行分离，从而实现建筑企业资质价值的最大化，最终实现建筑企业破产重整利益的最大化，保障债权人合法利益，并保障破产重整的建筑企业优质资产继续存活、继续创造价值，最终实现破产重整的最大经济效益、法律效益及社会效益，做到三者的统一，维护社会稳定。

根据《住房城乡建设部关于建设工程企业发生重组、合并、分立等情况资质核定有关问题的通知》规定："一、根据有关法律法规和企业资质管理规定，下列类型的建设工程企业发生重组、合并、分立等情况申请资质证书的，可按照有关规定简化审批手续，经审核注册资本金和注册人员等指标满足资质标准要求的，直接进行证书变更……4. 企业全资子公司间重组、分立，即由于经营结构调整，在企业与其全资子公司之间、或各全资子公司间进行主营业务资产、人员转移，在资质总量不增加的情况下，企业申请资质全部或部分转移的……"

如建筑业企业无信用缺陷（无失信记录），行政管理部门允许通过公司分立的方式分离资质（不包括特级资质），建筑企业进入破产程序后如果能解决好司法失信记录，则并无保壳的必要。但考虑到资质分离至分立企业行政限制多，实际操作障碍多，如在资质无法转移的情况下，即考虑反向出售

---

[1] 参见徐阳光、叶希希：《论建筑业企业破产重整的特性与模式选择——兼评"分离式处置"模式》，载《法律适用》2016年第3期。

式重整，将建筑企业的债权债务以及不在重整范围内的资产进行剥离，由重整投资人受让建筑公司的全部股权，相应对价以及其他资产的变价款由管理人用于债权清偿。

严格规范意义上，建筑企业资质并不能单独分离进行收购或者转让，因其资质的价值包含建筑企业的个性化特征（注册资本、专业人员、经营业绩、商誉等有形和无形资产），具有专属性，但是破产重整可以通过不良资产剥离的方式，收购信用修复后的建筑企业全部股权，从而实现资质的最大效能及价值。

简言之，建筑资质依附于企业而存在，如果企业进入破产清算程序，则建筑资质的价值将归零，所以要使建筑资质得以继续发挥其效用，则必须使企业主体能够存续，由此破产重整程序的适用也就成了首选路径。[1] 建筑资质与建筑企业主体具有不可分离的价值，如建筑企业取得的建筑资质在破产重整中得以保留下来，那么该建筑资质无形资产的持续保留将远远增进债务人破产财产价值，在保留资质的同时一定程度上允许破产的建筑企业继续经营并完成未完工的项目，也可以进一步促使破产财产增值，进而提高破产债权的清偿率。在破产重整模式下，只要不违反法律法规禁止性规定，均是可以采纳和尝试的，因而只要可以促使建筑企业财产效益的增大或能解决社会问题，该重整方案均是合理的、必要的。所以，只有破产重整才可以拯救建筑企业，只有尝试了重整程序后，仍无法拯救病入膏肓的建筑企业，才可以进入清算程序。

3. 剥离破产重整建筑企业无价值及不良资产

上文提及的建筑企业反向出售式重整模式，通过剥离不良资产或者劣质失信资产的模式，保障建筑企业资质价值最大化及存续。剥离后的劣质资产可以通过拍卖等方式处置，拍卖款还可以偿还债权人债权。通过剥离劣质资产，使建筑企业的优质资产凸显出来，吸引招募投资人更为容易，重整期限

---

[1] 参见徐阳光、叶希希：《论建筑业企业破产重整的特性与模式选择——兼评"分离式处置"模式》，载《法律适用》2016年第3期。

将大大缩短，不仅可以集中优质资产吸引投资人收购股权，还能使建筑企业继续存续并完成在建工程项目和承接新项目，拯救其资质，实现可持续发展，从而达到资产价值的最大效能。

4. 追回抽逃资本或者价值不足资本

实践中，建筑企业在破产时，管理人会发现建筑企业的注册资本并非足额或者是原股东存在抽逃资本的嫌疑，如实物出资的评估作价不真实，实物价值评估过高，不足以满足注册资本的金额，那么势必在重整之前向股东或发起人追讨注册资本，补足注册资本金，防止股东或者发起人恶意通过破产程序利用股东有限责任或人格混同逃避注册资本金缴纳义务。需要特别强调的是，在资本显著不足的场合，负责公司经营管理的股东都应该对公司债务承担连带责任。[①] 因此，建筑企业在破产时，存在注册资本金显著不足的场合，管理人应当代表建筑企业向有管理责任的股东进行追偿，保障建筑企业的破产财产。这对于后续重整是必要的程序，是对债权人及投资人负责，保障破产财产的完整性及重整企业的价值最大化。

三、实现建筑企业工人权益保障的最大化

工程项目不存在实际施工人的情形下，通过建筑企业破产重整，最大限度实现建筑企业财产价值最大化，对于项目建筑工人的工资权益也是一种良好的保障措施。通过招募引进投资人收购持有资质的建筑企业全部股权，对在建工程项目继续推进建设，实现工程价款回收，对于建筑工人工资性权益的保障具有重要的意义。

工程项目存在实际施工人的情形下，实际施工人可以重整后存续的建筑企业名义通过诉讼或仲裁的形式向建设单位主张工程价款：第一，促使后续取得的工程款在管理人的管理下更为安全；第二，管理人可以依法合

---

① 参见最高人民法院民事审判第二庭编著：《全国法院民商事审判工作会议纪要理解与适用》，人民法院出版社2019年版，第157页。

理分配相应的建筑工人工资、实际施工人工程款及建筑企业管理费、垫付款等，而且管理人持有工程款，可以促使实际施工人进行谈判、协商，为建筑企业争取利益最大化，从而避免了实际施工人取得工程款后拒付建筑工人工资。

建筑企业涉困，可能产生由大量职工下岗带来的就业矛盾，还有建筑工人群体的维权问题，若处置不当，极易引发群体性事件，影响社会稳定。破产重整语境下，可以定制方案让务工人员就所在建设工程价款部分优先受偿。[1] 通过破产重整方案的设置，可以更好地拯救建筑企业以及相对弱势的建筑工人群体，维护其合法权益，保障经济效益及社会维稳效益。然而在破产清算的模式下，破产建筑企业的财产只能进行拍卖或折价清偿，其破产财产的效能并不是最大化的，破产清算实际系消灭建筑企业主体、清理债权债务，并不存在破产重整的自主"造血"功能，因此，相对弱势的建筑工人群体的工资债权，一般情形下是无法全额得到清偿的。但是，在建筑企业破产重整框架下，其业务可以进行剥离和转移，通过其自身的优质经营业务收入，增加重整的成功率，实现债务的高清偿率。实际上，大部分建筑企业陷入债务危机的根本原因系流动资金发生问题或者资金链断裂，在破产重整模式下，剥离建筑企业劣质的不良资产，重组经营其优质资产及经营业务，为陷入债务危机的建筑企业争取时间，也是给予建筑企业以新的生命，很多情形下陷入债务危机的建筑企业因此而凤凰涅槃。

四、修复建筑企业继续合规运营

建筑企业破产的原因通常是资金流出现问题，但是建筑企业在破产时往往仍然持有大量资产，如对大量在建工程享有权益，拥有特定施工资质等。如果放任建筑企业破产清算，既不利于处理企业持有的半成品资产，也不利

---

[1] 参见浙江省杭州市富阳区人民法院课题组：《困境建筑企业拯救机制研究》，载《人民司法》2022年第19期。

于实现现有债权人的利益,如果引入投资方进行重整,不仅有利于盘活建筑企业的现有资产,在重整并剥离现有债务之后,一个清洁的建筑企业更加容易吸引到新的投资人入股。传统的存续型重整是一种保壳的同时也保护事业的重整。营业让与型重整也称为出售式重整,是对传统重整模式的一种突破,虽然放弃了企业的外壳,但本质上还是对企业事业的挽救和保留,只是将其放到一个新的外壳下继续发展。此外,一些国家和地区还适用清算式重整,但这一模式目前在我国并没有相关的立法支持和司法实践。① 不管是传统的保壳重整,还是营业让与型重整模式(出售式重整),均是破产重整的建筑企业生命的延续,建筑企业主体的继续存续即保壳存续经营重整,需要消除原建筑企业的不良记录、修复信用,使其重获新生;出售式重整模式虽然没有相关立法,但是近年来破产司法实践中已有很多成功案例,其主要形式是剥离优质资产,比如通过转让建筑业务,从而实现破产财产的权益最大化。上述重整模式,不论是哪种形式,均在一定程度上促使破产建筑企业继续合规运营,无论是主体的合规化运营还是剥离的业务和规划运营,对于拯救拟破产清算的建筑企业是大有裨益的。

建筑企业通过招投标方式中标项目并组织施工获得利润,但重整前的企业往往存在较多不良信用记录,包括银行的不良信贷记录、市场监管部门的失信记录、纳税部门的欠税记录,法院执行系统尤其是跨地区的被执行案件难以消除失信记录,投融资、投招标等事项皆无法开展。这些失信记录如果不加以修改,企业将无法执行重整计划开展营业事务,其直接影响到企业重整计划能否顺利执行。尽管中央与地方陆续出台了相关文件,政府有关部门对企业信用修复也予以一定支持,但尚缺乏统一的顶层制度设计,导致重整后企业的信用修复工作存在一定难度。但是投资人收购重整后的建筑企业,势必是没有信用瑕疵的企业股权,否则投资人就很难招募,因此修复建筑企业信用问题是重整的核心关键,一旦修复完毕,建筑企业将重获新生,实现其重整延续后的合法合规化运营及有效资源的整合与优化。

---

① 参见王欣新:《重整制度理论与实务新论》,载《法律适用》2012年第11期。

从破产重整的一般流程来看，重整计划的制定、债权人会议的召开、重整计划草案的批准等各方面均由人民法院全程监管，只有获得债权人会议通过并获得人民法院批准的重整方案才能取得生效裁判文书的法律效力。因此重整过程的流程公开透明，这是一般投资项目在尽调过程中难以取得的优势。

五、维护全体债权人利益

通常而言，债权人乃至金融机构受限于自身的监管要求及利益诉求，在对企业债务进行处理时协商的空间不大。但是，在建筑企业破产重整过程中，投资方完全可以争取到债务结构调整的机会，包括对某些债务进行减免、债转股、延长债务清偿期限等。从建筑企业本身来说，债务总量的减少可以大大缓解企业的资金压力；从债权人角度来说，建筑企业的现有资产可能难以全面填补所有债务，根据债务清偿顺序排名靠后的债权人可能最后颗粒无收，如果通过继续让房企经营的方式逐步收回债务完全可以接受；从投资人角度来说，在投资的同时争取债务结构调整不仅可以显著改善资产信用状况，大大降低投后风险，也更加有利于制定明确的发展规划。

在程序上，《企业破产法》第84条第2款规定："出席会议的同一表决组的债权人过半数同意重整计划草案，并且其所代表的债权额占该组债权总额的三分之二以上的，即为该组通过重整计划草案。"这意味着分组表决中虽然要求各表决组均通过重整计划草案，但实际上每组只需要三分之二的债权人同意即可，重整组不需要争取到每一位债权人对重整方案的支持，避免了一些债权人的无理取闹，赋予了重整组工作开展中充分的协商空间。一般来讲，一、二线城市的房产项目由于资产价值较高，破产重整方案的表决通过率也较高。

上述的所有建筑企业重整的必要性论证均是为债权人的债权实现最大化服务，建筑企业无论破产清算还是破产重整、和解均是提高债权人债权的清偿率。在重整过程中，债权人可以放弃适当债权金额与债务人进行和解，或者为了重整目标延缓债权实现或者通过重整后的债转股延缓债权实现等方式进行谈判、和解。总而言之，建筑企业重整势必要比清算程序的债权清偿率高得多，从而实现债权人的债权利益最大化。而且重整后的建筑企业被股权收购或者业务收购，均可以增加建筑企业的破产财产。

立足于维护社会经济环境总体稳定以及各主体利益最大化等理由，建筑企业破产重整相较于破产清算具有诸多方面的优势，应是当前房地产大环境下的必然选择。

第四节　本书的逻辑框架

本书通过理论研究、案例研讨、实务论证，多角度、多层次、多维度论述建筑企业破产重整法律实务问题，以浙江振邦律师事务所破产团队实操经验及实务研究为基础，就建筑企业破产重整中的法律问题及实务操作进行全面、深层次的研究与论证，探索并寻求建筑企业破产重整模式创新，为建筑企业新时期的转型发展提供坚实的法律实践与法律服务。

上文已经分析探讨了作为支柱性产业的建筑企业对国民经济的重要性以及建筑企业破产重整的必要性论证，浙江振邦律师事务所自2016年已开始关注建筑企业的破产重整法律服务及理论研讨，近几年办理了大量的建筑企业破产重整典型性案例，颇具成效，尤其是重整完的建筑企业已步入正轨，创新发展并创造价值。

本书根据企业破产法逻辑体系，分为以下几个部分进行论述：第一章为"建筑企业破产重整的基本原则"，是整本书的理论基础与论证前提，总结了建筑企业利益最大化、公平清偿、维护建筑市场秩序等基本原则；第二章为"建筑企业破产重整的模式选择"，是本书的核心关键点，结合重整实践及经验，总结了预重整模式、存续式重整模式、清算式重整模式、出售式重整模式等方式的必要性及选择理由，并论述了各种重整模式的优势与劣势；

第三章为"建筑企业破产重整中破产财产的识别",以建筑企业财产利益最大化为原则,主要针对工程应收款在不同承包模式下进行论述,另外还对建筑企业资质、建筑设备、管理费等财产进行了研究与论述;第四章为"建筑企业破产重整中债权的审核与处理",主要针对建筑企业特殊债权中的工程款债权、税收债权、职工债权等审核与处理提出了实务上、程序上的操作经验;第五章为"建筑企业破产重整中继续经营的模式",分析总结了继续经营的基本原则、继续经营的模式利弊分析等;第六章为"建筑企业破产重整中投资人的招募与确定",主要从实践角度分析破产重整管理人如何进行依法招募及确定的标准。另外本书还结合振邦所承办的典型实践案例,进行逐一、综合分析,以供破产实务团队或相关专业人士相互交流、学习,对建筑企业破产重整法律实务进行初探性研究、论证,为建筑企业破产重整理论贡献绵薄之力。

第一章
建筑企业破产重整的基本原则

第一节　引言：建筑施工实践中的多元利益主体

建筑业的蓬勃发展带动了我国国民经济的高速增长。在近十余年间，建筑企业总产值占我国 GDP 的比重逐年增加，建筑业可以说已经成为名副其实的国民经济支柱产业。[1]

作为支柱产业，建筑市场对上下游产业链均有重要影响。从建筑企业的上游发包企业看，建筑企业多受制于发包人，在强大的发包人面前基本已经失去了选择权，建筑市场一定程度被视为是"发包人市场"。较早的统计数据表明，截至 2004 年，全国能够统计到的拖欠工程款达 3366 亿元，相当于建筑业年总产值的 19.6%，在拖欠的工程款中房地产开发企业的拖欠额占了 39.6%，政府投资工程的拖欠额也占到 26.7%。[2] 国家层面制定了诸多规范，旨在治理此种乱象。例如，2017 年《国务院办公厅关于促进建筑业持续健康发展的意见》第 10 条规定，审计机关应依法加强对以政府投资为主的公共工程建设项目的审计监督，建设单位不得将未完成审计作为延期工程结算、拖欠

---

[1] 第一次全国经济普查的结果显示，截至 2004 年末，我国的建筑行业拥有建筑业企业、产业活动单位和个体建筑户近 70 万户，从业人员 3270 万人，营业收入 32426 亿元。全国近 13 万家建筑业企业从业人员达 2791 万人，拥有资产超过 31600 亿元，当年完成施工产值约 31000 亿元，实现利税 1830 亿元。参见《建筑业已成为名副其实的国民经济支柱产业》，载《数据》2006 年第 9 期。而根据第二次全国经济普查结果，2008 年中，建筑业从业人员达 3907.7 万人，占比为 14.3%。参见《第二次全国经济普查主要数据公报（第一号）》，载国家统计局网站，http：//www.Stats.gov.cn/tjsj/tjgb/jjpcgb/qgjpgb/201407/t20140731_590163.html，最后访问日期：2024 年 4 月 12 日。第三次全国经济普查中，建筑业从业人员达 5320.6 万人，占比为 14.9%。参见《第三次全国经济普查主要数据公报（第一号）》，载国家统计局网站，http：//www.stats.gov.cn/tjsj/zxfb/201412/t20141216_653709.html，最后访问日期：2024 年 4 月 12 日。

[2] 参见《建设部部长：我国建筑业累积拖欠工程款逾三千亿元》，载央广网（2023 年 7 月 9 日），http：//www.cnr.cn/news/200401/t20040114_188857.shtml，最后访问日期：2024 年 4 月 12 日。

工程款的理由。未完成竣工结算的项目，有关部门不予办理产权登记。对长期拖欠工程款的单位不得批准新项目开工。严格执行工程预付款制度，及时按合同约定足额向承包单位支付预付款。通过工程款支付担保等经济、法律手段约束建设单位履约行为，预防拖欠工程款。但实践中，建筑施工企业在发包人面前的弱势地位仍然没有得到根本改变，建筑施工企业工程款被拖欠的现象仍然存在。

从下游看，建筑施工企业与供应商、建筑工人，尤其是农民工的利益息息相关。建筑施工企业雇用了大量的农民工进行实际施工，建筑施工企业上游拖欠的工程款将直接导致建筑工人尤其是农民工工资被拖欠。而农民工群体在年终如果未能如愿收到应得工资，往往会进行上访等活动，从而产生了一系列社会问题。具体而言，得益于城市化进程的日益加快，越来越多的农村剩余劳动力加入城镇务工行列。农民工为城市的发展作出了巨大的贡献，但他们的合法权益却没有得到足够的保护。他们中的一些人往往在经历了高强度的劳动之后得不到工资或者只能得到部分工资，剩余部分则被无期限拖欠。一旦建筑施工企业破产，管理人不仅需要考虑如何向发包人追讨工程款，也要考虑农民工的工资如何进行处理等问题。

除传统的上下游企业外，建筑施工企业的快速增加使得建筑行业竞争日益激烈，建筑实践中广泛存在工程投标竞相压价、工程垫款比例高、工程融资困难以及分包、转包等问题，由此也导致各类纠纷的发生。建设工程领域的转包、分包和挂靠也是主要乱象之一。转包、分包屡禁不止的主要原因有二：一是建设工程领域的大量垫资导致建筑施工企业资金周转困难，加上工程款回收周期长，建筑施工企业往往没有足够的资金为承包的所有工程的垫资，这就促使承包人将部分工程以分包或者转包的方式交由他人完成，如此还能赚取一些管理费。二是建筑施工企业有保资质、增资级的考核需要。建筑施工企业的资质要定期审核，而维持资质或者增高资质等级，则需要施工企业承揽的工程量即产值数据作为保证，故有的施工企业需要被挂靠来达到保住资质或实现增加资质等级的目的。另外，因建筑市场资质的特殊性，挂靠同样成为建筑业普遍经营模式，即实际施工人借用建筑施工企业资质，自筹自支，自负盈亏，建筑企业仅为名义上的承包人，靠收取一定管理费坐享其成。

转包和分包产生了实际施工人这一利益主体。虽然《民法典》合同编以及原《合同法》、原《最高人民法院关于审理建设工程施工合同纠纷案件适用法律问题的解释》（以下简称《建设工程司法解释》）以及各级法律法规都明确禁止转包和违法分包，但是伴随着房地产业而蓬勃兴盛的建筑施工企业，受利益的驱使和上述保资质等现实因素影响，开始兴起用"内部承包"方式替代转包和违法分包，这实质上是"换汤不换药"。大量存在的转包、违法分包和挂靠使得建筑施工企业和实际施工人都承担巨大风险。如果建筑施工企业破产，则可能会出现发包人已经依照约定将工程款支付至承包人账户，但承包人因涉及破产程序，从而无法顺利地将工程款支付给转包、分包和挂靠的实际施工人的问题。此时，如果各方当事人能够达成协议自不必说，但现实是承包人与实际施工人之间就工程款的处理方式往往很难达成一致。在《企业破产法》及相关司法解释仍有健全空间、建筑企业破产案件审理经验仍然不足的情况下，理论和实务界对此种情况下实际施工人和农民工债权的处理方式尚无较为统一的看法。因此，明确实际施工人的债权，尤其是支付农民工工资，是实践中亟需解决的问题。上述建筑业的粗犷式高速发展，导致了诸多实践纠纷，建设工程纠纷法律关系错综复杂，同时专业性较强，法律规范相对滞后，司法实践中涉及建设工程领域的法律适用和裁判标准统一仍然任重道远。[①]

建设施工企业上游与下游存在诸多利益主体，在工程顺利完成并经过验收、工程款给付顺利的情况下，不会产生明显的利益冲突，各个主体可以各行其是。然而一旦建筑施工企业因多种原因触发破产情形，进入破产程序中，这些实践中累积的问题就需要面临集中清理。当前，建筑施工企业破产已经不再少见，尤其是近年来经济大环境的变化，建筑施工企业的资金周转

[①] 根据最高人民法院立案庭统计，从 2005 年到 2007 年，建设工程合同纠纷案件二审上诉率均高于 20%，二审发回重审和改判案件占总案件比例亦均高于二成。而申请再审的建设工程合同纠纷案件的数量在最高人民法院立案二庭中占到了最高比例，该类案件的裁定再审率亦始终居于高位。参见林文学：《建设工程合同纠纷司法实务研究》，法律出版社 2014 年版，第 3—5 页。

问题被放大，许多中小建筑施工企业被申请破产或者已经被宣告破产。① 近些年来，随着经济大环境的不断变化，建筑施工企业的用人成本和资金使用成本不断上升，同时资金周转能力下降，使部分建筑企业因为垫资过多、工程款遭拖欠等问题遭遇资金困难，从而导致工程停工，并无法清偿到期债务，面临破产。

建筑施工企业进入破产程序后，基于破产企业涉及利益主体众多，从破产财产价值最大化及维护社会稳定等因素考量，建筑企业除了通过破产清偿债权债务外，仍然需要继续完成在建工程项目的施工管理及合同保修期的质保义务。建筑企业特殊的施工资质，也使其获得了与一般破产企业相比所不同的价值，部分企业因为具有优质资质，从而得以在破产重整程序中吸引更多的投资者。② 与此同时，建筑施工企业破产将导致多种亟待管理人解决的问题：破产管理人在面对各类债权人的追索，处理分包、转包、挂靠下的实际施工人以及农民工工资、材料供应商行使优先权的请求时，需要保证破产企业利益的最大化，确保各类债权的公平清偿，这需要在法律层面厘清各类权利冲突。建筑企业还涉及大量职工、农民工的利益保护，相应问题的处理直接影响到建筑市场秩序的稳定，同样需要管理人妥善处理。

此外，在建筑企业破产重整中，由于所涉利益主体多元，在处理各类债权时，需要遵循一定的法律原则，无论是在就法律现象的探讨，还是在对法律体系的规范分析中，法律原则皆属无法回避的基础性问题。在学者看来，法律原则是法律精神最集中的体现，构成整个法律制度的理论基础。③ 按照英国法学家沃克的观点，法律原则是用来证立、整合及说明众多具体规则与法律适用活动的普遍性规范，是更高层次法律推论的权威性出发点。④ 从概

---

① 在"威科先行"法律数据库以"破产"和"建筑"进行检索，共有破产类纠纷9260件，其中申请破产清算案件805件。
② 参见贾俊杰：《河南建筑业龙头企业破产：双特双甲资质成预重整"卖点"》，载微信公众号"中国房地产报"（2023年7月20日），最后访问日期：2024年4月12日。
③ 参见宋东明、潘起波：《经济法基本原则新探》，载《辽宁经济》2004年第3期。
④ 参见《牛津法律大辞典》（See David. M. Walker, The Oxford companion to Law, Clarendon Press, 1986, p.739）。

念界定的角度，作为法的基本构成要素之一，按照法理学界的一般理解，"法律原则是指可以作为规则的基础或本源的综合性、稳定性原理和基础"。[1] 法律原则是指在一定法的体系中作为法律规范的指导思想、基础或本原的综合的、稳定的原理和准则。[2] 以体系化的视角来看，除作为法律体系整体基础和价值体现的法的一般原则外，法律原则作为法律规范领域的延伸和体现，指代处理法律问题时的主旨和基本准则，它是制定、解释、执行和研究法律规范的出发点，是规范的本质和特征的集中体现。

第二节 建筑企业价值最大化原则

债务人财产保值原则是贯彻破产立法和司法实践的基本原则，也是破产法的基石原则，而建筑企业价值最大化原则是债务人财产保值原则在建筑企业破产重整中的体现。建筑企业的特殊性在于其企业资质，如何在破产重整过程中顺利实现企业资质的价值，是建筑企业破产重整中的关键问题。

一、建筑企业价值最大化原则的由来

（一）债务人财产保值原则

所谓债务人财产保值原则，是指破产立法和实施中需要以债务人财产的价值维持为目标，以债务人财产的范围和价值尽可能最大化的方式设计破产立法，并以此为框架实施破产法。将债务人财产保值作为破产法的基本原则，一方面是因为破产法规范的价值就体现在通过破产程序来更好地保证各

---

[1] 参见张文显：《法哲学范畴研究》，中国政法大学出版社2001年版，第53—54页。
[2] 参见孙国华、朱景文主编：《法理学》，中国人民大学出版社1999年版，第275页。

方面权利实现，另一方面则是因为无论是从比较法、我国现行法规范看，债务人财产保值原则都具有诸多规范表现。例如，美国破产法的立法目的就可以提炼为在兼顾公平的基础上有效率地处理债务人的破产财产，以实现破产财产价值的最大化。[①]

在建筑企业破产重整中，债务人财产的处置问题是其核心。在重整程序中，只有债务人财产具有重组的吸引力时，才能够吸引广大利害关系人启动并且参与到破产程序中。要求债务人财产的保值，就是指在破产立法过程中通过破产内部机制和整体制度的设计与完善，法院裁决、管理人履行职务和债权人会议的决议在破产程序启动过程中、进行过程中以及在破产程序最终变现分配过程中防止债务人财产的不当贬损，并尽可能维持债务人财产价值的最大化，以更好地保护破产利害关系人的合法权益，实现破产法的目的。

债务人财产保值原则对于立法者、司法者、管理人以及债权人会议均具有拘束力。作为立法者而言，应当在法条、机制和制度设计上防止债务人财产的不当贬损，并尽可能地提升债务人财产的实际价值。在立法政策上，应遵循实用主义原则，客观中立地评价过度负债和债务不能履行现象，摒弃有罪破产主义和破产惩戒主义的思想，以债务人财产保值为主线统一破产法法条、机制和制度之间的相互分工协作。对于司法者而言，其掌握破产程序的启动、路径选择等权力，如果破产程序的启动及时，那么可能就会使债务人财产的价值得到更好的保护，实现保值，而如果破产审查立案阶段久拖不决，可能会将债务人企业拖垮，使债务人财产受损。最高人民法院发布《关于正确审理企业破产案件为维护市场经济秩序提供司法保障若干问题的意见》第三大点明确，要充分发挥破产重整和和解程序挽救危困企业、实现企业持续经营的作用，保障社会资源有效利用。人民法院要充分发挥司法能动作用，注重做好当事人的释明和协调工作，合理适用破产重整和和解程序。对于当事人同时申请债务人清算、重整、和解的，人民法院要根据债务人的

[①] 参见李曙光、王佐发：《中国破产法实施的法律经济分析》，载《政法论坛》2007年第1期。

实际情况和各方当事人的意愿，在组织各方当事人充分论证的基础上，对于有重整或者和解可能的，应当依法受理重整或者和解申请。例如，《企业破产法》在规定对于欺诈性转让行为可以行使撤销权的同时，也规定了只有在欺诈性转让行为发生在破产程序启动前一年之内方可被撤销。如果受理破产的裁定滞后则可能导致应当被撤销的交易行为难以被撤销，进而影响到债务人财产的保值。

对于管理人而言，在破产重整过程中，管理人在对破产案件进行重大事项的决策中应充分体现债务人财产保值。现行法赋予了管理人对债务人财产进行管理、变价、处置和分配的重要权利。这些权利一方面能够保证管理人能够较为顺利地完成破产案件中所涉及的事务工作，履行管理人的职能；但是另一方面也给管理人履职带来较高的责任风险。在此背景下，亟待给管理人行使权力确定基本原则，以限制管理人的权力，保证管理人恪尽职守。基于破产案件的复杂性，为管理人行使权力确定明确、具体的标准可能会束缚其手脚，难以保证其灵活机动地处理具体问题，因此债务人财产保值原则为管理人依法履行职责确定了行为标准和行为框架。

（二）债务人财产保值原则在建筑企业破产中的体现

在建筑企业破产重整中，债务人财产保值原则主要体现为建筑企业利益最大化原则，实践中，建筑企业利益最大化的核心在于建筑企业资质的保值和维护。建筑企业利益最大化原则对于各方主体均具有拘束力，本部分以建筑企业破产管理人为例尝试说明。

对于建筑企业破产管理人而言，其履行职责应当贯彻建筑企业价值最大化原则，在作出重大破产决策时应以此为标准。"债务人财产的增值对于债权人来说，远比债务人企业的最终命运重要得多。"[①] 作为管理人而言，在决定建筑企业继续经营抑或停止营业时应当始终秉承建筑企业利益最大化原则，视破产企业的实际情况决定相应事项。例如，现行破产法规定管理人有

---

① 参见傅穹、王欣：《破产债务人财产制度的法律解释》，载《社会科学研究》2013年第5期。

权在法院的批准下在第一次债权人会议之前决定"继续或者停止债务人的营业"。如何决定在破产程序中停止或者继续建筑企业的经营，以究竟是继续还是停止营业更有助于建筑企业财产保值的需要为判断标准。如果建筑企业的经营持续处于亏损状态，且已经没有足够的资金支持企业的日常运营，则此时持续经营将意味着企业持续亏损。相反，如果企业只是暂时遇到资金问题，而诸多优秀的项目有继续经营的必要，如继续经营能够使企业获得现金流，实现建筑企业的最大化，则此时企业仍可以继续经营。同样地，破产管理人有权利决定继续履行或者主张解除待履行合同，但是没有规定管理人继续履行或者作出解除合同决定的标准。管理人应当以是否有利于债务人财产最大化作为判断基准。如在部分合同中，合同的相对方属于资质较强、信誉较高的企业时，建筑施工企业继续施工能够获得良好的现金流和回报，则此时有继续履行合同的必要。

与破产清算程序不同，破产重整程序一般会引入战略投资人参与挽救企业，据此，在战略投资人投资时，管理人应当始终秉承建筑企业利益最大化原则，通过通盘考虑破产管理人引入、投资人重整计划草案的制定等，确保建筑企业利益最大化。例如，有学者指出，如在破产管理人引入了战略投资人甲，经过协商制定的重整计划草案中确定的普通债权的分配率为25%，在提交债权人会议表决前，债权人乙提出该债务人企业本身具有较高建设资质，债务人企业的壳具有较高价值，自己愿意作为战略投资人出资，保证普通债权的分配率为45%，并愿意先缴纳保证金。破产管理人如果此时拒绝引入乙作为战略投资人，并强行将该重整计划草案拿到债权人会议表决，则管理人的行为既是对破产法规定的忠实义务的违反，也是对建筑企业利益最大化原则的违反。战略投资人投入的资金必然首先流经债务人财产资金池，而其锁定甲拒绝乙会导致债务人财产价值减损，违反了该基本原则。①

---

① 参见齐明：《论破产法中债务人财产保值增值原则》，载《清华法学》2018年第3期。

二、建筑企业价值最大化的核心体现——建筑企业资质维护

(一) 建筑企业资质的财产意义

建筑施工企业有保资质、增资级的考核需要。根据《建筑法》第13条的规定，建筑资质是建筑企业承接建设工程的先决条件。而优质建筑资质，因为其稀缺性更能带来垄断性收入，其往往成为破产企业的重要价值，为众多同行所青睐。建筑施工企业的资质要定期审核，而维持资质或者增高资质等级，则需要施工企业承揽的工程量即产值数据作为保证，有的施工企业也需要被挂靠来达到保住资质或实现增加资质等级的目的。

建筑企业一般都会拥有一项或者多项施工资质。在建筑行业中，建筑企业资质是评估企业能力和信誉的重要指标，是企业能力的象征。获得建筑企业资质需要企业具备一定的规模和实力，包括注册资金、技术人员、施工设备等方面的要求。这意味着企业在经营管理和技术实力方面达到了一定的水平，能够承担更大规模、更复杂的建筑项目。持有高级别的建筑企业资质的企业，通常具备更强的综合实力和竞争优势。企业资质还有助于提升企业的专业形象和品牌价值。持有高级别的建筑企业资质，能够向客户和合作伙伴展示企业的专业能力和质量保障体系。这有助于树立企业的良好形象，提高企业的市场竞争力。在激烈的市场竞争中，具备良好的企业形象和品牌价值是吸引客户和合作伙伴的重要因素。

在公法意义上，资质是通过一系列的评估和审查程序，对企业的经营管理、技术实力、质量保障体系等方面进行评定和认证的结果。建筑企业资质的评定过程中，会对企业的信誉、业绩和质量管理等方面进行综合评估。获得较高级别的建筑企业资质意味着企业在过去的项目中表现出色，具备良好的信誉和口碑，这对企业在市场上赢得客户的信任和合作机会非常重要，有利于企业拓展业务、开拓市场。在实践中，资质是参与政府招投标的必要条件。在建筑工程领域，政府招投标是重要的项目获取途径。政府通常要求参

与招投标的企业具备一定的建筑企业资质，以确保项目的质量和安全。没有合适的建筑企业资质，企业将无法参与政府招投标，无疑会失去缔约机会。

概括而言，建筑资质在建筑企业重整中具有重要价值，是建筑企业营业事务的依托，保留建筑资质意味着营业事务的继续，这是启动重整程序的基本目的；在重整程序中，与营业事务相关的资产作为承载营运价值的整体，其价值远远超过清算条件下单独出让的价值，债务人资产得以保值，债权人受偿比例得以提高；此外，建筑企业保留相应资质，才可能保留主要技术人员，与之密切相关的建筑工程施工经验、管理经验、特有施工技术得以承继，有利于建筑安全、建筑质量的提升。

（二）破产企业价值最大化下资质处置的原则

当建筑企业进入破产重整程序时，建筑资质能否出售，成为建筑企业破产中讨论最多的问题。

首先，资质应具有可处置性。建筑资质本质属性为一种具有市场价值的行政许可，依照《行政许可法》第9条规定，依法取得的行政许可，除法律、法规规定依照法定条件和程序可以转让的外，不得转让。之所以如此规定，是因为建筑业企业资质代表着企业在各方面的能力，具有一定的组织属性，脱离了组织，企业的资质无法保证。故而，建筑业企业资质确有其价值。建筑业企业资质虽然不能独立转让，但它是企业经营的基础，可以提高企业的竞争力，在企业发展与资本积累过程中，发挥了重要的作用。因此，从价值的角度分析，建筑业企业资质必然有其价值，但是难以从企业价值中剥离。

市场上对于建筑资质的价值认可，是实际存在的。比如，2023年4月23日，河南国某建设集团有限公司管理人公开发布"河南国某建设集团有限公司预重整投资人招募公告"。[①] 该公告详细介绍了国某建设公司拥有建筑工程施工总承包和市政公用工程施工总承包两个特级资质，市政行业及建

[①] 参见河南省郑州市金水区人民法院（2023）豫0105破申1号。如无特殊说明，本书案例均来源于中国裁判文书网。

筑行业工程两个甲级资质，其他一级资质八个，二级资质四个，三级资质一个。不难看出，国某建设公司的资质资源优势作为重要资本"卖点"之一。该招募公告也具体阐释了拥有双特双甲资质的核心价值重要性。拥有高等级企业资质对于建设施工类的企业，最核心的资本形态是该类企业的信用和资质，它们不仅是市场准入的"敲门砖"，也是企业竞争力的考量标识，是该类企业安身立命之本。国某建设公司经过长期的奋斗和市场打磨，取得了业内不可多得的各项高规格资质等级。在国家建筑行业管控趋于严格以及"一带一路""双循环"和"大基建"拉动经济的宏观政策背景下，国某建设公司的上述优质资质如果能够通过预重整程序得以完整保留，可以在后续的生产经营中直接发挥重要作用，这是国某建设公司进行预重整程序的核心考量因素。

其次，资质处置的方式应最有利于破产企业价值最大化，因此选择反向出售式重整模式更为得当。政策的加持、政府的支持在无形中加大了公开招募投资人的成功可能性。该招募公告中明确表示了政府及债权人、债务人多方支持重整构建了良好的基础。鉴于此，实践中可以秉承破产企业价值最大化原则，选择以下两种出售方式。第一，不转移资质主体的处置。这与反向出售式重整模式相对应。此种模式下，债务人继续保留主体资格和特殊资质（有的也保留部分资产），其股权转让所得全部用于清偿债务；债务人设立全资子公司，将全部债务和剩余资产平移剥离至此；重整结束后，债务人主体资格和资质继续保留，而全资子公司在变价处置平移剥离的资产且分配清偿债务后即被注销。之所以要实行此种模式，就是要通过子公司的设立、借助重整计划的效力，将未申报债权的偿还义务合法转移到子公司，进而切断债务人与未申报债权之间的联系，以免除战略投资人的后顾之忧。第二，转移资质主体的处置，这与正向出售式重整模式相对应。此种模式与反向出售式重整模式恰恰相反：债务人设立全资子公司，其主体资格、特殊资质（有的也匹配部分资产）平移剥离至此，管理人将全资子公司的股权转让所得全部用于清偿债务；而原破产企业仅保留全部债务和剩余资产等劣质资产，在重整结束后注销。之所以创立此种模式，是因为债务人主体在重整结束后即被注销，为未申报债权人设置了新的门槛，更有利于保护战略投资人。

两种方式相比较，管理人的最佳选择应该是匹配部分资产的反向出售式重整模式。它具有以下优点：在设立全资子公司时，不需要转移建筑资质，故不存在申请变更的问题，从而避开了行政机关的严格审查；债务人的技术人员、商誉价值继续保留，有利于迅速引进战略投资人、提高处置价值；建筑资质与一定资产相匹配，避免了"名为转让股权、实为转让行政许可"的违法嫌疑，战略投资人和管理人、债务人三方均可放心交易。虽然在理论上，战略投资人可能直接面对未申报债权人的追偿，但从法律上来说其并无偿还的义务。如考虑到未申报债权存在的可能性、主张债权在诉讼时效和经济成本方面的因素，实际上对战略投资人的影响并不大。

第三节 破产债权公平清偿原则

企业进入破产程序后，核心是利益如何在各主体之间分配，重整程序也不例外。企业破产重整程序的顺利展开，离不开破产债权的调整，而此种调整的基础，便是对破产债权公平清偿原则的遵循。

一、公平清偿原则的意义

（一）公平清偿原则源于公平原则

破产重整程序的本质，是司法程序中债务人利益相关方对于利益分配的博弈。重整程序中的一个核心问题是企业的重整价值应当如何公平、公正地分配给债权人和企业的出资人。对于债权人、债务人企业的出资人、不同受偿顺位的债权人而言，在破产重整中如何博弈，决定了债务人重整利益的实质分配。在管理人制定重整计划、破产法院强制批准重整计划时，对各个利益相关主体如何权衡，能够使得各方利益共同体在破产重整后，共同为了建筑企业的发展而发挥作用。

在规范意义上，公平清偿原则属于公平原则在破产法中的体现。不管是在中国还是在其他国家，人们都在不断追求社会公平。在我国古代，公平的概念曾被定义为平均，人们以平均来衡量公平，此种观念在当今社会中也依然被很多人所认同。依照《民法典》第6条的规定，民事主体从事民事活动，应当遵循公平原则，合理确定各方的权利和义务。对于公平原则的基本内涵，学界大致表达了如下内容：第一，所谓公平原则，就是指民事主体应本着公平、正义的观念实施民事行为，司法机关应根据公平的观念处理民事纠纷，民事立法也应该充分体现公平的理念。[1] 第二，公平原则是指以利益的均衡作为价值判断标准来合理分配各民事主体之间的权利义务关系。[2] 民法也应当在自己的弹性范围内对结果平等有所兼顾，这就出现了一些以追求结果公平为目的的民法制度，它们在法理念上的反映，就是公平原则。[3] 据此，公平原则，是民法针对民事利益确定的基本原则，是指对公民的人身利益、财产利益进行分配时，必须以社会公认的公平观念作为基础，维持民事主体之间利益均衡的基本规则。

公平原则具有重要的规范意义。法谚云："法乃公平正义之术""公与平者，即国之基址也"，作为调整平等主体之间社会关系的民法，公平作为基本原则应当被明确，进而使公平以法的形式宣示。诚如王利明教授所言，确立公平原则的意义主要在于：第一，它明确了民事活动的一项基本原则。民事主体在从事民事活动的过程中，应当按照公平的观念正当行使权利和履行义务。例如，在合同订立后，应当从顾及对方当事人利益的角度出发，进行充分准备。在权利的行使过程中，要充分顾及他人的利益，不得滥用权利。第二，它明确了民事活动的目的性标准。这就是说，任何一项民事活动，是否违反了公平原则，需要从结果上是否符合公平的要求来进行评价。

---

[1] 参见王利明：《〈中华人民共和国民法总则〉详解》，中国法制出版社2017年版，第29页。
[2] 参见张新宝：《〈中华人民共和国民法总则〉释义》，中国人民大学出版社2017年版，第16页。
[3] 参见梁慧星：《民法总则评注》，法律出版社2017年版，第37页。

如果交易的结果形成当事人之间的极大利益失衡，除非当事人自愿接受，否则法律应当作出适当的调整。所以公平原则更多地体现了实质正义的要求。第三，它确定了法官适用民法应当遵循的重要理念。司法裁判追求的根本目的在于公平正义，在司法裁判中，法官应当援引具体的规范裁判案件，在具体规则的解释和适用过程中，法官应当秉持公平原则，公平、合理地处理每一个具体的案件，尤其在法律没有明确规定，或者规定模糊的情况下，法官更应当按照公平原则，平衡各方的利益，保障司法的公正。[①]

以规范形式确定的"公平"，意指实质平等、结果平等，而非形式平等、机会平等。正是于此，公平原则与平等原则具有了明确的界分，发挥着不同的作用，这也是公平原则的理论价值之表征与独立存在之理据。民法崇尚平等、意思自治，对效率的追求使得公平或者正义难以得到稳定的保护，形式上的平等未必能导出结果的正义，所以，平等原则的侧面——公平原则应运而生，其是在平等原则的基础上，作为纠偏机制存在，是对整个社会的良好运行特别是民事活动的结果作出准据与判定。体现在破产重整中，追求实质的平等，对于不同的债权予以分别对待，便是公平清偿原则的应有之义。

（二）破产重整中的公平清偿原则

公平原则体现在破产程序中，便是公平清偿原则，这意味着对于各类债权的清偿需遵循实质上的平等。通常认为，债权仅具相对性，而无排他效力，因此数个债权无论其发生先后，均以同等地位并存，此即为债权平等原则。然而在建设工程领域，如果一味根据形式上的债权平等原则，会使得部分债权的受偿处于实质不平等地位。对此，现行规范在规定债权平等之时，也规定了建筑企业承包人的优先受偿权，例如，《民法典》第807条规定："发包人未按照约定支付价款的，承包人可以催告发包人在合理期限内支付价款。发包人逾期不支付的，除根据建设工程的性质不宜

[①] 参见王利明：《〈中华人民共和国民法总则〉详解》，中国法制出版社2017年版，第30页。

折价、拍卖外，承包人可以与发包人协议将该工程折价，也可以请求人民法院将该工程依法拍卖。建设工程的价款就该工程折价或者拍卖的价款优先受偿。"

公平清偿原则作为破产法的基本原则，体现在破产重整程序中，即对于财产分配应遵循实质的公平而非形式的公平，对于部分具有优先性的债权而言，应当承认其效力。在破产重整中，应秉承相对优先原则，即在重整计划关于企业重整利益的分配中，即使优先级债权人未获得完全清偿时，债权也可以根据公平且衡平的原则获得一定的清偿。但是，优先级权利人获得的清偿应当比次级权利人更为有利，换言之，次级权利人获得的利益不得高于优先级权利人。[1]

之所以在破产重整中讨论公平清偿原则，是因为在企业重整的背景下，拥有重整价值的企业通过重整获得存续再生，重整后的企业往往被视为一个新企业，如何在参与重整程序的诸多利益相关者之间分配新企业的价值，有待厘清。研究表明，个案中的某些重整利益相关者权益会突破现有的法定优先规则的排序，获得比其原本排序更为优先的清偿顺位，甚至获得整个重整程序中最为优先的排序，这是对公平清偿原则的违反。公平清偿原则对于实现破产重整程序各利益相关者权益平衡至关重要，因而被认为是重整制度的基础，赋予了重整制度"生命力"。以破产清算中的清偿顺位为基础，体现为对重整计划所影响的各利益相关者的权利保护要求，只有符合破产法规定的优先规则的重整计划才能被强制批准。[2]

二、公平清偿原则的核心体现——实际施工人权利的取舍

我国建筑市场存在不同程度的混乱与不规范行为。作为总包人的建筑企业一旦进入破产重整程序，支付工程进度款、开具发票、办理竣工验收等各

---

[1] 参见司伟：《"绝对"与"相对"之辩：论我国企业破产重整中优先原则的选择》，载《中国法律评论》2021年第6期。
[2] 参见贺丹：《破产重整优先规则：实践突破与规则重构》，载《政法论丛》2022年第2期。

项工作均会陷入停滞，对工程进度将造成巨大影响。在支付工程款的问题上，实际施工人往往会要求承包人直接支付工程款，以解燃眉之急。此时，内部承包人、专业分包人、违法分包及转包人、挂靠施工人等群体都会就欠付工程款向总包人主张债权。本部分仅从公平清偿原则出发，对实际施工人主张权利是否具有优先性问题进行原则性阐述。

（一）实际施工人的范围界定

根据《建设工程司法解释》第 26 条第 2 款的规定，在转包或者违法分包时，实际施工人可以直接起诉发包人支付工程款，学界也有诸多观点对此进行解释。[①] 但同时，仍有两大问题有待探讨。第一，该条规定没有明确具体实施工程施工的建设单位或个人是否属于实际施工人，亦即实践中广泛存在的专业分包工程承包人、劳务承包人是否属于实际施工人的范围。第二，由于挂靠人不在该条司法解释的列举范围内，挂靠人是否能够像转包或者违法分包下的实际施工人一般，存在疑问。

实践中，实际施工人是指建设工程施工合同被认定为无效后，具体实施工程施工的建设单位和自然人，即一般指转承包方、违法分包的承包方、挂靠承包方等，但不包含专业分包工程承包方、劳务承包方。

对于挂靠人是否属于实际施工人的问题，一种观点认为，虽然《建设工程司法解释》第 26 条第 2 款仅对违法分包和转包合同中的实际施工人的权益保护问题作出了明确规定，没有明确借用资质订立施工合同中的实际施工人能够适用。但依照《民法典》第 146 条的规定，借用资质订立施工合同的行为，属于通谋虚伪行为。因出借资质的承包人欠缺与发包人订立施工合同的真实意思，双方并不存在实质上的法律关系，而是由借用资质的实际施工

[①] 对于司法解释规定的实际施工人可以直接向发包人进行主张的法理基础，学界主要存在三种学说。第一种是事实合同说，该说认为实际施工人和发包人形成了事实上的合同关系。参见朱树英：《工程合同实务问答》，法律出版社 2007 年版，第 59 页。第二种是代位权说，该说认为此种做法事实上是代位权制度在建设工程领域的具体化。参见郧砚：《实际施工人向发包人追索工程款的权利解析》，载《人民司法》2013 年第 9 期。第三种是认为此种做法单纯就是对合同相对性的突破。参见张仁藏、王凤：《实际施工人对发包人诉权问题探讨——〈司法解释〉第 26 条第 2 款再思考》，载《时代法学》2017 年第 5 期。

人与发包人在订立和履行施工合同的过程中,形成了一系列事实上的法律关系,由此产生了债法上的请求权。据此,借用资质的实际施工人仍然可以直接向发包人主张权利。① 总而言之,只要实际施工人对工程进行建设而产生的事实上的权利义务关系没有超出借用资质人、总承包人或转包人依据施工合同享有的权利义务的范围,就有权向发包人主张权利。

另一种观点则认为,现行规范将挂靠作为一种与非法转包、违法分包相并列的违法行为,《建设工程司法解释》第26条第2款仅针对非法转包和违法分包两种情形,并不包含挂靠关系,因此挂靠人不属于实际施工人的范畴。基于挂靠与转包间存在质的不同,不宜赋予挂靠人《建设工程司法解释》第26条所规定的特殊诉权。同时,《建设工程司法解释》在保护农民工利益方面目前已有其他途径解决。鉴于此,最高人民法院明确要求限制《建设工程司法解释》第26条的适用范围,据此,对于《建设工程司法解释》第26条的解读理应从严而不应从宽。② 此外,挂靠人为工程项目的实际控制人,对于项目的承揽、施工的过程,被挂靠单位远不如挂靠人熟知,挂靠人直接参与了具有合法形式的建设工程施工合同的签订、履行,甚至以被挂靠单位名义直接与发包人结算,其追索工程款的障碍明显小于转包关系中的实际施工人。③

对于挂靠人范围的认定,应当区分不同的挂靠类型进行类型化的探讨。对于第一类实务中较为常见的发包人与被挂靠人事先知道有挂靠人存在的情形,虽然挂靠人没有资质会导致合同无效,但此时发包人、被挂靠人(承包人)和挂靠人之间的真实意思就在于由挂靠人进行实际施工,被挂靠人仅为名义上的承包人。对于此种情况,学界普遍认为应当适用"借名登记"的

---

① 参见唐倩:《实际施工人的建设工程价款优先受偿权实证研究》,载《中国政法大学学报》2019年第4期。

② 比如,不少法官撰写的文章所代表的实践观点认为,合同相对性原则上仍然应当得到恪守,除非符合"如不直接向发包人主张权利,则难以保障其权利实现"的必要条件,才可以直接向发包人主张权利。参见王政勇:《实际施工人直接以发包人为被告主张权利应限制条件》,载《人民司法(案例)》2016年第29期。

③ 参见李春艳:《挂靠与转包对实际施工人工程款请求权的影响》,载《人民司法(案例)》2016年第35期。

情形进行处理，即对内要遵从当事人的真意，对外则依照公示公信原则进行处理。[1] 故在此意义上，挂靠人仍可参照合同约定向发包人在其欠付工程款范围内主张权利。但对于第二类情形，即发包人对于挂靠人的存在并不知情时，结论会大不相同。实践中，挂靠人时常以内部承包的名义行挂靠之实，此时发包人很可能不知道挂靠人的存在。此时原则上不存在对发包人和挂靠人之间的约束。但还有一种方案，即《最高人民法院关于审理建设工程施工合同纠纷案件适用法律问题的解释（二）》（已失效）（以下简称《建设工程司法解释二》）第25条规定的通过行使代位权的方式，向发包人主张权利。根据现行《民法典》第535条的规定，因债务人怠于行使其到期债权，对债权人造成损害的，债权人可以向人民法院请求以自己的名义代位行使债务人的债权，但该债权专属于债务人自身的除外。[2] 此时债权人要行使代位权必须满足代位权行使的四项条件。但一般而言，基于被挂靠人与挂靠人之间为资质借用关系而非转包分包关系，因此就算发包人未支付工程款，法律关系仍然仅限于被挂靠人和发包人之间，挂靠人与被挂靠人不存在债权债务关系。在此意义上，代位权行使的首要要件即债权人（挂靠人）应对债务人（被挂靠人）享有债权的条件不成立，挂靠人也就无法行使代位权。

至于在破产程序中，由实际施工人向发包人直接要求清偿是否会构成个别清偿的问题，答案也应该是否定的。首先，从实际施工人对发包人的诉权的权利基础来看。虽然学理上存在"代位权说"，但从理论通说以及相关司

---

[1] 对于借名登记问题的探讨，学界通说一般认为，在内部关系上，借名人通过协议取得了实际权利。参见孙宪忠、常鹏翱：《论法律物权与事实物权的区分》，载《法学研究》2001年第5期；参见陶丽琴、陈永强：《不动产事实物权的适用与理论阐释》，载《现代法学》2015年第4期；参见赵晋山、王赫：《"排除执行"之不动产权益——物权变动到债权竞合》，载《法律适用》2017年第21期；在处理外部关系时，通说认为借名人和出名人之间的内部债权债务关系，不发生外部效力。参见魏海：《不动产事实物权的判定依据及冲突解决规则》，载《法律适用》2010年第4期；《最高人民法院关于适用〈中华人民共和国公司法〉若干问题的规定（三）》第25条第2款、第26条的规定，被认为是从官方层面确认了"内外关系说"的处理方式。参见胡晓静、崔志伟：《有限责任公司隐名出资法律问题研究——对〈公司法解释（三）〉的解读》，载《当代法学》2012年第4期；参见甘培忠、周淳：《隐名出资纠纷司法审裁若干问题探讨》，载《法律适用》2013年第3期。

[2] 《民法典》的规定对于代位权规则做了部分修改，从客体上，将债务人的到期债权改为了债权或者与债权有关的从权利；将对债权人造成损害，修改为影响债权人的到期债务实现的。行使范围改为了到期债务；同时增加一款：相对人对债务人的抗辩，可以向债权人主张。

法解释来看，实际施工人向发包人主张权利并非基于其代位行使建筑施工企业对发包人的债权。就此而言，实际施工人向发包人提起的诉讼不属于"就债务人财产提起的个别清偿诉讼"。其次，司法解释之所以规定实际施工人有权向发包人追索工程款，其目的就在于为处于弱势地位的农民工的权益提供强有力的司法保护，实现实质意义上的社会公平。与此相类似的承包人建设工程价款优先受偿权的相关规定也有出于保护农民工权益的考量。况且，从建设工程是劳务的物化的角度看，发包人是该劳务物化成果的享有者，实际施工人也有权向发包人主张权利。既然如此，参照《企业破产法》有关担保权人优先受偿权的规定，即使将发包人欠付的工程款作为债务人财产，也不影响实际施工人向发包人追索工程款的权利。最后，若实际施工人只能通过申报普通债权寻求救济，则有违破产债权平等原则。这是因为，实际施工人的上述权利具有一定的优先性。若将实际施工人对建筑施工企业所享有的在发包人欠付工程价款范围内的工程款债权作为普通债权对待，不仅会导致司法解释给予实际施工人特别保护的目的落空，而且也违反了破产法上的破产债权平等原则，实不可取。[1]

（二）实际施工人权利处理的原则

在明确何种范围的实际施工人有权向发包人主张权利后，进一步的问题是实际施工人是否享有建设工程价款优先权。实践中，建设工程施工合同一般由发包人与总包人签订，总包人对发包人直接享有工程款请求权。但在转包、违法分包或者挂靠施工的情况下，如果仍然允许总包人的破产管理人直接向发包人主张债权，原本由实际施工人享有的工程款势必会被纳入破产财产范畴，并按比例向全体债权人进行分配。如果允许实际施工人直接向发包人主张工程款，则其债权一般能够获得全额或者较大比例清偿。因此，是允许实际施工人直接向发包人主张债权，还是将其工程款纳入总包人破产财产

---

[1] 参见李良峰：《实际施工人在建筑施工企业破产后对发包人的权利不应受限》，载《人民法院报》2020年4月30日，第7版。

后进行债权申报，直接影响着实际施工人和其他债权人的利益。此问题存在较大的理论和实务争议。对于此问题的具体答案，本书后半部分将有详细论述，本部分主要阐述实际施工人权利处理的原则。

1. 理论与实务争议

在理论上，对于建筑施工企业破产后，实际施工人是否具有优先受偿权，存在争议。否定意见认为，从文义解释看，无论是《民法典》还是《最高人民法院关于建设工程价款优先受偿权问题的批复》（已失效），都只规定了承包人对工程价款的优先受偿权，而实际施工人不属于法律意义上的承包人，因此不应当享有优先受偿权。① 由此，依法享有建设工程价款优先受偿权的主体必须与发包人存在直接的施工合同关系，实际施工人因与发包人不具有直接合同关系，被排除在建设工程价款优先受偿权的主体之外。司法实践中，其中多数判决驳回了实际施工人优先受偿权的主张。如在王某芳、张某生建设工程施工合同纠纷案中，法院认为，与发包人订立建设工程施工合同的承包人，根据《合同法》第286条规定请求其承建工程的价款就工程折价或者拍卖的价款优先受偿的，人民法院应予支持。王某芳系实际施工人，属分包人，与发包人没有直接的合同关系，无权主张优先权。② 该种说理较为典型，实践中被许多法院所援用。

但也有规范和实践表达了相反态度，认为特殊情况下实际施工人可以主张行使优先权。例如，《江苏省高级人民法院关于审理建设工程施工合同纠纷案件若干问题的解答》（2018）（已失效）第16条规定，实际施工人在总承包人或者转包人不主张或者怠于行使工程价款优先受偿权时，就其承建的工程在发包人欠付工程价款范围内可以主张优先受偿权。③ 可见，部分地方

---

① 《建设工程司法解释二》第17条规定，与发包人订立建设工程施工合同的承包人，根据合同法第二百八十六条规定请求其承建工程的价款就工程折价或者拍卖的价款优先受偿的，人民法院应予支持。从反面理解，该规定意味着只有与发包人存在合同关系的承包人才享有优先受偿权。

② 参见河南省商丘市中级人民法院（2019）豫14民终2097号民事判决书。

③ 类似的地方高院观点，还有很多。例如《浙江省高级人民法院民事审判第一庭关于审理建设工程施工合同纠纷案件若干疑难问题的解答》（2012）第22条、《广东省高级人民法院关于审理建设工程施工合同纠纷案件若干问题的指导意见》（2011）（已失效）第15条以及《安徽省高级人民法院关于审理建设工程施工合同纠纷案件适用法律问题的指导意见》（2009）第18条。

司法观点实际上部分肯定实际施工人在符合一定的条件时，可以行使优先受偿权。此类条件多为总承包人或转包人存在不主张或者怠于向发包人主张建设工程价款优先受偿权的行为，且对实际施工人的工程款权益造成损害等。

在部分案件中，法院同样肯定了前述观点。如有法院认为，胡某华系实际施工人，三某公司、鸿某公司将本案工程交由胡某华施工属非法转包，三某公司、鸿某公司对涉案工程款无请求权，并根据涉案工程经竣工验收合格等事实，判决闽某公司应向实际施工人胡某华支付本案经双方结算后所欠的工程款及相应利息，胡某华对承建的涉案工程享有优先受偿权，并无不当。① 在齐齐哈尔奇某房地产开发有限公司与王某伏建设工程施工合同纠纷案中，法院认为：王某伏、施某龙以挂靠的方式订立建设工程分包合同，具有实际施工人的身份，但因其对工程支付的部分材料款、人工费已经物化进入建设工程中，转化为工程价款，由此主张的建设工程价款优先受偿权符合《最高人民法院关于建设工程价款优先受偿权问题的批复》的规定，应当得到支持。②

由此可见，尽管《建设工程司法解释二》明确规定实际施工人不能主张优先受偿权，但是司法实践中裁判结果却远不如法律规定般统一。一方面，法院倾向于通过文义解释和体系解释的方式，严格依照原《合同法》第286条、《最高人民法院关于建设工程价款优先受偿权问题的批复》以及《建设工程司法解释二》第22条的规定，驳回实际施工人主张优先受偿权的诉求。另一方面，也有法院通过目的解释的方法，认为实际施工人与发包人成立了事实上的施工合同关系，实际施工人具有承包人的地位，因此可以行使优先受偿权。可以说，对于《建设工程司法解释二》第17条规定的具体适用，实务机构存在不同的理解，也就相应地使用了不同的解释方法，并得出了不同的结论。

至于建筑企业进行破产程序后，上述问题是否会受到影响的问题，多数观点认为，在破产程序中，实际施工人的实体权利仍需得到尊重。这是因

---

① 参见福建省南平市中级人民法院（2017）闽07民再15号民事判决书。
② 参见黑龙江省高级人民法院（2018）黑民再331号民事判决书。

为，实际施工人向发包人追索工程款的权利，其目的在于保护农民工的合法权益，因为实际施工人能否得到工程款直接影响到农民工工资的发放。司法实践中，由于实际施工人向发包人行使诉权突破了合同相对性原则，故适用上述规定有严格的限定条件，但当实际施工人的合同相对方出现破产等特殊原因使得实际施工人的权利难以实现时，原则上应允许实际施工人向发包人主张权利。由此可见，当建筑施工企业出现破产情形时，实际施工人向发包人主张权利恰好符合上述规定的适用条件及规范意旨。另外，尊重非破产法规范原则是破产法上的一项基本原则，它要求破产程序中有关责任或权利的基础只能在非破产法规范中寻找，以遵守实体性规则在破产程序中继续有效为原则。例如，债权人对债务人的保证人和其他连带债务人所享有的权利不受破产程序的影响。同理，实际施工人对发包人享有的实体权利也不应受建筑施工企业进入破产程序的影响。

2. 公平清偿原则下的实际施工人的权利处理

梳理上述争议观点，其实解释者还是秉承着不同的解释方案。其中反对意见倾向于从文义解释的角度出发，认为能够行使优先受偿权的只有承包人，而非法转包、违法分包和挂靠下的实际施工人不属于承包人，不具备行使优先受偿权的主体资格，自然不能行使相应权利。赞成意见认为，解释方法不能仅限于文义，还需要追寻制度背后的目的，承包人优先受偿权制度在于保护弱势群体尤其是农民工的合法权益，同时既然施工行为使发包人的财产得以增加或避免了债务人财产的减少，那么就归入债务人财产的增值部分而言，施工人在增值部分就应当优先于其他债权人而受清偿。实际施工人既代表着农民工群体，也是使得发包人财产增值的直接劳动者，因此允许实际施工人行使优先受偿权是贯彻原《合同法》第286条和《最高人民法院关于建设工程价款优先受偿权问题的批复》制度目的所在。

意欲判断实际施工人是否有优先受偿的权利，应当不限于文义解释的方式，还是需要回溯到制度目的层面，同时明定实际施工人的权利的性质和来源，从而判断该种权利是否具有优先力。与此同时，基于实际施工人行使优先受偿权系一般规则之外的例外规则，故也应当有所限制，这需要在满足一定条件的情况下,才允许实际施工人行使优先受偿权。

《建设工程司法解释二》规定了承包人享有建设工程价款优先受偿权,同时也排除了其他主体能够请求建设工程价款优先受偿权。本条严格遵循原《合同法》第286条和合同相对性原则,规定承包人就工程价款享有优先受偿权。实际施工人和发包人没有直接的合同关系,对发包人并不当然享有工程价款请求权,也就没有理由赋予其以工程价款为权利基础的优先受偿权。此外,转包、违法分包均被法律明确禁止,如果再赋予实际施工人以建设工程价款优先受偿权,有可能对建设工程市场秩序产生负面导向作用。故享有建设工程价款优先受偿权的主体只有与发包人订立建设工程施工合同的承包人,不包括勘察人、设计人、实际施工人以及次承包人和合法的分包人。由此可见,实际施工人和发包人无直接合同关系,所以实际施工人对发包人不当然享有工程价款请求权,也就丧失了以享有工程价款请求权为基础的优先受偿权,这应属于一项基本原则。

结合现有的裁判和各地高院的司法文件,上述条件限制主要包括如下内容:其一,根据《建设工程司法解释二》的精神,结合相应的规范意旨,实际施工人向发包人直接主张优先受偿权需要因转包人或者违法分包人怠于向发包人行使到期债权,且对实际施工人造成损害的,此时实际施工人提起的是代位权诉讼。当前,我国《民法典》延续了原《合同法》的规定,对于债权人行使代位权的效果仍采直接清偿原则而非入库规则,因此债权人代位权实现后的效果即债权人就次债务人的清偿直接受偿,各方债权债务关系因此消灭。[①] 其二,在破产程序中,由于此种做法将可能导致"单独清偿",从而影响到其他债权人的利益,因此要进行区分,对于农民工的工资债权,出于前述增值理论以及特殊保护的考量,实际施工人实现的此部分债权应当

[①] 虽然许多学者提出建议认为现行法规定的债权人代位权未采取"入库规则"不合理,容易造成与债权人撤销权的体系混乱[参见朱广新:《合同法总则》(第二版),中国人民大学出版社2012年版,第374页],但《民法典》第537条规定:"人民法院认定代位权成立的,由债务人的相对人向债权人履行义务,债权人接受履行后,债权人与债务人、债务人与相对人之间相应的权利义务终止。债务人对相对人的债权或者与该债权有关的从权利被采取保全、执行措施,或者债务人破产的,依照相关法律的规定处理。"该规定延续了原《合同法》及相关司法解释的规定,仍然采取直接清偿原则而非"入库规则"。

由其直接受偿。对其余部分的工程尾款，则纳入破产财产的范畴，并依法分配，公平清偿。

对于不符合上述条件，不能直接向发包人主张权利的实际施工人债权，例如承包人已经积极主张并实现的债权，同样需要依据上述理论基础进行分类处理。对于农民工工资债权，属于劳动债权，亦应系职工工资类别，在破产清偿顺序中具有一定的优先性。该种做法本质上是将职工的范围扩大到农民工，进而保护了工程项目中建筑工人的合法权益。对于非农民工工资的其他债权，则应认定实际施工人的工程款属于破产财产，实际施工人对于工程款，可以依法申报债权。但因为实际施工人的权利不享有工程价款优先受偿权，因此只能认定为普通债权。

第四节 维护建筑市场秩序原则

一、企业破产重整中的市场秩序维护

在建筑企业破产重整中，还有一大不可忽略的原则，即为维护建筑市场秩序原则。《建筑法》第 1 条便规定，为了加强对建筑活动的监督管理，维护建筑市场秩序，保证建筑工程的质量和安全，促进建筑业健康发展，制定本法。《建设工程司法解释二》在立法目的中便提出，该解释的目的是正确审理建设工程施工合同纠纷案件，依法保护当事人合法权益，维护建筑市场秩序，促进建筑市场健康发展。最高人民法院发布《关于正确审理企业破产案件为维护市场经济秩序提供司法保障若干问题的意见》，要求充分发挥人民法院商事审判的职能作用，正确审理企业破产案件，防范和化解企业债务风险，挽救危困企业，规范市场主体退出机制，维护市场运行秩序。

对于建筑企业而言，在进入破产程序后，因涉及债权人、债务人、出资人、企业职工等众多当事人的利益，各方矛盾极为集中和突出，处理不当，极易引发群体性、突发性事件，影响社会稳定。建筑企业欠薪问题较为突出，涉及职工、农民工等利益问题。相应司法文件也多次指出，对于此类案件，要及时向当地党委汇报，争取政府的支持。在政府协调下，加强与相关部门的沟通、配合，及时采取有力措施，积极疏导并化解各种矛盾纠纷，避免哄抢企业财产、职工集体上访的情况发生，将不稳定因素消除在萌芽状态。有条件的地方，可通过政府设立的维稳基金或鼓励第三方垫款等方式，优先解决破产企业职工的安置问题，政府或第三方就劳动债权的垫款，可以在破产程序中按照职工债权的受偿顺序优先获得清偿。

维护市场秩序原则在部分破产重整案件中被充分采用。比较典型的是南通某建破产重整案[1]。南通某建 1994 年晋升为一级资质企业，1998 年取得外经贸部境外工程承包签约权；2005 年晋升总承包特级资质，2011 年顺利通过住建部特级资质就位考评验收。2019 年，"2019 年中国民营企业 500 强"发布，江苏南通某建建设集团列第 170 位。如皋市人民法院正式裁定受理南通某建破产重整案，并指定南通某建清算组担任管理人，彼时公司尚未引入投资人，重整过程中公司的特级建筑资质或转化成股权价值。南通某建公司具有较为完备的各类建筑资质，通过引入重整投资人的投资化解债务、重新经营，存在挽救的余地，具有一定的重整价值和可能。

类似南通某建的头部公司，往往员工人数较多，这种情况下，实施破产清算虽然可以给员工提供一定的经济补偿，但是无法解决员工失业后的"再就业难"问题。大规模的员工失业势必会影响社会的稳定，从社会价值角度出发，如果通过破产重整，将大规模的员工妥善安置，将会获得不可估量的社会收益，维护当地社会的稳定。因此，员工问题也是破产重整价值判断中的重要因素。

在建筑企业破产重整程序中，破产企业职工债权处理是需要妥善解决的

---

[1] 参见江苏省如皋市人民法院（2022）苏 0682 民破 1 号之五裁定书。

问题，进而才能切实解决社会民生问题。但问题在于，实践中转包、违法分包等现象在建设工程领域十分常见，当施工单位进入破产程序，工程款的确认及支付流程将进入停滞状态，下游实际施工人收取工程款的权利将会受到影响。在此情况下，解决不好容易引发民工集体讨薪事件，甚至出现民工要求具有支付能力的建设单位支付工资的情况。在该种情况下，施工单位欠付的农民工工资、建设单位代为垫付的农民工工资在破产程序债权申报环节能否得到确认，该部分债权清偿的优先顺序如何，对维护社会稳定具有现实意义。

二、维护建筑市场秩序的核心体现——农民工群体利益保障

（一）农民工的类型与工资受偿顺序

依照《企业破产法》第 48 条第 2 款和第 113 条的规定，债务人所欠职工的工资以及应当支付给职工的补偿金等，不必申报，由管理人调查后列出清单并予以公示。破产财产在优先清偿破产费用和共益债务后，破产人所欠职工的前述费用，具有优先受偿的效力。《最高人民法院关于审理企业破产案件若干问题的规定》第 57 条则规定，债务人所欠非正式职工（含短期劳动工）的劳动报酬，参照相应规定确认的顺序清偿。故而，农民工工资在解释上是否属于前述的职工工资范围，将直接影响农民工工资的清偿顺序。

针对相应问题，需区分为建筑企业自身雇用的农民工和实际施工人雇用的农民工。对于前者，司法实践基本形成了一致意见，即多数认为建筑企业雇用的农民工的债权属于职工债权，具有优先受偿效力。究其说理，在部分案件中，法院认为，《最高人民法院关于审理企业破产案件若干问题的规定》第 57 条规定了债务人所欠非正式职工（含短期劳动工）的劳动报酬，可以参照职工债权在破产程序中予以清偿。农民工在破产企业从事劳务，公司对记录出勤及工资情况的工资花名册盖章予以确认，农民工申报的工资债

权应按照职工债权顺序清偿。[1]

当然，也有部分裁判认为，工程中欠付农民工工资与企业欠付职工工资的性质及认定标准均不同，农民工由班组负责人安排具体工作任务和日常管理，农民工与破产企业之间没有直接的劳动管理和人员隶属关系，不能认定为劳动关系，因此农民工工资不能认定为职工债权。[2] 另有观点指出，劳务分包单位的农民工与建设单位之间系劳务合同关系，欠款性质系劳务报酬，不能认定为职工债权。[3]

（二）劳务分包下的农民工工资优先层级

对于劳务分包下的农民工工资处理问题，则更为棘手。实践中，建筑企业在自有工人不足的情况下，往往会采取层层分包或劳务分包（转包）来满足施工需要。此种情况下农民工工资是否可以纳入优先债权保护，实践中存在争议。从文义解释上看，《企业破产法》中并未规定非职工债权优先保护，且农民工工资本质上属于劳务费用的范畴，并非《企业破产法》立法上所需要保护的职工工资。突破法律规定和公司义务架构给予农民工特别保护，会破坏法治秩序，其本质并非法治思维。但从目的解释看，在实质涉及整体建筑市场秩序维护时，农民工工资仍有保护必要。这是因为，立足于保护弱势群体的合法权益的判断，切实根治拖欠农民工工资问题，方才有助于维护社会公共秩序，在查明事实的情况下，更多法院的裁判观点倾向于将民工工资认定为"非正式职工（含短期劳动工）的劳动报酬"，参照职工债权在破产程序中予以清偿。

此种观点亦有佐证，最高人民法院于2021年发布《全国法院系统2021年度优秀案例分析评选活动获奖名单》中登载建筑企业农民工工资是否在破产程序中优先清偿问题的案例。法院认为，建设工程承包人优先受偿权本就是为了保护农民工的合法权益作出的规定。案涉款项属于建设工程款中的农

---

[1] 参见河南省洛阳市中级人民法院（2020）豫03民终7211号民事判决书。
[2] 参见浙江省杭州市中级人民法院（2020）浙01民终6023号民事判决书。
[3] 参见山东省威海市中级人民法院（2022）鲁10民终573号民事判决书。

民工工资，应当优先受偿。此外，《保障农民工工资支付条例》第3条第1款规定，农民工有按时足额获得工资的权利。任何单位和个人不得拖欠农民工工资。第29条第1款规定，建设单位应当按照合同约定及时拨付工程款，并将人工费用及时足额拨付至农民工工资专用账户，加强对施工总承包单位按时足额支付农民工工资的监督。从法政策的角度看，最高人民法院《关于进一步加强拖欠农民工工资案件审判执行工作的通知》、《关于做好当前涉农民工工资案件执行工作的通知》等，均对拖欠农民工工资纠纷案件审执工作作出明确要求，切实根治拖欠农民工工资问题，是践行以人民为中心发展思想的重要举措，事关广大农民工切身利益，事关社会公平正义和社会和谐稳定。

对农民工工资进行特别保护尤其必要，与此同时，管理人也需要严格核查农民工债权人的身份及其债权数额，防止以农民工工资名义将普通债权优先化。同时，对农民工工资的特别保护原则上不应突破合同相对性。如有的债权人申报的为劳务工程款、材料款、货款，有的债权人已经支付完毕全部农民工工资，申报的仅为自己的施工利润、利息等财务成本，不能再受优先保护。但在部分资金流水清晰，且相应款项确是用于清偿农民工工资时，则可以取得优先效力。《最高人民法院关于正确审理企业破产案件为维护市场经济秩序提供司法保障若干问题的意见》第5条指出，政府或第三方就劳动债权的垫款，可以在破产程序中按照职工债权的受偿顺序优先获得清偿。因此，第三方在政府主持协调下垫付的农民工工资，可以按照职工债权的受偿顺序予以优先获得清偿。在部分案件中，当地政府垫付了农民工工资，对于垫付的此类债权，法院认为相应资金流向明确，垫付的举措有效维护了社会稳定，因此相应债权按照职工债权的受偿顺序优先受偿并无不当。[1]

---

[1] 参见浙江省台州市中级人民法院（2019）浙10民终1181号民事判决书。

第二章
建筑企业破产重整的模式选择

建筑企业基于其建筑资质的稀缺性及所承建项目的复杂性、跨地域性等原因，直接破产清算将导致建筑资质失去价值、在建项目无法续建、已建成项目工程款回收难、维修服务难以继续等问题，从而使得债权清偿率大幅降低。因此，对债权人而言，重整制度具有存在的必要性与优越性。重整制度是破产制度的重要组成部分，集体清偿程序不但减少了申请执行的成本以及债权人之间争夺的损耗，执行程序中止、破产撤销权、无效行为等制度设计还使债务人总体财产价值得以维持甚至增加。[①] 为了解决破产重整领域破产企业面对的共性与个性化问题，司法实践中也创设出了不同的重整模式，可归纳为传统的三种模式，存续式重整、出售式重整、清算式重整，近年来多地法院还进行了创新尝试——预重整。建筑企业破产受理后的重整模式选择，每种重整模式的特点及适用的局限性等都会成为影响债务人企业能否重整成功的重要因素。

第一节　预重整模式的适用

一、预重整模式的界定

　　根据学者考据，最早进行预重整实践是在 1986 年，美国 Crystal 石油公司成功适用预重整走出财务困境一案，预重整制度在美国诞生、发展并取得了良好的实践效果，也标志着第一例大公司采用了预重整模式解决了债务重

[①] 参见刘贵祥：《深入推进中国破产法治建设》，载微信公众号"中国破产法论坛"，2018 年 11 月 20 日。

组问题,[1] 该案也为预重整制度开创先河。《美国破产法》第1121条（a）款规定：债务人可以在申请破产时提出重整计划，或者在自愿申请破产或非自愿申请破产的任何时间内提出重整计划。[2] 该条为当事人预重整提供了法律依据。同时也规定了美国预重整程序的启动由债务人提起，如通用公司破产重整案，在正式申请重整之前，通用公司采取了"预重整"制度，并于2008年12月2日，向美国联邦政府和国会提交了应对困境的第一份可行性方案，希望得到政府援助。在这种模式下，政府和法院评估债务人提交方案的可行性并提供必要的协助，主导者还是债务人自己。

此后，一些国家开始借鉴并探索适合自身的预重整制度，建立了各具特色的预重整模式，如英国的"伦敦模式"，日本的"事业再生ADR"以及韩国的"韩式预重整制度"等。

英国的预重整制度起源晚于美国，在蓝溪公司债务重组案（Re Bluebrook Lit）中，英国法院认可了预重整制度的合法性，2002年的《英国企业法》也进一步认可了庭外程序的管理人选任，预重整便迅速地发展起来。英国设立"金融监督管理委员会"，金融监督管理委员会所担负的职责是经由困境企业申请，组织重组委员会，重组委员会的成员主要是在所有债权人中选举，也可以指定，两种方式中金融监督管理委员会都掌握着主导权，这也意味着对于债务人和其他债权人来说预重整阶段金融债权人占据着绝对优势地位。区别于美国的预重整制度，英国的预重整制度强调债务人意思自治原则，重整计划通过法院特别程序进行保障而非破产程序。[3] 2007年，日本经济产业省的部门规章《产业竞争力强化法》规定了事业再生程序（ADR），该程序同时应遵循《法庭外纠纷解决程序法》。事业再生ADR是日本为陷入经营困境企业而设的庭外再生程序，也被普遍认为是日本

---

[1] 参见王佐发：《预重整制度的法律经济分析》，载《政法论坛》2009年第2期。
[2] 参见［美］大卫·G.爱泼斯坦、史蒂夫·H.尼克勒斯、詹姆斯·J.怀特等：《美国破产法》，韩长印等译，中国政法大学出版社2003年版，第728—778页。
[3] 参见张海征、金晓文：《浅析英国破产法上的预重整制度》，载《全国商情（理论研究）》2012年第7期。

的"预重整"。① 债务企业陷入债务危机后，向事业再生实务家协会提出申请（该协会均由金融机构、律师、会计师等专业人员组成）。协会经过审查，认为申请的债务企业具有再生可能的，才会受理并启动事业再生 ADR。韩国的预重整模式的启动与英国颇为类似，也是由主债权人主导。

我国的司法实践中对预重整制度目前并无统一的官方定义与法律规定，可以参考的是联合国国际贸易法委员会发布的《破产法立法指南》中提及的，预重整是"一种快捷简便的重整程序"，最高人民法院于 2017 年 8 月 7 日印发的《关于为改善营商环境提供司法保障的若干意见》中提出"加强对预重整制度的探索研究"，随后在《全国法院破产审判工作会议纪要》中再次提出"探索推行庭外重组与庭内重组制度的衔接"，提出可以庭外重组方案为依据拟定重整计划草案提交人民法院依法审查批准。2019 年 6 月，由最高人民法院参与、国家发展和改革委员会牵头 13 部委联合发布的《加快完善市场主体退出制度改革方案》中提出"研究建立预重整和庭外重组制度"，提出实现庭外重组制度、预重整制度与破产重整制度的有效衔接，强化庭外重组的公信力和约束力。自此预重整制度渐渐被大众所熟知并应用起来。

对于预重整制度的理论探索大多来自地方性各具特色的实践，其中具代表性的就是以法院为主导的"深圳模式"及以政府为主导的"温州模式"。所谓深圳模式，以深圳市中级人民法院发布的《审理企业重整案件的工作指引（试行）》，以及深圳市中级人民法院探索的深圳市福某电子技术有限公司（以下简称福某公司）破产重整案为代表，是法院借鉴"预重整"制度并引入司法实践的有益创新与摸索，是深圳首例预重整案件。福某公司系大型民营制造型企业，是华为、中兴通讯公司的一级供应商。但因管理粗放，导致经营成本过高，资金链断裂，由此引发供应商和员工维权，造成不良影响。此后，深圳市中级人民法院裁定受理福某公司破产重整案。充分运用立

---

① 参见付翠英：《一部振兴经济的法律：日本民事再生法介说》，载《国家法官学院学报》2003 年第 5 期。

案审查程序，开创性地采取了预重整模式，即在裁定受理案件前指定管理人提前介入福某公司，对存在的矛盾和问题进行全面摸底协调。通过预重整，法院全面掌握了福某公司的状况，为债权人、股东和员工等利益主体搭建沟通平台，矛盾得到迅速平抑，潜在重组方也得以了解企业真实状况和财务底数，坚定进一步投资介入的信心。① 此外，《上海市高级人民法院破产审判工作规范指引（试行）》也对预重整模式进行了规范。

所谓温州模式，是指预重整程序无需申请，由属地政府启动，属地政府发布书面文件予以确认进入预重整程序，人民法院根据政府文件由立案部门立"引调"案号交破产审判业务庭，该种模式由浙江省温州市首创。

王欣新教授认为，预重整制度是指现阶段我国的预重整程序是法庭外程序，债务人、债权人、投资人等利害关系人在管理人的协助下，开展平等、自愿的商业谈判，主要通过市场化、法治化的手段，达成解决债务以及困境企业再生的目标。② 据此，可以理解预重整模式相较于正式的重整模式更具有协商变通的灵活性，更注重各方的意思自治，如债务人自愿参与预重整，其主观能动性及配合度也更高，不失为一种高效的拯救危困企业的方式，在借鉴域外经验的同时也形成了适用我国国情的预重整本土化特征。

根据各地法院发布的预重整制度相关规定指引，中国预重整制度对于中止审理、中止执行等司法行为的阻却力并未得到法律层面的认可，仍然以管理人或受理法院或辖区政府部门的协商为主。美国预重整制度同样注重私力性，不能产生对计息、执行等司法行为的阻断力；英国预重整程序启动后会产生债权自动中止的效果，债权人应当暂停请求债务企业的债务偿还，但并无强制性规定，而是由主导者通过沟通协调各债权人，债权人一致约定在此期间不向债务人追讨债务，各个债权人在此基础上讨论协商预重整计划的制定。日本是由协会同债务人联名向金融债权人发出"暂缓搁置"的通知，因为事业再生实务家协会由得到日本经济产业省、中小企业厅、金融厅、日

---

① 参见黄晓云：《福昌电子破产案：预重整的成功尝试》，载微信公众号"中国破产法论坛公众号"（2017年12月29日），最后访问日期：2024年4月12日。

② 参见王欣新：《预重整的制度建设与实务辨析》，载《人民司法》2021年第7期。

本工商会议所、东京工商会议所、股份公司产业再生机构、股份公司整理回收机构的支持，所以在推动债权达成暂行中止的事项上力度非常强。

预重整在中国本土化进程中还吸纳了美国的预重整与重整的衔接程序。有别于日本、英国、韩国赋予金融债权人的优势地位，日本对于供应商债权的特殊保护，中国在预重整的探索中坚定践行的"公平清偿原则"，也是适用中国市场经济特征的探索。

二、建筑企业选择预重整的优势

虽然现行司法实践中已经探索出多种应对建筑业企业破产重整的模式，但预重整模式的探索与实践对帮助危困建筑业企业破产脱困具有不可替代的价值。如被评为 2022 年度全国破产经典案例之一的某科建设开发总公司（以下简称某科建设）预重整转重整案，该案是上海首例尝试预重整的案件，采用"单体联动式"重整模式，成功探索了大型企业集团低成本重整路径。[①]

某科建设系中国科学院行政管理局下属企业，主营业务为工程施工。某科建设开发总公司成立于 1991 年 8 月 27 日，注册资本人民币 11003.15 万元。某科建设作为集团控股母公司，下辖分公司 39 家、子公司逾 400 家，分布在全国 26 个省份，形成体量庞大的企业集团。自 2018 年以来，某科建设因沉重的对外担保负担及资金链断裂等原因陷入经营困境。审计报告和债权审核反映，某科建设资产总额约 133 亿元，负债逾 800 亿元、涉及债权人逾 3000 户，全国各地涉诉、涉执行案件达 460 余件。某科建设曾自行重组，但自救未果濒临倒闭。鉴于某科建设资产负债规模庞大、企业层级多且关联关系复杂，重整价值及重整可行性有待进一步明确，同时，也为了消除企业对直接进入重整程序而承担失败后不可逆清算风险后果的顾虑，上海市第三中级人民法院依申请受理了某科建设预重整，并根据金融机构债权人委员会

---

① 参见上海市第三中级人民法院（2020）沪 03 破 307 号裁定书。

等债权人、债务人上级主管部门联合推荐，确认预重整期间临时管理人，监督指导各方开展预重整工作。在预重整对某科建设重整价值、重整可行性充分评估和提高的基础上，上海市第三中级人民法院依申请裁定某科建设转入重整程序，2021年12月1日，上海市第三中级人民法院依据《企业破产法》第86条的规定，裁定批准某科建设重整计划并终止重整程序。2022年12月8日，上海市第三中级人民法院经审查管理人提交的《重整计划执行监督工作报告》，裁定确认某科建设重整计划执行完毕。

某科建设通过重整程序成功化解了逾800亿元债务，最大限度保障了债权人平等受偿利益，也维护了经营管理层及集团秩序的基本稳定，优化改善了公司治理结构，企业获得新生。无独有偶，四川省德阳市中级人民法院审理的中国某重型机械集团公司（以下简称二重集团）和二重集团（德阳）重型装备股份有限公司重整案[1]、南京市中级人民法院根据南京建某产业集团有限公司及其关联企业（以下简称南京建某系重整案[2]）提出的重整及请求预重整申请，决定正式受理"建某系"关联企业预重整，这是南京市中级人民法院制定出台《关于规范重整程序适用提升企业挽救效能的审判指引》后的第一例适用预重整的案件。这些案件中债务人也是由预重整转入重整程序后顺利解困，预重整制度的存在对改善营商环境具有不可替代的理论和实践价值。

（一）利用各地的制度优势

预重整模式的理论渊源来自庭外重组，本质上是一种意思自治，是否具有司法效力以及司法机关、行政机关、债权人、债务人等各方如何参与到该程序中来起初并无明确规定，各地只是在遵循全国性文件的倡导精神下边探索边实践，慢慢摸索出符合其地域特征的相关规定。从实践情况看，北京市、北海市、广州市、重庆市、宿迁市、眉山市、南华县、南京市、齐齐哈

---

[1] 四川省德阳市中级人民法院（2015）德民破字第5-2号民事裁定书。
[2] 江苏省南京市中级人民法院（2021）苏01破20号之一至44号之一。

市、青岛市、厦门市、深圳市、四川天府新区、温州市、郑州市、洛阳市、苏州市等多个市（县、区）均已出台了与预重整有关的文件，其中北京破产法庭颁布的《北京破产法庭破产重整案件办理规范（试行）》对预重整的定义及适用进行了较为详尽的描述，且为多个地区借鉴沿用。此外，被评选为2021年度浙江省破产管理人企业破产十大优秀履职案例的浙江越美国际轻纺商贸城有限公司破产重整案[①]（以下简称越美案），也是地方性法院关于预重整案件的一次有力探索，诸暨市人民法院也因此出台了《关于审理预重整案件的操作指引（试行）》，保证程序的有序推进。

关于预重整制度目前尚无明确的法律依据，但是各地出台的会议纪要、工作指引、解答等形式的预重整制度规范，在预重整程序的启动、管理人的指定、中止执行的效力问题、预先表决及表决规定的确定、预重整期限的限制等作出规定，保障建筑企业预重整在实践中落地。

（二）提高信息披露的客观性

人民法院决定预重整应指定临时管理人调查债务人的基本情况、资产及负债情况，如在某科建设重整案中，上海市第三中级人民法院裁定某科建设进入预重整后同时指定了临时管理人，临时管理人可以监督债务人充分披露涉及重整的信息。临时管理人的介入相比于单纯的债务人信息披露，更能客观真实地反映债务人资产负债情况，便于人民法院和投资人更好地判断债务人的重整价值和重整希望。对于投资人来说在此阶段就可以与临时管理人接洽，能够更全面地了解债务人的情况，合理把握或规避拟收购资产中存在的风险。同时在并非完全公开的预重整程序中，债务人自主性较强，会提前锁定投资人的身份并开始洽谈，免去了在破产重整公开程序中公开遴选战略投资人时面临的竞争，降低了投资人招募失败的风险。

[①] 参见浙江省诸暨市人民法院（2020）浙0681破申246号裁定书。

(三) 弥补重整程序的不可逆性

预重整与重整不同，破产重整一旦失败，困境企业将面临必须转入破产清算程序的不可逆后果，而预重整若失败，仍有机会向法院申请重整，对债务人而言多了一条司法救助的渠道。

预重整具有衔接庭外重组与庭内重整的桥梁作用，在某科建设案及二重集团案件中，受理法院均是在预重整阶段完成了重整计划草案合理性及可执行性的评估，而后裁定进入正式重整程序，并在转入重整程序后短时间内重整成功。比如在某科建设案预重整期间，临时管理人梳理、审核了债务人总负债中约81%的债权申报；协调审计、评估机构开展工作，摸排了债务人集团内逾400家子公司，以确定重点资产范围，为确定"单体联动式"重整模式打下基础；引导市场主体各方自主协商，切实提高了重整可行性。在重整期间，预重整中开展的上述债权审核、审计评估、重点资产摸排，以及重整模式协商确定等重要阶段性工作成果，均得到沿用，大幅节约了重整程序成本，为重整计划草案表决通过奠定了坚实基础。预重整与重整程序的无缝衔接，有效节约了程序成本和司法资源，提高了重整效率和效果。

(四) 减少矛盾冲突

大多数债权人对"破产"的理解均是负面的，当提及企业破产，债权人情绪会悲观甚至会引起群体反应，很多债权人会通过围追堵截债务人主要管理人员、信访等方式为自身争取权益。如此将会给城市治理、秩序维护造成不良影响，而预重整制度的出现在一定程度上会打破债权人对"破产"的认知，是司法机关未对债务人宣告破产时的一种自救或者司法救助行为。首先，因为有司法机关及政府部门的介入增强了债权人对债务人脱困的信心，对于大部分濒临破产企业的债权人来说他们已经对债务人企业失去了信任，但司法机关及相关政府部门的公信力影响会加强债权人对债务人企业脱困的信心，从而缓解其焦躁、激动的情绪。其次，预重整相对于直接破产重整而言在程序上没有如此强的公示要求，债权人对于信息的掌握渠道相对较少,管理人和债务人有更多的空间向债权人进行释明,帮助其理解预重整与破产的区别,会减少直接受理破产造成的不利影响及社会矛盾冲突,在越美案中预重整对缓和商铺购买者情绪和维护治安稳定均发挥了巨大价值。

三、预重整的程序流程

各地规范性文件就预重整的程序启动、预重整期限、管理人选任、预重整方案的表决及表决效力的延伸、预重整程序的终止、预重整程序转重整程序以及重整费用、管理人报酬等作了探索式的规定。同时就前述规定进行横向比较可以看出,各地对预重整制度的细化规定不同、没有统一的标准,具有适用的地域局限性,由此导致实践中无论是法院还是临时管理人对预重整内容和程序落实不明确,影响预重整案件进展。

以下就债务人的申请条件、预重整的审查、预重整程序的进行、预重整程序的终止等方面作简要分析说明。

(一) 预重整的申请

预重整程序的启动采取申请主义,因申请人申请而启动,人民法院不能依职权启动。联合国《破产法立法指南》建议,应由债务人提起该破产程序。美国预重整的启动者大多为债务人,并规定在满足一定条件的情况下,债权人或管理人可以启动预重整程序。[1]

目前我国实践中部分地方规范文件对于预重整的申请主体作出特别规定,部分地方对此未作出特别规定。各地对于债务人启动程序达成共识,但对于其他申请主体的规范不一。根据深圳、北京、南京、苏州等地法院的预重整方面指导意见,申请主体普遍包括债务人、债权人,但未对债权数额作出明确要求。四川省遂宁市、宁夏回族自治区银川市、河南省郑州市、广东

---

[1] 参见张艳丽、陈俊清:《预重整:法庭外重组与法庭内重整的衔接》,载《河北法学》2021年第2期。

省潮州市、四川省成都市等地区规定出资额占债务人注册资本十分之一以上的出资人也可以作为申请人。陕西省、四川省等地区规定申请人主体为债务人、债权人、其他利害关系人。在浙江省温州市的"温州模式"下，预重整程序无需申请，由属地政府启动，属地政府发布书面文件予以确认进入预重整程序，人民法院根据政府文件由立案部门立"引调"案号交破产审判业务庭。

在预重整程序启动方面，现有的实践案例中大家也"各成一派"，并无统一的范式。在二重集团重整案中，破产企业在政府职能部门的支持下成立了金融债委会，由金融债委会同债务人以及债务人股东开展庭外重组谈判。如"珠某系预重整案"[1]"怡某城预重整案"[2]，债务人向法院提交预重整申请，法院通过答复、预登记、公告等形式，拉开了预重整序幕。又如"厦门琪某预重整案"[3]，在其重整受理审查期间，债务人与到会债权人同意对债务人重整，开启了预重整模式。

虽然实践中标准不一，但本书认为，预重整程序申请人主体均未能超出企业破产法有关破产重整程序的申请人资格的规定，即债权人、债务人及符合条件的出资人、利害关系人。

针对预重整的申请材料有较为明确规定的区域较少，主要是四川省遂宁市规定申请人需要提交申请书，主体身份及资格证明，债务人同意履行预重整义务的股东（大）会决议、承诺书，以及除债务人以外的主要利害关系人同意进入预重整程序的承诺书，关于债务人资产与负债、涉诉涉执、预重整草案等具备预重整基本条件的证明材料。四川省成都市、攀枝花市、资阳市以及广东省潮州市等地区规定的申请文件则包括预重整申请、债务人股东（大）会决议同意履行本指引规定的债务人预重整义务的书面承诺书且申请人/债务人提出预重整申请的，同时应向法院预交预重整启动费用。湖南省永州市冷水滩区、山西省长治市、浙江省绍兴市诸暨市等根据申请主体的不

---

[1] 参见重庆市江津区人民法院（2018）渝0116破8、9、10、11、12、13号之三民事裁定书。
[2] 参见杭州市余杭区人民法院（2015）杭余商破字第12号之一民事裁定书。
[3] 参见厦门市中级人民法院（2016）闽02民破1号之二民事裁定书。

同，对申请文件作不同区分：债权人申请预重整的，应当提交预重整初步方案及债务人同意预重整的书面文件；债务人申请预重整的，应当提交财产状况说明、债务清册、债权清册、有关财务会计报告、职工安置预案、职工工资的支付和社会保险费用的缴纳情况以及预重整初步方案。总体而言，申请文件与申请进入破产程序的文件类似。

（二）预重整的审查

预重整申请受理后，法院会审查债务人是否符合预重整的受理条件，实践中预重整启动阶段对于债务人的审查标准较为严格。例如，苏州市吴中区人民法院规定可以适用预重整模式进行的债务人必须满足是上市公司的子公司、母公司及对上市公司影响较大的关联公司；具有金融和准金融机构性质的保险公司、证券公司、融资担保公司、小额贷款公司等条件。① 郑州市中级人民法院规定债务人要满足债权人人数众多、债权债务关系复杂，需要安置职工数量较多、可能影响社会稳定的；债务人企业规模较大或在该行业对本区域经济有重大影响的等条件。② 成都市中级人民法院认定标准与郑州市中级人民法院相似，并且要求申请人提出预重整申请的，应向法院预交10万—20万元的预重整启动费用；③ 株洲市中级人民法院、资阳市中级人民法院也有类似规定，费用通常在10万—30万元。④ 综上，在预重整对象的选择上门槛就比较高，事实上并不是每一个危困企业都能满足预重整筛选条件。

在经过审查满足预重整硬性条件后，大部分受理法院会举行听证，像北京第一中级人民法院、成都市中级人民法院、诸暨市人民法院等地出台的有关预重整的指引中均规定组织听证后决定是否启动预重整。部分法院还将征得地方政府、主管部门同意作为进入预重整程序的前提条件，复杂的破产案

---

① 参见苏州市吴中区人民法院《关于审理预重整案件的实施意见（试行）》。
② 参见郑州市中级人民法院《审理预重整案件工作规程（试行）》。
③ 参见成都市中级人民法院《破产案件预重整操作指引（试行）》。
④ 参见株洲市中级人民法院《破产案件预重整工作指引（试行）》、资阳市中级人民法院《关于审理企业预重整案件工作指引（试行）》。

件尤其是重整案件一般均需要借助府院联动沟通协调机制，越美案进入预重整程序前债务人就积极地与辖区管委会进行沟通，取得管委会的书面支持及帮扶小组的扶持后司法程序效率更高。

（三）预重整的进行

预重整程序需要指定临时管理人，临时管理人的指定方法根据各地实践来看，有的区别于重整管理人指定程序，有的有自己的规范操作，更具灵活性。各地法院指导意见规定的预重整临时管理人指定方式大致有摇珠、竞争、推荐等。几种方式中，深圳市中级人民法院为代表的摇珠方式，保障了程序公平。推荐方式，一般由债务人、主要债权人、意向投资人、主管部门等进行推荐，由人民法院决定。如某科建设重整案中，上海市第三中级人民法院根据金融机构债权人委员会等债权人、债务人上级主管部门联合推荐，确认预重整期间临时管理人。用推荐方式指定的临时管理人一般前期对于债务人情况有所了解，且能与利益各方进行较为顺畅的沟通，债务人的配合度相对较高。

对于预重整期限，目前各法院规定有三类：其一，北京法院未规定具体期限[1]。其二，深圳破产庭规定为 3 个月加 1 个月[2]。其三，南京、苏州等地法院规定为 6 个月加 3 个月[3]。某科建设重整案中上海市第三中级人民法院于 2019 年 11 月受理了预重整申请，2020 年 10 月裁定债务人进入正式重整程序，时间跨度虽然将近一年，但由于新冠疫情的影响有所延长。可见即使规定了预重整期限，但由于特殊的案件特征，个案的困境，所处的市场环境的变化等，也存在期限延长的可能。

（四）预重整的终结

预重整程序终结分两种情形，第一种是预重整目标达成，人民法院根据

---

[1] 参见北京市第一中级人民法院《北京破产法庭破产重整案件办理规范（试行）》。
[2] 参见深圳市中级人民法院《审理企业重整案件的工作指引（试行）》。
[3] 参见南京市中级人民法院《关于规范重整程序适用 提升企业挽救效能的审判指引》、苏州市吴中区人民法院《关于审理预重整案件的实施意见（试行）》。

管理人提交的报告裁定受理重整程序，如某科建设重整案、二重集团重整案、南京建某重整案；第二种是在预重整期间发现债务人不具备重整原因、重整价值、重整希望、存在严重损害债权人利益情形、债务人不配合履行相关义务、债务人经营状况继续恶化等导致预重整无法进行的情形存在，经人民法院审查，决定终止预重整程序或不予受理重整申请，如江苏保某里视像科技集团股份有限公司预重整失败案[①]。2020年7月24日，申请人深圳市嘉某商业保理有限公司以江保某里视像科技集团股份有限公司（以下简称保某里公司）无法清偿到期债务但具有重整价值为由，向广东省深圳市中级人民法院申请对保某里公司进行重整。深圳市中级人民法院于2020年9月28日决定启动预重整。在经过管理人的推动后，保某里公司虽然与各方协商形成了重整预案，且获得了债权人会议预表决通过，但由于意向重整方退出保某里公司重整，深圳市中级人民法院认为保某里公司不具备重整可行性，对破产重整申请不予支持。基于此，深圳市中级人民法院不予受理上述申请人提出的破产重整申请。

四、建筑企业预重整的风险及应对

预重整程序尽管在建筑企业破产重整领域逐渐被推崇，但在司法实践中遇到的问题也不容忽视，除了启动难，预重整程序中对债务人涉诉时是否中止审理、是否停止计息、是否中止执行、和解的主体及效力等问题仍是亟待解决的司法困境。

（一）预重整程序效力风险

《企业破产法》第19条规定，人民法院受理破产申请后，有关债务人财产的保全措施应当解除，执行程序应当中止。该规定应当适用于人民法院正式受理破产重整、清算或和解的情况，但对于破产预重整，是否具有同样的

[①] 参见深圳市中级人民法院（2020）粤03破申421号民事裁定书。

效果在立法层面是没有得到认可的。各地法院在制定相关指引文件时也都尝试给予一定的理论支持，如深圳市中级人民法院关于《审理企业重整案件的工作指引（试行）》规定，在预重整期间，合议庭应当及时通知执行部门中止对债务人财产的执行。已经采取保全措施的执行部门应当中止对债务人财产的执行。其虽然用了具有强制性的"应当"二字，但地方性的指引对辖区外的法院而言约束力较弱。厦门市中级人民法院则直接否定了预重整对于中止审理、停止计息、中止执行的效力，并鼓励受理法院投身于其他法院的协调中，帮助债务人脱困。最高人民法院审理的中某国本成都投资有限公司、四川丰某投资集团有限公司、四川丰某金科投资有限公司与被申请人天某建筑创新技术成都有限公司合同纠纷一案[①]，更是明确"预重整属于启动正式破产程序前的庭外债务重组机制，并不能产生人民法院裁定受理破产申请的效力"。所以，基于预重整程序法律强制性较弱，不可避免地增加了管理人、受理法院、政府部门与债权人或其他执行法院沟通协调的难度。

（二）预重整利益博弈风险

在破产重整程序中，债务人的决策机构为债权人会议。在目前可查询到的预重整成功案例中，基本都有"预重整计划获得了多数债权人的同意"的表述，即预重整程序一般参照重整程序，将债权人会议的意见作为决策的主要依据。在预重整程序中，国有企业、金融机构以及上市公司等有比较严格监管体系的债权人很难对没有法律依据事项作出表决。往往金融机构债权人多为掌握话语权的大额债权人甚至是享有优先权的债权人。在预重整的意向投资人基本确定以后，说服大额债权人作出让步会成为预重整能否成功推行的关键因素。在此情况下，没有了法定破产重整规则的约束，可能会使博弈风险增大、无法形成一致意见：一是，主要大额债权人基于其特殊的企业形式没有足够依据进行账务处理和对会议表决预重整方案进行认可。二是，大额债权人重点谈判的对象，在非法定的预重整程序中，可能会拥有更大的

---

① 参见最高人民法院（2021）最高法民申1488号民事裁定书。

话语权，致使债务人企业作出更大让步损害其他债权人利益，违背公平清偿原则导致重整方案无法被法院确认。三是，不排除大额债权人或具有优先权债权人以斡旋为借口阻挠预重整程序进行。

（三）预重整表决反言风险

实践中也存在一种情形，即债权人或债务人原股东在破产预重整中表决确定的事项，在案件正式受理进入庭内重整后又提出异议或反对意见，破坏预重整取得的成果，使庭内重整陷入无法进一步推进的尴尬境地。为了避免上述情况发生，保障破产预重整取得的成果，建议在破产预重整有关事项表决前，要求债权人、债务人原股东签订表决权效力延伸承诺书或在提交给法院的草案中明确表决效力延伸至重整阶段，承诺在破产预重整中作出的表决，效力延伸至后续正式的破产重整程序中。如北京理工中兴科技股份有限公司重整案[1]，主要债权人与债务人、投资方共同签署包含债权调整、经营方案以及重整路径等主要问题的"预重整工作备忘录"，在人民法院受理重整后以此为基础制作重整计划草案，《北京破产法庭破产重整案件办理规范（试行）》还明确重整计划草案与预重整方案一致的，出资人、债权人对预重整方案的同意视为对该重整计划草案表决同意。这一举措为解决预重整程序与重整程序衔接过程中产生债权人或投资人等利害关系人反言情形提供了解决思路。

预重整制度的施行在我国尚处在蹒跚学步阶段，适用过程中不仅存在上述风险，还存在后续经营困难、建筑企业资质维护难、工程不能顺利推进导致破产清算等风险。

预重整程序终止的其中一种情形是预重整程序转重整程序，而建筑企业重整选择存续式重整模式、清算式重整模式还是出售式重整模式也都主要针对建筑企业的建筑资质的承继和营业事务的延续，而不同重整模式也各有利

---

[1] 参见最高人民法院：《北京理工中兴科技股份有限公司破产重整案》，载中国法院网（2023 年 7 月 29 日），https://www.chinacourt.org/article/detail/2018/03/id/3219465.shtml，最后访问日期：2024 年 4 月 12 日。

弊。在建筑企业破产重整司法实践中，适用不同的重整模式也有许多成功案例。以下就三种重整模式作分析比较。

第二节 存续式重整模式的适用

一、存续式重整模式的界定

存续式重整模式是现行司法实践中适用较为典型的重整模式，又称为一般式重整模式、承债式重整模式。在存续式重整模式下，建筑企业主体资格存续并继续经营管理，保留壳资源，主要通过债务减免、延期清偿、债转股等方式解决债务负担。[1] 区别于出售式重整模式，存续式重整模式是由投资人概括承受债务人的优质资产、非优质资产及债务。

存续式重整模式在偿债资金来源、重整清偿率、企业主体资格存续上有如下表现：

（一）偿债资金来源

根据偿债资金来源不同，存续式重整模式又可以分为三种类型。第一种是企业自主继续经营，通过与债权人沟通协商等方式进行债务减免、延期清偿，以自主经营过程中所带来的经营管理预期收益来偿还债务，同时对企业主营业务及时调整、变动以获得充分现金流，保证重整计划草案的执行。第二种是债权人债转股形式，即企业原股东将所持有股权权益进行调整，由债权金额较大的债权人以其所审核确认的债权金额转变为建筑企业的股权，通过利用该方式有利于减少偿还债务的现金流，保证企业经营管理的资金，从而保证重整

---

[1] 参见王欣新：《重整制度理论与实务新论》，载《法律适用》2012年第11期。

计划草案的执行。第三种是通过招募重整投资人。以股权对价转让方式，重整投资人提供偿债资金注入以偿还企业债务，投资人取得建筑企业100%股权。

（二）重整清偿率

存续式重整模式中重整计划的清偿率依据评估以进行模拟计算，通过聘请社会中介机构对建筑企业的优质、非优质资产进行清点核查并评估，社会中介机构采用成本法、市场法等评估办法，按照必要的评估流程，对建筑企业名下的资产在评估基准日的市场价值进行评估，仅作为资产拟处置的市场价值参考，并不等于拍卖处置的实际变价价值。依据可供参考的评估结果进行模拟计算，同时通过管理人、债务人、债权人、投资人等多方谈判博弈最终得出重整清偿率，但该过程对于债权人最终实际可供清偿的比例和债权金额本身就具有不确定性、不合理性。

（三）企业主体资格存续

存续式重整模式可以保留企业主体资格，无论是由投资人全盘接收企业资债，还是债务人继续自主经营，都是在企业"内部"进行重整。对于一些老牌建筑企业而言，企业多年经营所形成的建筑资质和品牌形象也是其核心竞争力的一部分，通过该模式将继续维持固化已经建立的生产关系、交易关系，减少交易成本，保留无形资产的商业价值。同样地，该模式保留企业主体资格，也可以保留原有员工，特别是对于建筑企业而言，有与其从事的建筑活动相适应的具有法定执业资格的专业技术人员是维系相应资质的重要因素之一。原有员工特别是有技能、有经验、有资质、有知识的员工的保留，对提升企业品牌竞争力、维持社会稳定具有非常重要的作用。

二、建筑企业采取存续式重整模式的考量因素

结合存续式重整模式的界定，该模式最突出的优势就是能够保留原企业的核心资产，是现行司法实践中适用较为典型的模式。建筑企业选择采取存

续式重整模式进行破产重整，有如下参考标准。第一，建筑企业资产规模较大、负债结构良好，一方面在"内部"重整下，企业可以借助破产重整契机与债权人沟通协商以进行债务减免、延期清偿，同时对企业的主营业务进行调整、变动、转型，拒绝挂靠等易引起债务风险的模式。另一方面在"外部"重整下，良好的负债结构以及资产更得重整投资人偏向，毕竟恒河沙数的债务和杯水粒粟的资产，尤其是负担过重的无效资产，很有可能会导致重整投资人失去投资意向，导致重整失败。第二，建筑企业经营管理的核心资产未被抵押或者虽然抵押但抵押权人同意暂缓实现担保物权，不影响企业正常经营。该种情况下，建筑企业采用存续式重整模式可以通过与抵押权人等主要债权人进行协商，采用债权人债转股形式，调整企业股权结构，减少偿还债务的现金流，保持核心资产的稳定性。第三，建筑企业经营状况良好但由于为第三方提供担保而陷入困境。挂靠经营系建筑企业近几年来普遍存在的现象，法律关系复杂，施工工程常常涉及挂靠方、被挂靠方、业主单位、材料供应商、设备提供商、农民工等多方法律主体，各方之间又存在不同的法律关系。因建设工程的特殊性，建筑企业为第三方就工程款的履行承担连带清偿责任，但因第三方履行不到位而共同被申请强制执行成为常态。故建筑企业可以采用存续式重整模式获得偿债资金偿还债务，保持企业主体资格的存续。如河南省建设集团有限公司破产重整案[1]，通过破产重整，引进战略投资人，化解企业债务风险，维系河南省建设集团有限公司长期积累的品牌优势和平台优势，在河南省这样的劳动力大省中，继续发挥建筑业就业、税收等作用。

【河南省某建设集团有限公司破产重整案基本案情】

河南省某建设集团有限公司具有房屋建筑工程施工总承包一级资质等，是河南省唯一一家省管国有建筑企业。因不适应市场更迭、业务模式落后、经营管理不善，陷入诉讼泥淖，银行账户和大量资产被查封。河南省郑州市

---

[1] 参见河南省郑州市中级人民法院：《批准重整计划民事裁定书及重整计划草案》，载全国企业破产重整案件信息网，https://pccz.court.gov.cn/pcajxxw/pcws/wsxq?id=DE2E471DF29D728EB706C93FA9E23DCE，最后访问日期：2024年4月12日。

中级人民法院于 2019 年 7 月 31 日裁定受理河南省某建设集团有限公司的重整申请。

截至审计基准日，该公司全部资产市场法评估值为 7.3 亿元，清算状态下评估值为 7.2 亿元。经管理人审查确认债权共 528 笔，确认债权金额为 13.8 亿元，待确认债权共 69 笔，涉及债权金额为 5.4 亿元，且仍有大量挂靠施工的在建工程项目，涉及建设方、承包方、分包方、实际施工人、供应商、农民工、购房户等众多利益群体。

经申请，郑州市中级人民法院决定准许公司在管理人监督下，由中国某集团河南建设集团托管工作组管理财产和营业事务。

2019 年 11 月 28 日，管理人向社会公众发布了战略投资人招募公告，仅有中国某能源化工集团有限责任公司一家潜在投资人向管理人递交参与申请及重组方案，故确定中国某能源化工集团有限责任公司为河南某建设集团的重组方，提供 2 亿元偿债资金，将持有重整后建设集团 100% 的股权。建设集团法人主体资格得以存续，各类经营资质继续有效，企业性质不变。

2020 年 4 月，经第二次债权人会议两次表决通过了重整计划草案。2020 年 7 月 21 日，郑州市中级人民法院裁定批准河南省某建设集团重整计划，终止河南省某建设集团重整程序。

在该案办理过程中，针对大量挂靠施工的在建工程项目，郑州市中级人民法院指导管理人创设预留共益债模式，实际施工人对破产重整前已支付到公司账户内的挂靠工程款享有不当得利返还请求权，重整期间的挂靠工程款属于共益债务，以破产财产随时清偿，成功解决重整期间挂靠项目工程款支付问题，确保企业"破产不停产"，保障实际施工人利益，降低了未来在建工程因不能及时支付工程款带来的法律风险，实现在建工程平稳运转。同时，为提高普通债权清偿率，管理人设计短期一次性清偿（清偿率低）和长期留债清偿（清偿率高）两种不同的清偿方案，由债权人自主选择，充分满足债权人不同清偿需求，缓解企业现金流压力，也最大限度地保护债权人合法利益。在执行重整计划过程中，该企业进行深入转型，拒绝挂靠，根据市场需求及时调整经营方向，积极构建"投资引领、产业支撑、产融结合、投资建设运营一体化"发展格局,并有序清偿债权,一年间就清偿完毕担保债权、税款债权和职工债权、部分清偿普通债权 228 位债权人 1.67 亿元,充分实现破产重整存续式重整模式挽救企业重生的效果。

三、建筑企业存续式重整模式的风险及应对

存续式重整模式是将建筑企业的优质壳资源以及债权债务、其他未处置的优质或非优质资产一并在企业"内部"重整,但是在"内部"重整的过程及后续,会产生诸多障碍,其中比较常见的风险是或有债务的不可知风险、重整计划执行期限长的风险等。

(一) 不良资产未剥离、整体资产易高损减值

存续式重整模式,通过引进重整投资人注入资金并由投资人全盘接受建筑企业的建筑资质、在建工程和债权债务等,以及其他优质、非优质资产。但在企业运营过程中对无效资产的处置与否,重整投资人都不可避免需要承担无效资产所带来的高额减值损失,而这负担过重的无效资产会使得众多意向投资人"望而却步",影响重整投资人招募。而且背负大量无效资产,企业也难以通过自身实现快速盈利偿债。

针对该风险,目前通常是以重整投资人通过股权交易方式支付股权对价以受让建筑企业的 100% 股权并间接持有相应的优质资产,即建筑资质、知识产权等,同时负责建筑企业后续的经营事务、继续履行股权受让前建筑企业既有项目的合同。非优质资产则由管理人进行拍卖、变卖处置,处置所得价款和股权拍卖款项用以清偿债权,从而有效降低企业无效资产负担、便于后续企业继续经营和业务开展。

(二) 管理人维续企业受专业限制

由于建筑企业业务经营管理的高要求性以及建筑资质维护的特殊性,以律师事务所和会计师事务所为主要构成的管理人团队,缺乏相关的建筑企业

经营管理经验，在成功招募重整投资人并将企业经营事务平稳移交投资人之前，无法实现对建筑企业的继续经营管理，实现其建筑企业价值最大化的目标存在障碍，而且极易出现内行领导外行的情况，对建筑企业的后续经营管理产生影响。应对该风险，建议推行第三方托管模式以继续营业、维系资质。

在第三方托管模式下，托管方可以自带资金进场，使企业继续经营的风险降低并转移至托管方，顺利推行营业事务。[①] 目前，第三方托管模式是建筑企业继续经营的最有效方式之一。但管理人对于托管第三方的选任方面须经过多方面权衡，考虑托管第三方是否具有较强的资金实力和建设工程管理能力，有无在建筑施工领域从业经历。具有丰富的行业经营和管理经验，拥有从事建筑经营及项目管理的完整团队的托管第三方是理想选择。托管的范围并非将建造企业的全部营业事务托管至第三方，为维持建筑企业拥有的建设工程施工资质在破产程序下的价值，经债权人会议决议、授权继续履行以建筑企业名义承揽的未完建设工程项目及有关合同的范围内继续营业，管理人与托管第三方签订《托管协议》明确建筑企业营业范围内未完工程项目及有关建设工程施工资质维护与管理的营业事务委托托管经营，托管第三方需要在管理人的授权下对托管事务实施营运管理并获得相应收益。另外《托管协议》需要明确托管期限、托管经营报酬、托管经营方案及相关的权利义务、协议的终止等。

（三）重整计划表决难通过

要使得建筑企业的破产重整取得成功的关键因素之一就是能够获得债权人表决通过的重整计划，重整计划中需重点关注建筑企业的现金流，现金流一方面用于清偿企业债务，另一方面用于企业后续的经营管理。现金流的来源，来自招募重整投资人的注入资金，可以由企业原股东增加出资或由管理

[①] 参见梁小惠、姚思妤：《法治化营商环境下中国民营企业之重整纾困——以浙江金盾系破产重整案为例》，载《河北学刊》2020 年第 6 期。

人对企业资产进行拍卖变卖处置，亦来自企业继续经营管理所带来的经营收益。

在破产清算程序中，管理人可以依据债务人资产已经清理变现所得价款得出清算分配比例，债权人按《企业破产法》规定的清偿顺位及分配比例进行清偿，清偿比例的高低取决于可纳入清偿的财产金额。但在存续式重整模式下，管理人计算得出重整分配比例是依据模拟测算。企业现金流来源之一的重整投资人的注入资金，管理人通过公开招募重整投资人并签订重整投资协议，重整投资人按照协议在管理人提交重整计划草案于债权人会议表决前或者表决通过后将款项汇入管理人账户，重整计划表决通过的但重整投资人拖延支付投资款的情况也有存在。另一现金流就是企业资产拍卖变价所得的价款，但是在重整计划草案起草的时候，管理人对于该部分资产多以社会中介机构作出的企业资产评估结果为依据，但受市场因素影响导致价格浮动变化。管理人模拟测算得出的分配比例由于非基于实际变现和管理人账户内金额，往往会因为技术失误、市场影响、政策变动抑或利益冲突可能导致不准确、不合理，甚至有可能存在恶意欺诈的情况，从而引发债权人的质疑、反对，导致重整计划无法表决通过，重整程序失败。

企业清偿债务的现金流来源部分来自企业存续、持续运营过程中所带来的经营管理收益利润，债务人可以通过债务减免、延期清偿、债转股等方式清偿债务减少现金流支出。但依靠该现金流来偿付债务不得不面对重整计划执行期限较长的问题，如河南省某建设集团有限公司破产重整案[1]中管理人为债权人提供短期一次性清偿（清偿率低）和长期留债清偿（清偿率高）两种不同的清偿方案，赋予债权人选择权。若选择长期留债清偿的清偿方案，债权人实现回收债权收益周期则延长。因此该存续式重整模式能否成功有赖于债务人的主营业务能否在获得偿债资金后恢复以及得以扩展、获利，但目前建筑业和房地产业发展的市场影响和政策因素等原因，无法确保建筑企业经营"一帆风顺"，正是这种不确定因素，使得债权人未来预

---

[1] 参见河南省郑州市中级人民法院（2019）豫01破申38号民事裁定书。

期收益能否按期实现的不可控、不确定性的风险存在,影响重整计划的表决通过。

(四)或有债务的不可知风险

《企业破产法》第 92 条第 2 款规定,债权人未依照本法规定申报债权的,在重整计划执行期间不得行使权利;在重整计划执行完毕后,可以按照重整计划规定的同类债权的清偿条件行使权利。即企业难以避免或有债务风险,若企业按照重整计划履行完毕后又出现债权人进行补充申报的,应当按照重整计划规定的同类债权清偿条件对其进行清偿,但这笔债权金额较高、企业无力负担的,将导致企业再次步入破产程序。如果不能切断补充申报存在的不确定性,对企业和重整投资人都存在风险,影响重整投资人的招募和企业稳定。

目前我国《企业破产法》及相应司法解释仍有待完善,需要通过制度规定予以彻底规避或有债务风险。实践中对于存续式重整模式下的或有债务处理多以预留偿债资金的方式予以规避,但该方式有赖于债务人如实告知、披露企业债务,管理人对此有充分把握并进行测算预留。

对此,建议通过加强信息披露力度,使得"未知"债权人变为"已知"债权人。最高人民法院《关于进一步做好全国企业破产重整案件信息网推广应用工作的办法》第 1 条规定,对于法律文书、管理人招募公告、投资人招募公告、资产拍卖公告等公告信息,必须在作出同时通过全国企业破产重整案件信息网[①]发布。但除了法院、承办破产业务案件的律师、会计师等知晓之外,很多人对于该网站的熟悉度不高,需要加强力度宣传推广全国企业破产重整案件信息网。此外,还可以通过立法完善加大债务人信息。

(五)股权变更或存在障碍

股权是股东基于其出资行为而取得的特定民事权利,具有典型的财产

---

① 全国企业破产重整案件信息网,网址为 https://pccz.court.gov.cn/pcdjt/djtlbym?jxx=1。

性，是属于原股东的个人财产。债转股或者招募投资人势必对原股东股权造成影响。当原股东将股权进行质押或因为个人案件涉诉而被其他司法机关查封冻结股权，股权变更至债权人或者投资人名下即存在障碍。质权人如自愿且无条件放弃股权上的质押权利，愿意配合解除质押登记的，属于《民法典》第435条规定的质权人可以放弃质权的情形。此种情形下，质权人对企业股权的质押权消灭，质押登记应当依法解除，股权变更不再存在条件障碍。

目前，通常的做法是通过破产案件受理法院向市场监督管理部门发函强制解除质押、冻结从而配合股权买受人办理股权转让。但是，由此引发的问题是如果质押权人或者采取查封冻结措施的诉讼案件与该重整案件无关联性，目前没有法律明文规定支持可以未经质押权人的同意进行处置或者受理法院、管理人要求司法机关解除查封冻结措施或者受理法院强制解除质押、查封冻结措施，极有可能引发质押权人或相关利害关系人对管理人拍卖处置股权的异议或者诉讼。

（六）重整投资人的权益保护

我国《企业破产法》等相关法律及司法解释对重整投资人的规定并不完善，未明确重整投资人的定位、权益保护等相关内容。若重整失败，投资人偿债资金的性质也未明确。

重整投资人获得建筑企业的信息来源于企业披露的信息范围，基于已知信息考虑是否对企业投资。《企业破产法》的信息披露制度突出在重整程序中，其主要目的是通过保障债权人的知情权，平衡保护债权人和破产债权人及利益相关者的权益，主要包括公开破产程序、债务人信息披露义务、破产管理人信息披露义务等方面，[①] 但仅表现在"破产申请书和有关证据"方面，如何向债权人和利益相关者，尤其是重整投资人进行披露并没有明确规定，导致在破产重整程序中重整投资人的知情权难以得到有效保障。故应该填补法律空白，可以参照《证券法》信息披露制度，对重整程序中的信息

---

① 参见杨忠孝：《破产法上的利益平衡问题研究》，北京大学出版社2008年版，第40—60页。

披露义务做全方位规制，不仅要贯穿破产程序全过程，而且须将包括管理人、债务人和社会中介机构在内的相关人员均列入信息披露义务主体范围，并明确披露的时间和内容，确保信息披露全面、真实、准确，[①] 充分保障重整投资人和债权人的知情权，重整投资人在信息全面、真实、准确的基础上作出决策。

若重整失败，《企业破产法》未对投资人偿债资金的性质作出明确规定。《企业破产法》第75条规定破产重整中债务人或管理人为继续营业可以借款，可以说是为重整投资人偿债资金提供了依据。第42条第4项规定为债务人继续营业而应支付的劳动报酬和社会保险费用以及由此产生的其他债务属于共益债务，但未明确重整投资人提供偿债资金是否属于共益债务。另外《最高人民法院关于适用〈中华人民共和国企业破产法〉若干问题的规定（三）》第2条规定："破产申请受理后，经债权人会议决议通过，或者第一次债权人会议召开前经人民法院许可，管理人或者自行管理的债务人可以为债务人继续营业而借款。提供借款的债权人主张参照企业破产法第四十二条第四项的规定优先于普通破产债权清偿的，人民法院应予支持，但其主张优先于此前已就债务人特定财产享有担保的债权清偿的，人民法院不予支持。管理人或者自行管理的债务人可以为前述借款设定抵押担保，抵押物在破产申请受理前已为其他债权人设定抵押的，债权人主张按照民法典第四百一十四条规定的顺序清偿，人民法院应予支持。"该条款规定提供借款的债权人清偿顺序参照共益债务清偿。故重整投资人在投资企业前应该明确投资资金的退出机制保障提供的偿债资金。可以通过设立共管账户、共同保管相关印章及网银等方式监控资金的使用，保障资金专款专用，防止偿债资金被挪作他用。可以与管理人签订相关协议，根据股权转让进度分期支付资产。也可以指派相关专业人员协同管理人对企业的经营管理进行监督管理，确保重整计划的顺利执行。

[①] 参见梁小惠、姚思妤：《法治化营商环境下中国民营企业之重整纾困——以浙江金盾系破产重整案为例》，载《河北学刊》2020年第6期。

第三节　清算式重整模式的适用

一、清算式重整模式的界定

清算式重整模式在部分国家或地区存在，指的是在破产重整程序中提出清算计划以辅助重整程序的完成，吸收破产清算制度的优势，在存续式重整模式基础上进行丰富和完善。但在学界和司法实务界中对该模式的研究和运用较少。王欣新教授认为该清算式重整模式即在重整程序中制定以清偿债务为目的，对债务人财产进行清算、出售、分配的清算计划，与破产清算无实质区分，没有必要单独将清算式重整模式作为一种重整方式。[①] 但李冠颖法官认为清算式重整是以清偿债务为目的，在重整程序中制定对债务人财产优于破产清算时的清算、变现、分配的清算计划，无害化调整债务，保留企业优质资源，保持原企业的法人资格存续，最大限度地减少重整人负担（尤其是在有新投资人的情况下），最为便捷地清偿债权人债权。其目标是使投资人可以无负担地进行生产经营，达到破产企业破茧重生的效果，有必要单独将清算式重整模式作为一种重整方式。[②]

在王欣新教授和李冠颖法官对清算式重整模式的概述中均认为清算式重整模式是在破产重整程序中制定清算计划，对债务人财产进行清算，属于重整和清算的有机结合，程序本质是重整、结果本质是清算，两者结合解决债权债务清偿问题。[③] 但是，在破产重整程序中如何发挥清算的优势，均没有对此作出详细论述。

---

① 参见王欣新：《重整制度理论与实务新论》，载《法律适用》2012年第11期。
② 参见李冠颖：《清算式破产重整实务相关问题探析》，载《人民法院报》2018年5月16日，第7版。
③ 参见李海江：《清算型破产重整模式的适用研究》，载《市场周刊》2016年第4期。

清算式重整的前提是保留破产企业的主体资格，在司法实践中普遍存在两种模式，一种是主体资格保留后将除纳入破产财产范围外的剩余资产进行清算处理，如某程建工集团有限公司破产重整案[1]。另一种是指债务人保留主体资格和壳资源，以股权转让的方式由投资人取得债务人100%股权，同时通过设立子公司的方式，将非优质资产和债务剥离至子公司，非优质资产和股权转让对价款项用于清偿债务，重整成功后保留原债务人的主体资格、注销子公司。此种模式也称为反向出售式重整，浙江某越建设集团有限公司破产重整案就是典型的反向出售式重整模式。[2]

清算式重整模式在偿债资金来源、重整清偿率、企业主体资格存续上有如下表现：

（一）偿债资金来源

区别于存续式重整模式的多样化偿债资金来源，清算式重整模式偿债资金主要来源是债务人资产的处置、变现，这与破产清算程序中无实质区分。管理人将建筑企业非优质资产进行变价处置，同时将建筑企业优质壳资源保留给重整投资人。

（二）重整清偿率

结合企业的实际情况分析，如实施破产清算，由于清算情况下企业无继续履行承包合同的能力，导致各工程项目终止，企业将会承担项目违约责任，各工程的应收款项回收可能性降低。担保财产变现所得优先用于偿还有财产担保债权后优先清偿破产费用和共益债务，在用于清偿职工债权和税收债权，普通债权的清偿比例低。

故清算式重整模式的清偿率是通过模拟债务人进入破产清算程序，对债务人的财产进行清算、处置并分配所得出的清偿率，在清算式重整模式下提

---

[1] 参见浙江省诸暨市人民法院（2018）浙0681破申25号民事裁定书。
[2] 参见浙江省诸暨市人民法院（2015）绍诸破（预）字第18号民事裁定书。

出优于破产清算程序的清偿率。建筑企业进入破产清算程序，其本身最具有价值性、稀缺性的建筑资质将会随着清算程序的终结而灭失，但通过破产重整程序可以将建筑资质纳入资产处置范围内，明显提高清偿率。目前管理人对建筑企业的建筑资质多以公开拍卖招募重整投资人，以股权对价方式转让建筑资质，过程公开透明，合理竞争下提高成交价。

（三）企业主体资格存续

清算式重整模式和存续式重整模式类似，在建筑企业资产具有价值的前提下，招募重整投资人，转让企业股权，保持企业主体资格存续。

二、建筑企业选择清算式重整模式的考量因素

结合清算式重整模式的界定以及司法实践案例，该模式虽然是目前实践探索出的一种挽救具有优质壳资源的企业、可以取得良好效果的破产重整模式，但正如王欣新教授所言该模式其实与破产清算程序无太大区分[1]。在实践操作中，尤其对于建筑企业破产重整而言该模式的应用更类似于出售式重整模式，如温州中某建设集团有限公司破产重整案[2]，中某建设集团的建筑资质是招募投资人的重点亮点，后管理人以公司100%股权为主要标的向社会公开拍卖，投资人以股权对价取得中某建设集团的控制权，剩余资产和债务剥离至子公司进行处置。故目前学界普遍认为该案应当属于首例适用正向剥离出售式重整模式的重整案件，但瓯海法院对于该案定位则侧重于清算式重整模式。实践中对清算式重整模式仍在不断探索，如江苏弘某建设集团有限公司破产重整案[3]，债权人会议表决通过清算式重整计划并由法院裁定批准，属于清算式重整模式案例。

首先，建筑企业选择清算式重整模式基于建筑企业既非像存续式重整模

---

[1] 王欣新：《重整制度理论与实务新论》，载《法律适用》2012年第5期。
[2] 参见浙江省温州市瓯海区人民法院（2014）温瓯商破字第5-6号民事裁定书。
[3] 参见江苏省如皋市人民法院（2021）苏0682破申26号民事裁定书。

式下资债结构良好,也并非像出售式重整模式下企业资债不良、存在较大风险。结合清算式重整模式的优势所在,建筑企业选择该模式可以倾向于考虑债权人的态度,在破产重整程序中制定清算式重整计划,若无法取得债权人的表决同意,管理人可以减少转换程序的时间成本和金钱成本。其次建筑企业选择该模式,主要考虑企业自身资产与主营业务的可分割性,对资产进行"清算式"处置不影响重整投资人接受企业继续经营。如果企业资债情况不良、存在较大风险,建筑企业选择反向出售式重整模式,通过划分确定重整范围,将不在重整范围内的资产、债务等转移至新公司进行处理,重整投资人受偿原企业的全部股权,股权相应对价及其他资产变价款进行清偿债务,处置完毕后注销新公司。如浙江某越建设集团有限公司具有众多资质,且在破产受理时尚有遍布全国各地的 106 个未完工的建筑工程项目、255 个处于保修期内的项目且陷入民间借贷泥淖,故管理人采用反向出售式重整模式重整计划草案并获得债权人高票赞成通过。

【典型案例 1】某程建工集团有限公司破产重整案

某程建工集团有限公司(以下简称某程建工)拥有建筑工程施工总承包特级资质以及设计资质甲级资质。某程建工因对外承包建设工程需要,在上海、北京等全国多个地方设立了分公司。某程建工受到建筑市场行情的影响主营业务营收不断下降,同时企业本身盲目投资最终导致资金链断裂。诸暨市人民法院裁定受理了某程建工破产清算案。某程建工整体涉及债务规模达 6 亿余元,其资产仅有 5000 余万元,其中大部分资产设定了抵押,简单清算会导致普通债权的清偿率极低,甚至为 0。此外,某程建工进入破产程序后,未完工工程尚有 33 个,其中涉及多个烂尾项目,如何保证上述工程在破产期间的顺利施工是重点问题。而根据《行政许可法》第 9 条规定,依法取得的行政许可,除法律、法规规定依照法定条件和程序可以转让的外,不得转让。至此,某程建工拥有的建筑工程施工总承包特级资质以及设计资质甲级资质变现成了一大难题。

为解决上述种种难题,某程建工重整计划中,重整投资人通过支付重整对价后以无偿受让某程建工 100%股权并间接取得相应的某程建工资产,重整投资人支付的重整对价用于支付某程建工重整计划项下的破产费用、共益债务及各类清偿债权。重整投资人受让某程建工股权后，负责某程建工经营事务，继续履行股权受让前的施工合同或内部承包合同；对于债权债务则由管理人按照重整计划确认的清偿比例予以清偿。由此实现了某程建工建筑资质的价值。

【典型案例2】浙江某越建设集团有限公司破产重整案

浙江某越建设集团有限公司具有房屋建筑施工总承包一级；市政公用工程施工总承包二级；建筑装修装饰工程专业承包二级；钢结构工程专业承包二级；园林古建筑工程专业承包二级；机电设备安装工程专业承包二级；消防设施工程专业承包二级；承装（修、试）电力设施施工承装类五级、承修类五级等众多资质。破产重整涉及债权人260多名、拖欠职工工资3028919元，受理时仍有106个建筑工程项目尚未完工、255个项目尚处于保修期内，这许多在建工程或者说合同义务未完全履行完毕的施工合同的存在，导致了建筑企业无法简单地通过破产清算来使企业顺利退出市场，在建工程的处置不当直接影响的是社会稳定，一旦工程烂尾产生的影响是极其恶劣的，无法按时完工导致不能向购买了商品房的小业主顺利交房，不按进度施工导致业主单位不拨付进度款影响农民工工资顺利结清等，都会引发群体性纠纷。

2016年9月30日，第二次债权人会议召开，对《重整计划草案》进行了表决，财产担保债权组、职工债权组及出资人组均以全票通过、普通债权组91.87%的债权人人数和87.62%债权额的赞成通过。2016年10月10日，诸暨法院裁定批准重整计划，终止重整程序，浙江某越建设集团有限公司破产重整案进入重整计划执行阶段，至此，管理人提出的"反向出售式重整"计划获得债权人大会通过。

在案件办理过程中，考虑到建筑企业由于其所具有的特殊的建筑资质以及行业的特殊性，破产清算是不适用于建筑企业破产的，而庞大的债务规模也排除了已有重整的模式的适用。管理人采用反向出售式重整模式，真正地做到了在法律框架下的创新。例如，浙江某越建设集团有限公司在破产受理时尚有一幢在建写字楼，评估价值高同样复建成本也高，遂将其列为不在重整范围的资产，剥离至专门设立的资债处置公司由管理人继续处置，有利于制定合理可行有效的重整计划草案，壳资源以股权对价方式转让、重整投资人在相应时间内提供偿债资金，依据偿债资金和其余剩余资产变现所得价款制作分配方案、确定分配比例，降低破产重整费用，债权人回收债权周期短。妥善处理解决重整计划执行完毕后未在重整程序申报的债权进行补充申报要求继续清偿而对重整企业和营运事业造成的破坏性影响。与此同时通过与政府部门进行沟通，依靠地方政府的力量最终解决重整后的信用修复、税务豁免等疑难问题，真正地实现了企业的新生。

该案为绍兴地区建筑企业乃至全国具有特殊资质且资质具有较大经济价值的企业破产清算、重整提供了参考价值，该重整案例成功入选了中国法网案例库，并作为先进经验被《建筑时报》专刊报道。

【典型案例3】兴某建设有限公司破产重整案[①]

兴某建设有限公司成立于2006年6月20日，持有建筑工程施工总承包壹级、建筑装修装饰工程专业承包贰级等资质，因不能清偿到期债务，向宁波市奉化区人民法院申请破产清算。

在案件办理过程中，首先根据实践中采用较多的出售式重整模式，将壳资源转移至新设子公司需要投入较多的时间、人力、物力成本，业绩不能延续将影响壳资源的价值。债务人正处在建设工程企业资质管理制度发生变革的过渡期，如采用传统的出售式重整模式，存在较高的风险隐患，如无法顺利平移资质，则会对整个破产程序产生较大影响。为实现重整价值最大化，最终采用清算式重整中"反向出售式重整"模式，即将债务人的资产和所有负债反向剥离至新设子公司，将"壳资源"保留在债务人公司。同时管理人采用了公平、公开的"竞争性谈判"方式对"重整投资权"进行竞标确定重整投资人，实现了保留资质的"壳资源"价值最大化，而且节省了

---

① 参见浙江省宁波市奉化区人民法院（原浙江省奉化市人民法院）（2020）浙0213破申20号民事裁定书。

"资质平移"的时间，提高了重整效率，更是避免了资质管理制度改革中的或有风险。

2021年5月13日第二次债权人会议上，重整计划草案经债权人会议表决顺利通过。2021年5月26日，宁波市奉化区人民法院裁定批准兴某建设有限公司重整计划，重整程序终止。重整成功不仅保留了宝贵的建筑企业资质，而且大幅提高了普通债权的清偿率。

本案系宁波市首例采用"反向出售式重整"模式案件。将不在重整范围内的资产及债务按原有法律状态剥离至新设资债处置公司，由管理人继续处理，未申报债权的债权人需向资债处置公司主张权利，而保留建筑资质的壳资源由投资方重整取得。

【典型案例4】温州中某建设集团有限公司破产重整案[①]

温州中某建设集团有限公司（以下简称中某集团）曾经是温州市唯一一家建筑施工总承包的特级资质企业，曾列中国民营企业500强第242位、温州市建筑龙头企业。但由于受到温州互保担保链断裂、79个在建工程资金难回笼、房地产市场低迷的影响，同时企业自身经营管理不善，银行断供、资金链出现问题、严重亏损，该公司于2014年以资产不足以清偿全部债务为由向温州市瓯海区人民法院申请破产重整。

2015年1月25日，中某集团以100%股权为主要标的向社会公开预拍卖，最终由兰州市第一建设股份有限公司、周某组成的联合竞买人高价竞得。2015年2月5日召开第三次债权人会议。最终债权人表决同意通过重整计划草案。3月19日瓯海法院裁定批准中某集团重整计划，终止重整程序。根据瓯海法院批准的重整计划，中某集团可供清偿的资产总额为204705513.99元（含股权转让所得），合计已裁定无争议债权1722691290.35元，预计债权813504250.68元，经重整计划确定调整后，担保债权100802629.95元，职工债权1909824.06元，税收债权3664939.27元，这三项债权合计106377393.28元，获得100%清偿，三个月内清偿完毕。

---

① 参见浙江省温州市瓯海区人民法院（2014）温瓯商破字第5-6号民事裁定书。

在该案例中，瓯海法院探索性地提出"分离式处置，清算式重整"的思路，以实现"无害化剥离资债，有效性利用资源，最大化保护权益"的目的，着眼于最大化保护债权人、债务人以及社会利益。通过该方式，重整投资人取得原公司优质资源和特级资质，企业主体继续恢复运营、在建工程复工复建；原公司原有股东权益、资产、负债等方面除存留清单列明之外，全部整体性移转至由中某集团全资设立、较低注册资本的子公司以清算债权债务，从而尽可能地实现了利益最大化。

【典型案例5】江苏弘某建设集团有限公司破产重整案[①]

江苏弘某建设集团有限公司（以下简称弘某公司）成立于2001年1月16日，注册地为江苏省如皋市白蒲镇市河路1号，注册资本26969万元人民币，经营范围包括房屋建筑工程施工总承包、建筑装修装饰工程专业承包、市政公用工程总承包等。曾荣获中国建筑企业"全面质量管理金屋奖""全国质量安全信誉施工企业"，江苏省建筑业"十佳企业""南通市建筑业企业""文明单位"等荣誉称号。后因资不抵债，债权人申请对该公司进行破产清算。

2022年7月15日第一次债权人会议分组表决通过了清算式重整计划（草案），江苏省如皋市人民法院于2022年7月28日作出（2022）苏0682破6号民事裁定书裁定批准了该清算式重整计划。

根据清算式重整计划，保留弘某公司法人主体资格，出资人权益调整为零，将企业的债务及部分资产进行剥离，具有清算式重整价值的资产纳入清算式重整范围，保留在弘某公司名下，作为对应的股权价值，以拍卖股权的方式，由投资人取得弘某公司100%的股权，股权转让后新弘某公司不再对股权转让前的所有债务承担清偿责任。

结合上述司法实践案例，清算式重整模式实质属于重整程序，其适用《企业破产法》中重整程序的相关规定，在制定重整计划即清算计划时参照破产清算中对债务人财产进行评估、变现、分配等程序。在保留债务人企业

---

① 参见江苏省如皋市人民法院（2021）苏0682破申26号民事裁定书。

主体资格的前提条件下，评估得出普通债权清偿率的基础上，招募重整投资人、制定重整计划。通过清算式重整模式，企业存续，重整制定的财产分配方案对于普通债权的清偿率优于破产清算程序中的清偿率。同时也考虑到在启动破产重整程序后，基于上述情况制定的重整计划草案无法获得债权人表决通过的或者虽然重整计划草案获得债权人表决通过但是无法执行、实施下去的，可以通过直接制定清算计划提交债权人会议进行表决，经人民法院批准后实施，减少转破产清算程序的时间和金钱成本。

由此可见，司法实践中清算式重整模式特别是其中的反向出售式重整模式颇受建工企业的青睐，对于债务规模大、资质变现难、工程繁多的危困企业来说不失为一种有效的解困方式。

三、建筑企业清算式重整模式的风险及应对

清算式重整模式兼具存续式重整模式和出售式重整模式的优势，但在重整计划的制定、表决及执行过程中也不可避免地面临上述存续式重整模式中的风险点，比如建筑企业继续营业的管理人专业局限性、企业股权变更或存在障碍、重整投资人权益保护等问题，也同样会遇到或有债务的不可知风险、重整计划制定和表决的难度等问题。

（一）资产价值决定重整效果

清算式重整模式主要依赖于建筑企业的建筑资质的稀缺性，需要具备一定的市场价值。建筑资质根据企业经济实力、技术能力、工作经验等综合确定，企业按照其拥有的资产、主要人员、已完成的工程业绩和技术装备等条件申请建筑业企业资质，根据企业资质承接不同规模的工程。较之花费更长时间、金钱、精力等申请获得更高等级的建筑资质，投资人更愿意利用市场上目前可以"流转"的壳资源来实现跨等级目的。若债务人的建筑资质可以"轻而易举"的申请，那就无法获得重整投资人的青睐。哪怕多次拍卖、降价处置也无法成交，最后还是走上破产清算的道路。因此，建筑企业的建

筑资质具有常规性，在无法以稀缺性吸引投资人的前提下，不建议进行破产重整，导致进行破产重整时间成本、金钱成本的负担加重。

（二）或有债务规避的法律空白

存续式重整模式因债务人主体资格的保留而难以规避上述存续式重整模式面临的重整计划执行完毕后或有债务的影响，按照重整计划履行完毕后又出现债权人进行补充申报的，对重生企业而言无疑是新的风险。在上述典型案例5，江苏弘某建设集团有限公司破产重整案中，虽然是由投资人取得弘某公司100%的股权，股权转让后新弘某公司不再对股权转让前的所有债务承担清偿责任，但是该重整计划能否对未申报、未参加债权人会议的债权人产生约束力？目前未有法律明确规定。上述存续式重整模式中也提及可以通过加强信息披露以及提高债务人不如实、不全面告知的惩罚力度，但这些举措仍无法解决根本问题，仍亟待法律法规明文规定。

（三）重整计划的制定与表决

在重整过程中需要制定优于破产清算时的财产变价和分配方案，即清算式重整计划，提交与会债权人进行表决。但如何向债权人进行充分说明、取得债权人理解同意；如何确保各方利益主体的参与权、知情权和决策权是实践难点。在破产清算程序中，债权人尽管会对最终分配金额存在不满，但无法决定企业资产实际变现所得以及清偿顺序。但是在破产重整程序中，不能要求所有的债权人对破产程序有充分的理解、正确的认识，更不能要求全部债权人都清楚区分清算程序和重整程序，并对清算式重整计划有客观的判断。

实践中，建筑企业融资难问题易引发非法吸收公众存款犯罪，此时人数众多的非法吸收公众存款犯罪案件"受害人"将参与破产程序。但此种主体对破产程序仅有简单直观的理解，该主体人数众多，管理人需要重点分析说明清算式重整计划，如案件进入清算程序的清偿率和在破产重整程序中的清偿率的测算对比，案件后续管理人的履职推进情况等，使得债权人在充分了解清算式重整计划的前提下进行表决。

在程序中，清算式重整模式的清偿率是通过模拟计算得出的，需要避免由于利益冲突、技术失误等原因造成的清偿率计算失误而引发的债权人质疑、异议，影响重整计划表决结果。

(四) 共益债务的膨胀

《企业破产法》第 87 条第 2 款第 3 项规定了强制批准重整计划草案的条件之一，"普通债权所获得的清偿比例，不低于其在重整计划草案被提请批准时依照破产清算程序所能获得的清偿比例"，有关这一硬性规定的出发点自然是最大化保护债权人的利益，债权人也当然地会认为企业进行重整获得的清偿率要高于企业进行清算的清偿率。但落实到实际操作层面或许会存在较多变数而导致实际情况更加复杂。主要原因在于：一是破产费用及共益债务的清偿优先性无形之中提高了清偿成本。破产费用及共益债务优先于税款、劳动及普通债权受偿，且由债务人财产随时清偿，特别是建筑企业涉及的各项支出金额往往巨大，此外在进行资产变现的过程中也会产生各项成本，比如资产评估的评估费、审计费、拍卖费、委托第三方专业机构对资产价值的维护所支出的相关费用、为债务人继续营业而应支付的劳动报酬和社会保险费用以及由此产生的其他债务等计入破产费用或共益债务的，这些费用的动态增加必将导致普通债权可以清偿的比例降低。二是重整经营方案也存在再次破产的可能。虽然重整经营方案经过多方论证，具有可行性，但在经营过程中市场因素的变化最终会影响经营事务的开展，比如施工材料价格上涨、用工成本增加、自然灾害、意外事件等，重整后的企业二次陷入停滞的案件并不鲜见。若再次停滞，则必然引起共益债务的膨胀，从而导致重整条件下的清偿率低于清算条件下的清偿率。有鉴于此，清算式重整应当多措并举，创新偿债方式，比如，以物抵债，用建成后的部分工程抵扣工程款来推进剩余工程的续建竣工，减小因拖欠工程款导致工程二次停工的可能性。

(五) 清算成本及资产变现价值不可控

在此种模式下，投资人取得破产企业的股权及对应的资产后，对于未纳入投资对价中的债务人财产，将进行清算、出售、分配，最终目的是交付给投资人一个相对"清爽"的企业，使得重整后的企业可以"轻装上阵"。但对相关资产进行清算、出售的过程并非一帆风顺。例如，利用公开拍卖渠道进行拍卖时，可能存在流拍或多次不能成交致使最终成交价远低于资产评估价的情形。而在多次变现的过程中所产生的成本也会一定程度上使得清算的资产价值"缩水"。正因如此，发掘多渠道的变现方式也是破产重整企业一直探索的方向。

(六) 债务豁免的税务成本

清算式重整模式与存续式重整模式的共同点都是保留了重整企业的壳资源，破产重整后的企业普遍存在债务豁免。例如按照清偿率为20%进行测算，负债20亿元的破产重整企业可以清偿的债务仅有4亿元，因破产重整而被豁免的债务高达16亿元，根据现行有效的企业所得税政策及《财政部、国家税务总局关于企业重组业务企业所得税处理若干问题的通知》（财税〔2009〕59号）（已被修改）等文件的精神，也仅仅是规定了满足条件的企业可以递延纳税的特殊税务规则，目前尚未有明确的法律规定对于破产重整企业的债务豁免免征企业所得税。但往往建设工程企业所涉债务规模巨大，相应的所发生的债务豁免应纳税额可高达千万元甚至上亿元，这也成为主体资格存续的重整模式下招募投资人主要障碍之一。税务、金融、房管、建设、法院等部门共同组建的"府院联动"机制目前是解决该问题的有效方式之一。但并不是所有的案件中的税务问题均能通过"府院联动"有效解决，该机制实施的有效性会受到地区政策、部门职能权限、相关人员的协调积极性等多方面的限制。

第四节　出售式重整模式的适用

一、出售式重整模式的界定

出售式重整模式也称为正向出售式重整模式，源自美国的破产法实践，其中，克莱斯勒案和通用案（预重整制度）影响最大。[①] 克莱斯勒公司提出的债务削减方案未被债权人接受，公司申请破产保护/重整，新克莱斯勒公司向克莱斯勒公司支付20亿美元收购工厂、商标等所有营运资产，实现了债务剥离和股权结构重构。

在出售式重整模式框架下，债务人将壳资源全部或者部分出售转让，延续企业营业事务，将转让对价及剩余未转让财产处置所得价款以清偿全体债权人。出售式重整模式是通过设立新公司的方式，将壳资源平移至新公司，投资人取得新公司股权，债务人主体资格在清偿债务后进行注销处理。出售式重整模式在偿债资金来源、重整清偿率、企业主体资格存续上有如下表现。

（一）偿债资金来源

偿债资金主要来源于重整投资人投入的偿债资金，将建筑企业优质资产打包"出售"给重整投资人，非优质资产列入清算范围进行变价处置，将出售完毕的所得款项对债权人进行清偿。较之存续式重整模式，出售式重整模式下债权人债权回收期限缩短。

[①] 参见徐阳光、何文慧：《出售式重整模式的司法适用问题研究——基于中美典型案例的比较分析》，载《法律适用（司法案例）》2017年第4期。

同时，对不纳入转让重整投资人资产范围的企业对外投资进行变价处置、对不纳入重整范围的相关工程项目的应收款追收可以纳入偿债资金来源。

（二）重整清偿率

出售式重整模式的清偿率突破存续式重整模式和清算式重整模式的模拟计算局限性，普通债权可获受偿预估测算基于将企业资产优质资产出售和非优质资产变现后所得价款明确可知。建筑企业在出售式重整模式下剥离无效资产和或有债务风险，更受重整投资人青睐。

（三）企业主体资格存续

出售式重整模式是将壳资源转移至新公司，原企业主体在完成清算后予以注销，主体资格不保留。

二、建筑企业选择出售式重整模式的考量因素

建筑企业进入破产程序后，破产重整模式的选择则取决于企业的经营情况和资债情况。建筑企业选择出售式重整模式进行破产重整，可以依据相关标准进行选择。建筑资质符合分立转移条件，可以将壳资源平移至新公司而无风险或者风险较低，建筑企业可以采用正向出售式重整模式。在该模式下，将企业本身的建筑资质以及相应工程项目转移至全资子/新公司，由重整投资人受偿该公司的全部股权，股权相应对价以及其他资产的变价款由管理人用于债权清偿。同时原企业注销，可以有效规避或有债务的不可知风险。

【典型案例6】某洋建设集团股份有限公司破产重整案[1]

某洋建设集团股份有限公司（以下简称某洋建设）具有建筑工程施工总承包特级、建筑行业设计甲级以及多种专业承包一级资质，是绍兴建筑行

---

[1] 《绍兴2案入选！全国破产经典案例及提名奖评选结果公布》，载"绍兴市中级人民法院"微信公众号，2023年4月23日。

业老牌的龙头企业，曾入选中国企业500强、中国民营企业500强和全国建筑业竞争力100强、中国承包商80强，是全国知名的民营建筑企业。但因公司管理混乱、多元化不当扩张，加上欺诈发行公司债券的影响，公司经营彻底陷入困境。2018年12月债权人向绍兴市中级人民法院申请对某洋建设破产重整。

案件中共接收全国各地债权申报1200户，债权人类型包括债券投资人、工程材料商、农民工、职工、银行金融机构等，申报金额达107亿余元。因存在全国首例公司债券违约案标签及大体量债务规模，某洋建设进入重整时即遭遇多重压力。因普通债权组的表决金额不足，某洋建设重整计划草案未能表决通过。法院积极研判，指导管理人做好反对意见收集和原因分析后，创新工作机制，在破产案件中首次引入重大案件判前社会效果评估机制，邀请专家、学者、社会代表和债权人代表召开判前社会效果评估会，充分评价重整计划批准工作，充分论证法院批准的合法性、必要性、合理性，最终法院作出批准的裁判。该裁判确保某洋建设平稳重生，50余名留守员工继续就业，普通债权人平均清偿率比清算式重整模式提升129%，实现政治效果、法律效果、社会效果相统一。

"某洋建设集团有限公司破产重整案"是建筑企业"正向出售式"重整与人民法院发挥审判职能落实利益平衡保护的重整典型案例。某洋建设作为老牌特级建筑企业，其核心重整价值为建筑资质，但仅凭建筑企业资质价值，按照"剥离资债、保留资质"的"反向出售式"进行重整，难以有效保护债权人利益和企业营运价值。通过府院良性联动，坚持"正向出售式"重整思路，切实维护1200余户债权主体合法权益，有效稳妥化解重大经济风险和社会稳定风险，为建筑企业重整再生提供了有益样本。

结合上述司法实践案例和出售式重整模式的界定，出售式重整模式克服了存续式重整模式和清算式重整模式在实践中适用难度大、操作要求高的问题，尤其是在招募重整投资人上具有显著效果，可以摆脱负担过重的无效资产。与存续式重整模式和清算式重整模式相比，出售式重整模式在保护债权人合法权益、保障员工就业、保留企业优质壳资源等方面具有明显的优势。

三、建筑企业出售式重整模式的风险及应对

出售式重整模式关注挽救企业而非保留企业主体资格,[①] 在个案中实现法律效果、社会效果和经济效果,但在确定采用出售式重整模式时应对建筑企业的情况进行具体分析,我国出售式重整模式在实践中仍存在诸多困难。

(一) 或有债务切割的法律空白

在存续式重整模式和清算式重整模式中因企业主体资格的存续而难以规避或有债务风险。出售式重整模式中采取资债转移、债务与企业主营业务分割出售的方式。即重整计划草案中明确未按规定申报债权的在重整计划执行期间不得行使权利;在重整计划执行完毕后,向资债处置公司就重整计划项下各财产变价所得按同类债权的清偿方案主张清偿。但该资产分配方案的法律性质如何认定?能否约束未申报债权、未参与表决的债权人?

根据《民法典》第551条第1款的规定,债务人将债务的全部或者部分转移给第三人的,应当征得债权人同意。那么将破产企业所有的债务转移至资债处置公司,按照《民法典》规定需要征得全体债权人的同意。根据《企业破产法》第84条第2款规定,只需要出席会议的同一表决组的债权人过半数同意重整计划草案,并且其所代表的债权额占该组债权总额的三分之二以上的,即为该组通过重整计划草案。并且债权人会议的决议对全体债权人均有约束力。故该方案应当对未出席会议进行表决的债权人、未同意的债权人均具有法律效力。

但该方案对于未申报债权的债权人而言,此种模式的合理性和合法性仍有待进一步验证。结合《公司法》和《企业破产法》相关规定进行分析,重整计划的效力范围可辐射至未申报债权的债权人,没有对未申报者的债权

[①] 参见王欣新:《重整制度理论与实务新论》,载《法律适用》2012年第11期。

造成损害，① 但《企业破产法》及相关司法解释没有对出售式重整模式作出明确的法律规定，因此在实践适用过程中，该模式存在较多的法律风险和实务争议，易被债务人利用进行"逃废债"。

（二）招募投资人的标准不明确

债务人的建筑资质的"出售价值"该如何确定？应该采取何种标准招募重整投资人？实践中一般采用"价高者得"的规则，该规则对于债权人而言意味着更高的债权清偿率，但是具体到建筑企业出售式重整模式中，存在资质能否成功转移的不可控风险，而且难免会忽略对其他相关方利益和事项的考量，引发重整投资人招募的合法性危机。②

根据《建筑业企业资质管理规定》第21条规定，企业发生合并、分立、重组以及改制等事项，需承继原建筑业企业资质的，应当申请重新核定建筑业企业资质等级。但通过出售式重整模式，部分不具备建造许可资质的主体通过该模式取得从事建筑业的许可，得以承揽大型建筑工程，有违《建筑法》关于建筑资质依法不得转让的规定，存在名为股权变更、实为资质转让的嫌疑。③ 出售式重整模式是将优质资产包括建筑资质剥离平移至新设立的子公司内，但由此引发资质监管部门对企业分立受让建筑资质的严格审查，一旦不符合要求，有可能导致资质等级降级，对重整投资人的权益造成损害。

故应当明确招募重整投资人的具体标准。第一，重整投资人的背景条件。管理人在招募公告中可以明确投资人的要求，如是否具备与公司重整相适应的施工项目经营能力、管理能力，是否具备相关的专业知识，在近几年内是否中标相关资质、对资质的维护能力等因素。第二，重整投资人的经济能力。能够向管理人出具相应的资信证明或其他履约能力证明以证明其具备

---

① 参见徐阳光、叶希希：《论建筑企业破产重整的特性和模式选择——兼评"分离式处置"模式》，载《法律适用》2016年第3期。
② 李曙光、宋晓明主编：《〈中华人民共和国企业破产法〉制度设计与操作指引》，人民法院出版社2006年版，第145页。
③ 参见浙江省杭州市富阳区人民法院课题组：《困境建筑企业拯救机制研究》，载《人民司法》2022年第19期。

相应的资金来源和投资成本。第三，重整投资人的投资计划。投资计划包括能否使投资人获取合理的回报，后续对企业的经营管理方案。并非简单地以"价高者得"作为评分参考依据，而是以综合评分进行确定。确定招募投资人的评分标准，评分人的人选也极为重要。实践中多数为管理人自行评分，但有可能造成利益串通等不公平事宜。故建议由管理人、债务人、债权人代表及法院等多方组成评选小组进行评选考量，确保招募的公开性、公平性和高效性。

（三）利害关系人的权益保护缺乏

建筑企业主要收入来源之一是各项目工程的工程款，但该工程款不当然属于建筑企业。鉴于建筑企业的经营模式，在取得工程项目后，一般通过内部承包、转包、部分分包、资质借用等形式开展承包施工。但在违法转包、违法分包、借用资质关系下，建筑企业收到的工程款，实际属于实际施工人的财产，但建筑企业进入破产程序后，管理人不得不面对工程款债权的审核认定及处置。

目前实践通常做法是通过债权人会议，债权人表决通过确定工程款归属，按照"谁投入、谁受益、谁负责"的原则进行处置，往往将实际施工人施工的工程项目的工程款单独剥离出来，在扣除破产企业应收的管理费后全额拨付给实际施工人，而将扣留的管理费纳入破产财产，进入破产分配。

重整投资人也包括在利害关系人范围内，对于重整投资人权益的保护目前仍属法律空白。上述存续式重整模式关于重整投资人权益保护已简要提及，不再赘述。

（四）企业业务的延续存在困境

重整计划执行阶段，企业继续经营管理亟待解决的便是企业不良信用记录修复问题，企业进入破产程序前已存在大量不良信用记录，包括税务系统内的黑名单及欠税记录、银行征信黑名单及逾期记录、市场监督管理部门的不良记录、行政处罚以及法院强制执行系统的失信名单等有关纳税、市场监管、行政处罚、司法执行、金融五个方面，具有信用修复要求。如无法及时修复，则影响重整案件的顺利推进。故需要通过充分发挥"府院联动"机制，形成常态化的企业信用修复机制。江苏省目前探索建立信用修复工作机制，① 相关部门按照"谁认定、谁修复"原则，管理人向失信行为认定单位提交信用修复申请及相关文书材料，失信行为认定单位进行审核、确认、反馈和处理。同时应当明确步骤的时限要求，不能无限期拖延不作为。

纳税信用修复方面，《国家税务总局关于纳税信用评价与修复有关事项的公告》（国家税务总局公告2021年第31号）明确了纳税信用级别的修复和重大税收违法失信主体信息的修复，管理人可以向税务机关及时提出申请进行修复。实践操作按照各省市税务机关要求执行。

市场监督管理信用修复方面，主要包括经营异常名录的修复和严重违法失信名单的修复。2021年7月30日国家市场监管总局发布《市场监督管理信用修复管理办法》（国市监信规〔2021〕3号），但并未涉及破产重整或和解企业应当如何进行信用修复，而且不良信息会被记录在企业信用查询系统之中并对外公布，重整计划批准实施后，市场监督管理部门应根据管理人申请，变更《企业信用信息公示报告》信息，区分或删除不良记录。

行政处罚类信用修复方面，"信用中国"和地方信用网站公示的行政处罚信息，管理人可以根据2023年1月13日发布的《失信行为纠正后的信用信息修复管理办法（试行）》等相关法律法规、文件政策向认定单位提交信用修复申请，暂停或删除显示。

司法执行信用修复方面，根据《最高人民法院关于在执行工作中进一步强化善意文明执行理念的意见》《最高人民法院关于公布失信被执行人名单信息的若干规定》等相关规定，管理人可根据法院出具的相关法律文书向法院申请信用修复，包括但不限于失信被执行人失信名单的屏蔽和失信时限的缩短。

---

① 参见《我省探索建立信用修复工作机制 让危困企业重获经营能力》，载江苏省人民政府网，http://www.jiangsu.gov.cn/art/2022/11/7/art_ 60096_ 10654646.html，最后访问日期：2022年11月7日。

金融信用修复方面，人民法院裁定批准重整计划或重整计划执行完毕后，企业或管理人可以凭人民法院出具的相应裁定书，申请在金融信用信息基础数据库中添加相关信息，及时反映企业重整情况。鼓励金融机构对重整后企业的合理融资需求参照正常企业依法依规予以审批，进一步做好重整企业的信用修复工作。

第三章
建筑企业破产重整中破产财产的识别

第一节 破产财产的定义

作为企业清偿破产债权的重要前提，破产财产处置关系到企业破产清算目的的实现，而破产财产处置的前提是厘清破产财产的范围和界限。从一般意义上说，破产财产是破产程序开始时由债务人所有的财产及财产权利所构成的财产性集合体。[1] 英美法系将该类财产表述为"破产财团"，我国则采用"破产财产"一词，两者并无实质性差异。我国现行的《企业破产法》对于"破产财产"并没有明确的书面规定，而是用"债务人财产"的概念来进行实质的意义表述。《企业破产法》第30条规定，破产申请受理时属于债务人的全部财产，以及破产申请受理后至破产程序终结前债务人取得的财产，为债务人财产。"债务人财产"就是一般所称的"破产财产"。两个概念从财产意义上并无本质区别，区别在于其表明债务人即财产主体在破产程序中不同阶段法律地位的不同。[2]

在破产审判中，破产财产的界定不仅关系到全体债权人利益的保护，也关系到个别权利人的救济，因为一项财产如果属于破产财产，就意味着债权人可就该财产进行分配。相反，如果该财产不属于破产财产，则该财产的权利人可行使破产取回权，请求破产管理人返还该财产。尽管现行《企业破产法》及其司法解释从债务人所有的财产和财产权益均应认定为破产财产以及明确列举说明不属于破产财产的类型这样正反两个方面对破产财产的范围进行了界定，但对于某一财产究竟是否属于破产财产，仍是破产审判中经常面

---

[1] 参见李永军：《破产法——理论与规范研究》，中国政法大学出版社2013年版，第230页。
[2] 参见王欣新：《破产法》，中国人民大学出版社2011年版，第107页。

临的一个疑难问题。

《最高人民法院关于适用〈中华人民共和国企业破产法〉若干问题的规定（二）》第 1 条规定："除债务人所有的货币、实物外，债务人依法享有的可以用货币估价并可以依法转让的债权、股权、知识产权、用益物权等财产和财产权益，人民法院均应认定为债务人财产。"该条规定明确了一般的破产财产包括哪些。同时，该规定第 2 条规定："下列财产不应认定为债务人财产：（一）债务人基于仓储、保管、承揽、代销、借用、寄存、租赁等合同或者其他法律关系占有、使用的他人财产；（二）债务人在所有权保留买卖中尚未取得所有权的财产；（三）所有权专属于国家且不得转让的财产；（四）其他依照法律、行政法规不属于债务人的财产。"第 2 条规定采用了反向列举的方式，对不属于破产财产的进行了说明，同时为了确保概念周延，又通过兜底条款的方式进行了概括性描述。

具体到建筑企业破产重整中，破产财产的准确识别关系到建筑企业的破产重整能否成功。

第二节　工程款

建筑企业的工程款，是建筑企业的主要收入来源之一。但建筑企业的工程款，并不必然属于建筑企业的破产财产。这与建筑企业的经营模式密切相关，提到建筑企业的经营模式，不得不提及实际施工人这一国内司法实践中的特有概念。

一、工程款处理中实际施工人概念的厘清

《民法典》合同编第十八章，从第 788 条至第 808 条规定了建设工程合同，在这些条文中，涉及的有关主体有：发包人、总承包人、承包人、第三人、分包单位、施工人、监理人、勘察人、设计人，却并没有实际施工人的

称谓。该实际施工人称谓的产生与我国建筑市场的特殊性、复杂性密切相关。

(一) 产生背景

随着国家城镇化建设进程的推进以及住房商品化趋势的不断加深，建筑行业的发展势头也持续高涨。伴随着各地基础设施的完善，建筑行业领域对于劳动力的需求也将维持一定的基准水平。建筑行业吸纳了众多劳动力，对于解决社会就业以及维持社会稳定起到重要作用。建筑工程相比于其他行业，呈现出施工量较大、建设周期长、施工环节相关联性较强的特点，在关键环节对于技术的要求也较高。但是建筑工程行业的现状是建筑企业的水平参差不齐，符合相关资质的施工企业数量远远不能满足市场扩张的需求。具有较高资质等级的大型企业凭借自身的优势承接大量的合同项目，小型企业却由于资质低、业务少，生存难以为继。为了自身的利益最大化，资质高的大型企业则会将承接的工程交给小企业施工，或者允许小企业或其他没有资质的个人借用自身的名义向外签订工程合同。作为交换条件，小企业需要在工程价款结算上给予让利或上交一定的管理费。

在上述的行业背景下，对法律关系的内容而言，当事人之间的权利义务责任势必发生倾斜。资质信用较好的大企业从发包方获得了承包权之后，再将工程业务往外转包、分包。在获取发包方给付的工程款后，承包方通过违法转包、分包的手段，转而成为次发包人，控制了对实际施工人工程款的发放。由此，承包方从工程的施工主体内部脱离出来。实际施工人一方面对上面临工程垫资的压力，同时对下承担了大量劳务人员的薪酬。一旦上线企业因经营不善或丧失信用而申请破产或重组，承包人又怠于行使诉讼权利，将会产生资金链断裂、劳务人员工资难以派发的局面，不利于社会稳定。

(二) 立法目的

在前述背景下，针对当时建筑领域农民工讨薪事件频发的状况，国务院办公厅 2003 年发布《关于切实解决建设领域拖欠工程款问题的通知》（国办发〔2003〕94号，已失效），2004年国务院办公厅转发建设部等部门《关于进一步解决建设领域拖欠工程款问题意见的通知》（国办发〔2004〕78号，已失效），其中《关于切实解决建设领域拖欠工程款问题的通知》提出："自2004年起，用3年时间基本解决建设领域拖欠工程款以及拖欠农民工工资问题。"最高人民法院也颁布了《关于集中清理拖欠工程款和农民工工资案件的紧急通知》（法〔2004〕259号），文件中要求各地法院高度重视解决建设领域拖欠工程款和农民工工资问题，切实做好涉及工程款和农民工工资案件的执行工作。因此，保护农民工利益成为政策和司法导向。

因无法快速解决建筑市场存在的根本问题，最高人民法院从保护实际施工的承包人和农民工的角度出发，自2005年1月1日起实行的《最高人民法院关于审理建设工程施工合同纠纷案件适用法律问题的解释》（法释〔2004〕14号，以下简称《建设工程司法解释》，已失效）中提出实际施工人概念，以区别于《合同法》（已失效）中的施工人，弥补了《合同法》规定的不足，对保护实际施工人尤其是农民工的合法权益，具有重大的现实意义，产生了良好的社会效果。

（三）实际施工人的定义

《建设工程司法解释》共有4个条文涉及实际施工人的称谓，分别是第1条、第4条、第25条、第26条。其中第1条规定，没有资质的实际施工人借用有资质的建筑施工企业的名义，建设工程施工合同无效。第4条规定，承包人非法转包、违法分包建设工程或者没有资质的实际施工人借用有资质的建筑施工企业名义与他人签订建设工程施工合同的行为无效。第25条规定，因建设工程质量发生争议的，发包人可以以总承包人、分包人和实际施工人为共同被告提起诉讼。第26条规定，实际施工人以转包人、违法分包人为被告起诉的，人民法院应当依法受理。实际施工人以发包人为被告主张权利的，人民法院可以追加转包人或者违法分包人为本案当事人。发包人只在欠付工程价款范围内对实际施工人承担责任。①

遗憾的是，《建设工程司法解释》虽然创设了实际施工人的称谓，却未对实际施工人进行明确定义，导致实践中对其定义的观点不一。迄今为止，最为官方的定义出现在《最高人民法院建设工程施工合同司法解释的理解与适用》一书中，其定义为，本条表述的"实际施工人"与总承包人、分包人并列的，在概念的内涵上不应当与总承包人、分包人概念重复，而是指转包和违法分包的承包人，为了区别《合同法》规定的合法的施工人本条使用了"实际施工人"的表述方式。在本解释中有三条使用了"实际施工人"的概念，即第4条、第26条和本条（第25条），② 三处均指无效合同的承包人，如转包人、违法分包人、没有资质借用有资质的承包人。③ 该处定义，在指出实际施工人是无效合同承包人的同时，进一步列举三类实际施工人来对定义进行解释和补充。

因此，结合前述实际施工人的定义，本书认为，实际施工人主要有以下三类。

第一，转包人（转包的承包人④）。《建筑法》第28条规定，禁止承包单位将其承包的全部建筑工程转包给他人，禁止承包单位将其承包的全部建筑工程肢解以后以分包的名义分别转包给他人。此时，承包人与接受转包的承包人之间订立的合同因违反法律的效力性规定而属无效合同，接受转包的承包人为实际施工人。

第二，违法分包的承包人。有学者根据《建筑法》第29条规定，归纳了违法分包主要有以下几种情况：（1）总承包人将建设工程分包给不具备施工资质的单位或个人；（2）总承包合同未约定，且未经发包人同意，总

---

① 2020年1月1日起施行的《最高人民法院关于审理建设工程施工合同纠纷案件适用法律问题的解释（一）》相比《建设工程司法解释》，增加了一条关于实际施工人代位权的规定，即第44条，实际施工人依据民法典第535条规定，以转包人或者违法分包人怠于向发包人行使到期债权或者与该债权有关的从权利，影响其到期债权实现，提起代位权诉讼的，人民法院应予支持。

② 本书注：该书的作者遗漏了《建设工程司法解释》第1条中的实际施工人，因此，在《建设工程司法解释》共有四个条文涉及实际施工人。

③ 参见最高人民法院民事审判第一庭编著：《最高人民法院建设工程施工合同司法解释的理解与适用》（第一版），人民法院出版社2004年版，第218页。

④ 本书注：为了避免概念上的歧义，此处的转包人应当是指工程转包合同的承包人。

承包人将部分非主体结构工程交由其他单位或个人完成的;[①] (3) 总承包人将建设工程的主体结构施工分包的;(4) 分包人将建设工程再行分包的。[②] 以上情况订立的合同亦属无效,此时的承包人属于实际施工人。

第三,借用资质的承包人,包括无资质借用有资质、低资质借用高资质。承包人未取得施工资质或超越资质等级,或没有资质借用资质承揽工程的,建设工程施工合同无效,此时的承包人为实际施工人。

(四) 界定实际施工人的要素

然而,工程施工的实际情况复杂,层层转包、分包的情形导致准确界定实际施工人并不容易,实际施工人可以是个人,也可以是法人或者其他组织。因此,不能单纯从主体身份判断得出结论。笔者归纳了几个要素,来帮助界定实际施工人。

第一,合同无效是前提。如前文所述,实际施工人是相对于《合同法》总承包人、施工人的概念存在的,与违法转包、违法分包、借用资质承揽工程行为相伴相生的,因此,实际施工人存在的前提就是其作为一方主体的合同无效,如违法转包中的转包合同无效、违法分包中的分包合同无效、借用资质中的资质借用合同及被借用资质的建筑施工企业与发包人签订的合同无效。

第二,实际施工是要件。有观点认为,凡是没有实际参与工程建设的,没有组织劳动力、提供资金、投入工程建设材料的,不可被认定为实际施工人,特别是不实际参与工程的转包人、违法分包人,就不是实际施工人。[③] 所谓实际施工,笔者认为主要是从资金、人力、机械、材料四个方面来要求,即出资(垫资)、组织人员参与工程施工、购买、租赁机器设备、建筑

---

① 本书注:对于未经建设单位认可的分包是否仍然属于违法分包的问题,2019 年 1 月 1 日起施行的住建部《建筑工程施工发包与承包违法行为认定查处管理办法》(建市规〔2019〕1 号)第 12 条并没有继续保留。因此,笔者判断,从行业行政主管部门的角度,可能认为未经建设单位认可的分包属于合同履行上的违约行为,而不需要通过认定合同无效来否定其效力。此与《建筑法》第 29 条存在一定的矛盾。

② 参见陈苍武:《从实际施工人直接请求权看工程合同管理风险》,载《天然气技术与经济》2011 年第 6 期。

③ 参见潘军锋:《建设工程施工合同案件审判疑难问题研究》,载《法律适用》2014 年第 7 期。

材料投入工程建设，是判断实际施工人的实质要件。

第三，平等主体是形式。实际施工人不同于承包人的项目经理、项目管理人员。在通常情况下，实际施工人与建筑施工企业是不存在劳动关系的，建筑施工企业不需要为其缴纳社会保险[①]，其与建筑施工企业不存在劳动法意义上的隶属关系，双方之间是平等的民事主体。

二、工程款认定中实际施工人法律地位的类型化处理

目前，建筑施工企业取得工程项目后，一般通过内部承包、转包、部分分包、资质借用等形式开展承包施工，因此，有必要对各种模式进行分析讨论。

（一）内部承包

内部承包，是指具有专业资质的内部承包人缴纳管理费用后，在约定明确利润分成的前提下，与建筑施工企业按照一定比例进行利润分配与风险分担，建筑企业对安全生产、工程进度、施工质量、资金使用、财务成本控制等进行指导、监督。双方往往会签订一份内部承包合同，或者通过公司关于内部承包的规章制度，在保证内部承包人的自主经营权的同时，明确了建筑施工企业完整履行指导、监督、管理义务。

在内部承包模式下，不存在实际施工人，只存在项目经理、项目管理人员。这些项目经理、项目管理人员与建筑施工企业的关系是劳动关系，他们在施工合同法律关系中没有独立的法律地位，隶属于建筑施工企业。

【典型案例7】

杭州市富阳区人民法院（2022）浙0111民初751号民事判决书

原告：张某，男。

被告：杭州某安全有限公司。

---

① 笔者注：近年来，一些建筑施工企业为了从形式上规避违法转包、违法分包或者借用资质的行政查处，往往会要求与实际施工人签订劳动合同，但不发基本工资，相应的社保资金全部由实际施工人自行缴付至建筑施工企业，再由企业为其缴纳社保。

裁判要旨：法院审理认为，原告张某与被告杭州某安全有限公司虽存在建设工程内部承包关系，但在原告承包期间，被告未在资金、技术、设备、人力等方面给予支持，故该内部承包关系无效。《民法典》第507条规定："合同不生效、无效、被撤销或者终止的，不影响合同中有关解决争议方法的条款的效力。"现原、被告之间关于原告承包期间由被告承接的某影剧院改造消防工程尾款事宜达成具有结算性质的《协议》，在原告已按协议要求向被告提供发票后，被告理应在收到发票后7日内向原告支付款项，其至今未支付，故原告诉请要求其支付58883.68元，未超出应付款项，故该请求本院予以支持。

（二）转包

《民法典》第791条第2款规定："……承包人不得将其承包的全部建设工程转包给第三人或者将其承包的全部建设工程支解以后以分包的名义分别转包给第三人。"因此，转包实质上就是指承包人与发包人签订合同后并不履行合同义务，而是将全部工程转包给第三人或将工程支解以后以分包的名义转包给他人。转包人直接退出了建设工程施工合同关系，由第三人继续履行该合同。转包人不再对承包的工程项目进行任何建设施工行为，也不委派技术人员、管理人员对承包项目的财务、安全、质量等进行指导、管理及监督。这种行为在建设工程合同中是非法的，其签订的转包、分包合同也是无效的，因此《民法典》和《建筑法》都明文规定禁止非法转包。

在转包过程中出现了三方主体，两个法律关系。三个主体即发包人、承包人和实际施工人；两个法律关系是承包人与发包人之间的合同关系和承包人与实际施工人之间的承包合同法律关系。建设单位将工程发包给建筑施工企业施工，双方之间成立建设工程施工合同关系，实际施工人为工程的转包承包人，其与建筑施工企业之间成立独立的工程转包关系。按照一般规定，实际施工人负有向建筑施工企业交付验收合格的工程项目的义务，而建筑施工企业则负有向实际施工人支付工程价款的义务。实际施工人与建设单位不存在合同关系，在《建设工程司法解释》第26条公布之前，实际施工人无法向建设单位主张权利，包括要求支付工程价款。

【典型案例8】

北京市第二中级人民法院（2023）京02民终4719号民事判决书

上诉人（原审被告）：深圳某涛集团股份有限公司（以下简称某涛公司）。

被上诉人（原审原告）：高某，男。

被上诉人（原审被告）：北京某锐房地产开发有限公司。

被上诉人（原审被告）：北京某路桥集团有限公司（以下简称某路桥公司）。

裁判要旨：法院审理认为，关于某涛公司与高某之间的法律关系。某涛公司就案涉工程先以自己的名义与某路桥公司签订施工合同，后交由高某实际进行施工，系将施工合同的权利义务概括转移给了高某，某涛公司不认可与高某存在挂靠关系，故一审法院认定双方之间存在转包合同关系，该转包合同关系因违反法律的强制性规定而无效。虽然转包合同关系无效，但高某已履行了施工义务，案涉工程已竣工验收合格并交付使用，高某有权要求某涛公司支付所欠工程款。某涛公司主张本案不适用实际施工人制度，其系工程未结余款的权利人而非给付义务人缺乏依据，本院不予支持。

（三）分包

分包分为合法分包和违法分包，合法分包是指施工人承包的是工程的非主体部分，该施工人承包工程不违反法律的规定，其签订的施工合同是有效的。根据《建筑法》《民法典》等相关法律规定，分包在法律上是被允许的，如《民法典》第791条规定，只有经过发包人的同意，总承包人、施工承包人才可以将自己的部分工作分交给第三人完成。前文中已经归纳了不得分包的四种情形：第一，发包人不得将应由承包人完成的建设工程支解分包；第二，总承包人未经发包人同意，不得将自己承包核心工程分包给第三人；第三，承包人不得将工程全部分包；第四，禁止分包单位再分包。虽然法律允许分包，但是违反上述四种情形则属于违法分包，是建设工程合同中所不允许的。违法分包实际施工人是指因违法分包而产生的实际施工人。

从以上内容可以看出分包和转包其实是一样的，分包也是具有三方主体，两个法律关系。但是实际施工人的出现只能是在违法分包的情况下，合法分包下的第三人只能是"分包人"或者"第三人"。建设单位将工程发包给建筑施工企业施工，双方之间成立建设工程施工合同关系，实际施工人为违法分包工程的分包人，其与建筑施工企业之间就分包工程成立工程分包关系。建筑施工企业按照违法分包人实际完成的分包工程的造价，向违法分包人支付工程价款。

【典型案例 9】

辽宁省葫芦岛市中级人民法院（2023）辽 14 民终 1048 号民事判决书

上诉人（原审被告）：龙某公司。

上诉人（原审原告）：李某，男。

上诉人（原审被告）：辽宁某锐电力有限公司。

原审被告：国网某岛公司。

裁判要旨：法院审理认为，本案中李某系该涉案工程的实际施工人，但其本身并无建筑资质，系借用资质完成了施工内容。国网某岛公司将工程发包给龙某公司，龙某公司又将部分工程分包给辽宁某锐电力有限公司。该两份合同均合法有效。辽宁某锐电力有限公司与龙某公司的专业分包合同中明确禁止将工程分包及出现挂靠、借用资质等情形。原告作为没有资质的实际施工人借用有资质的建筑企业名义签订施工合同因违反法律法规强制性规定而无效，故此辽宁某锐电力有限公司与李某之间签订的分包合同属于无效合同。辽宁某锐电力有限公司系违法分包，并未参与任何施工和管理活动，不应收取管理费用，应承担给付工程款的义务。

（四）借用资质（挂靠）

借用资质承揽工程俗称挂靠。我国《建筑法》明确规定借用资质承揽工程的行为是违法的。除此之外，我国《民法典》第 791 条第 3 款规定："禁止承包人将工程分包给不具备相应资质条件的单位。"《建设工程司法解释》第 4 条指出"……没有资质的实际施工人借用有资质的建筑施工企业名义与他人签订建设工程施工合同的行为无效"。

实际施工人即为挂靠人，建筑施工企业为被挂靠人。两者之间只存在资质借用关系，实际施工人向建筑施工企业支付一定的资质借用费，俗称挂靠费或管理费，建筑施工企业将本企业的资质、名义出借给实际施工人，由实际施工人以建筑施工企业的名义在招标、投标及其他活动中从事工程承揽。

建设工程施工合同签订后，建筑施工企业并不对实际施工人的经营活动有任何干涉，由实际施工人自行对工程建设承担全部责任义务，而建筑施工企业则不承担任何技术或质量上的管理责任，将收到的建设单位支付的工程款按照挂靠协议约定，扣除相应税费、管理费后转付给实际施工人。

【典型案例 10】

辽宁省大连市中级人民法院（2022）辽 02 民再 77 号民事判决书

再审申请人（一审原告、二审被上诉人）：张某，男。

被申请人（一审被告、二审上诉人）：大连顺某建设集团有限公司（以下简称顺某公司）。

被申请人（一审被告、二审被上诉人）：孙某，女。

裁判要旨：法院审理认为，关于本案民事责任的承担，被申请人孙某挂靠顺某公司就案涉某航公司厂区建设工程进行施工，其作为 2008 年 9 月 26 日与张某签订工程承包协议的相对人，应向实际施工人张某承担支付工程款的民事责任。被申请人孙某及被申请人顺某公司均认可，就案涉工程，被申请人孙某系挂靠被申请人顺某公司。《建筑法》第 26 条规定："承包建筑工程的单位应当持有依法取得的资质证书，并在其资质等级许可的业务范围内承揽工程。禁止建筑施工企业超越本企业资质等级许可的业务范围或者以任何形式用其他建筑施工企业的名义承揽工程。禁止建筑施工企业以任何形式允许其他单位或者个人使用本企业的资质证书、营业执照，以本企业的名义承揽工程。"本案中，顺某公司明知法律禁止建筑施工企业将本企业的资质证书等出借他人，仍允许孙某借用其资质，张某根据合同内容有理由相信孙某签订施工合同系代表顺某公司。顺某公司在施工合同签订中存在明显过错，应对挂靠人所负债务承担相应的补充责任。综合工程施工合同及施工合同的履行情况、当事人的过错程度等因素，根据公平原则和诚实信用原则，本院酌情认定被申请人顺某公司在被申请人孙某欠付工程款及利息的范围内承担30%的补充赔偿责任。

通过上述四种施工承包模式分析，我们可以得出以下结论。

第一，在内部承包关系下，项目经理、项目管理人员与建筑施工企业成立的是劳动法意义上的管理与被管理关系，双方之间就工程收益的分配属于公司经营收益的分配，可以通俗地理解为项目绩效奖金性质。

第二，在违法转包、违法分包关系下，转包承包人、分包人作为实际施工人与建筑施工企业之间是平等主体，无论发包人有无支付工程款，转包承包人、分包人均可以就全部工程款向建筑施工企业主张权利。

第三，借用资质关系下，挂靠人作为实际施工人与建筑施工企业之间也是平等主体，双方成立的是资质借用关系，建筑施工企业负有向实际施工人出借资质、代为向发包人签订合同、转付发包人支付的工程款的义务，在发包人未支付工程价款的情况下，实际施工人无权向建筑施工企业要求支付该部分款项，双方之间不存在工程款支付债权债务关系。

在内部承包关系下，建筑企业取得的工程款，属于建筑企业的财产。而在违法转包、违法分包、借用资质关系下，建筑企业收到的工程款，实际上属于实际施工人的财产。

三、实际施工人工程款债权在破产中的惯常做法

（一）破产状态下实际施工人的困局

建筑施工企业破产状态下，对于实际施工人而言，面临特殊的困局，按照不同工程施工结算阶段的情况，主要列举两类困局。

第一类困局，建筑施工企业与建设单位已完成结算，且工程款已经付清，但建筑施工企业与转包承包人、违法分包人之间的结算未完成，或者虽然完成了结算，但未将剩余工程款支付、转付给转包承包人、违法分包人或

者挂靠人。此时产生的问题就是，该部分工程款是由实际施工人申报债权后参与分配还是属于实际施工人个人财产，扣除管理费后直接取回。

第二类困局，建设单位未付清工程款情况下，实际施工人该如何主张权利。此时产生的问题是，如果仍然以建筑施工企业名义主张权利，法院生效裁判文书确定的该部分工程款的权利主体即为建筑施工企业，相关工程款必然执行到建筑施工企业名下，则又回到了上述第一类困局下。如果工程款应当归属于实际施工人，则实际施工人该如何依法主张工程款。

(二) 破产管理人的惯常做法

作为企业破产管理人，接管企业后，首先必须面对的就是债权审核及区分破产企业财产，而实际施工人工程款债权的审核认定及处置，是每一个建筑施工企业管理人都不能回避的问题。一般来说，建筑施工企业的主营业务为承接工程，其通过对外承接工程获得工程款，以此来赚取利润获得收益。因此，所有的工程款收入均应当作为破产财产进行分配。但是，实际施工人的存在，将这一问题复杂化了。如本文一开始对"实际施工人"这一概念立法背景的介绍，《建设工程司法解释》是希望通过保护实际施工人，在保护实际施工人权益的基础上保护农民工的利益，如果将实际施工人承揽的工程相应获得的工程款均纳入破产财产，则实际施工人的利益无从保护，实际施工人背后的广大农民工的利益也无从保护。笔者看到一篇文章介绍说：近年来，在大规模重新规划和建设的过程中，建筑行业挂靠经营情形日渐增多，现在已经非常普遍，实践中进入破产程序的建筑业企业基本上都会存在挂靠经营的情况。[1] 因此，如果贸然将所有工程款纳入破产财产，则不利于推进破产程序，很可能引发群体性事件，影响社会稳定。在这种背景考虑下，破产建筑施工企业的破产管理人往往将实际施工人施工的工程项目的工程款单独剥离出来，在扣除破产企业应收的管理费后全额拨付给实际施工

---

[1] 参见徐阳光、叶希希：《论建筑业企业破产重整的特性与模式选择——兼评"分离式"处置模式》，载《法律适用》2016年第3期。

人，而扣留的管理费纳入破产财产，进入破产分配。

从上述惯常做法中，我们可以看出在建筑施工企业破产情况下，破产管理人并没有严格区分破产程序，针对破产程序的不同，如清算、重整，而制定不同的工程款债权处置办法。

(三) 惯常做法之合理性分析

破产管理人的惯常做法，在之前的立法背景下，有其合理性，且没有明显违反法律规定之处，体现在以下几点：

第一，从实际施工人的立法目的考虑，实际施工人应当得到特别保护。在《建设工程司法解释》颁布以前，拖欠农民工工资的问题十分突出，由于在此类案件中，法院在适用《合同法》时严守合同相对性原则，因此农民工在诉讼中由于与分包人签订的合同有各种形式上的缺陷，其获得工程款的权利受到了极大的限制。农民工工资被拖欠，原因就不能归咎于农民工与其直接雇主之间自我实施的契约未被履行，而是其直接雇主与承包商或建设方之间的正式契约没有被实施。①《建设工程司法解释》创设实际施工人的概念并赋予其诉权，不仅从主体上放宽了其进入诉讼范围的可能性，即突破了合同相对性原则，赋予实际施工人针对发包人提起诉讼的权利。而且在实际施工人主张权利的方式上也作出了改变，使实际施工人主张工程款的诉求有法可依。这对于解决"三农"问题，维护社会秩序，促进和谐社会的建设具有十分重要的现实意义。在这个立法目的下，从维护实际施工人背后众多农民工权益出发，管理人在破产程序中给予适当倾斜保护，并无不当之处。

第二，实际施工人享有工程价款优先受偿权，表明实际施工人享有的分配顺位优先于抵押财产、更优先于一般债权。此前，不少地方司法实践是支持实际施工人享有优先受偿的权利，具有工程价款优先权行使主体资格。如

---

① 参见杨瑞龙、卢周来：《正式契约的第三方实施与权力最优化——对农民工工资纠纷的契约论解释》，载《经济研究》2004年第5期。

《浙江省高级人民法院民事审判第一庭关于审理建设工程施工合同纠纷案件若干疑难问题的解答》第22条规定，建设工程施工合同无效情形下，谁有权行使优先受偿权？建设工程施工合同无效，但工程经竣工验收合格，承包人可以主张工程价款优先受偿权。分包人或实际施工人完成了合同约定的施工义务且工程质量合格，在总承包人或转包人怠于行使工程价款优先受偿权时，就其承建的工程在发包人欠付工程价款范围内可以主张工程价款优先受偿权。又如《四川省高级人民法院关于审理建设工程施工合同纠纷案件若干疑难问题的解答》（川高法民一〔2015〕3号）第37条规定，如何确定享有优先受偿权的主体？建设工程施工合同无效，但建设工程经竣工验收合格，或者未经竣工验收但已经实际使用，实际施工人请求其工程价款就承建的建设工程折旧或者拍卖的价款优先受偿的，应予支持。根据《最高人民法院关于建设工程价款优先受偿权问题的批复》（法释〔2002〕16号，已失效）第1条规定，人民法院在审理房地产纠纷案件和办理执行案件中，应当依照《合同法》第286条的规定，认定建筑工程的承包人的优先受偿权优于抵押权和其他债权。因此，既然实际施工人享有工程价款优先受偿权，从某种意义上来说，其对已完工程未收取部分的工程款的分配顺位优先于抵押权人、更优先于其他一般债权人。

【典型案例11】

最高人民法院（2015）民申字第2311号民事裁定书

再审申请人（原审原告）：王某霖。

被申请人（原审被告）：辽宁某泰房地产开发有限公司；某京银行有限公司沈阳市泰山支行。

裁判要旨：鉴于建设工程价款优先受偿权系法定优先权，因其具有优于普通债权和抵押权的权利属性，故对其权利的享有和行使必须具有明确的法律依据，实践中亦应加以严格限制。根据前述法律及司法解释规定，行使建设工程价款优先受偿权，应当同时具备以下条件：第一，行使优先受偿权的主体应仅限于承包人，现行法律及司法解释并未赋予实际施工人享有建设工程价款优先受偿的权利。第二，建设工程施工合同应当合法有效。

【典型案例 12】

最高人民法院（2015）民申字第 2185 号民事裁定书

再审申请人（一审被告、二审上诉人）：山东省某医药保健品有限责任公司。

被申请人（一审原告、二审被上诉人）：夏某华。

裁判要旨：即使施工合同无效，因并无法律法规否定施工方在工程款方面的优先权，故二审判决确认夏某华对涉诉的相应工程款享有优先受偿权并无错误。

第三，实际施工人享有向发包人直接主张工程款的权利，表明实际施工人与建筑施工企业间有别于一般的债权债务关系。实际施工人这种权利，从某种意义上可以理解为对该笔工程款享有独立的请求权，既可以直接单独向发包人主张，也可以待建筑施工企业向发包人主张完毕后，向建筑施工企业主张，又可以同时向建筑施工企业及发包人主张。这是《建设工程司法解释》第 26 条第 2 款赋予其独特的权利，使其法律地位有别于建筑施工企业的一般债权人。如果实际施工人债权为一般债权，那么可以直接向发包人主张工程款在体系上无法协调。款项只是经过了建筑施工企业，就从实际施工人完全获得给付变为一般债权，显然不合理。

第四，挂靠模式下，实际施工人的工程余款实质上系实际施工人的财产。建筑施工企业对于施工合同的成立并没有投入成本。实际施工人借用建筑施工企业的名义承揽工程、参与招投标、最终订立书面合同，都是由实际施工人投入成本实际完成。后面的工程建设，包括材料设备的采购、管理人员工资的发放、农民工的招募等，均由实际施工人自行负责，被挂靠人对工程款使用情况没有控制。对此，根据《最高人民法院关于适用〈中华人民共和国企业破产法〉若干问题的规定（二）》第 2 条第 1 项"下列财产不应认定为债务人财产：（一）债务人基于仓储、保管、承揽、代销、借用、寄存、租赁等合同或者其他法律关系占有、使用的他人财产"的规定，挂靠模式下的工程款不应认定为破产企业的财产。

四、实际施工人工程款债权受司法解释变化的影响

2018 年 12 月 29 日,最高人民法院正式公布了《建设工程司法解释二》(已失效),并在第 26 条明确:"本解释自 2019 年 2 月 1 日起施行。本解释施行后尚未审结的一审、二审案件,适用本解释。本解释施行前已经终审、施行后当事人申请再审或者按照审判监督程序决定再审的案件,不适用本解释。最高人民法院以前发布的司法解释与本解释不一致的,不再适用。"因此,该司法解释的施行,不仅对正在一审、二审审理中的建设工程施工合同产生重大影响,也对尚未审结的建筑施工企业破产案件处置产生了巨大的冲击与影响。《建设工程司法解释二》共 26 个条文,主要涉及建设工程施工合同的效力、建设工程价款的结算、建设工程的鉴定、建设工程价款优先受偿权的行使和实际施工人权利的保护等方面,其中本文重点关注建设工程价款优先受偿权行使主体(第 17 条)、放弃的效力(第 23 条)、实际施工人权利保护(第 24 条、第 25 条)。

(一)限制优先受偿权的行使主体

《建设工程司法解释二》第 17 条规定:"与发包人订立建设工程施工合同的承包人,根据合同法第二百八十六条规定请求其承建工程的价款就工程折价或者拍卖的价款优先受偿的,人民法院应予支持。"

按照《〈关于审理建设工程施工合同纠纷案件适用法律问题的解释(二)〉逐条解读》一文对该条款的解读:"本条规定了承包人享有建设工程价款优先受偿权,同时也排除了其他主体能够请求建设工程价款优先受偿权。本条严格遵循合同法第二百八十六条和合同相对性原则,规定承包人就工程价款享有优先受偿权。实际施工人和发包人没有直接的合同关系,对发包人并不当然享有工程价款请求权,也就没有理由赋予其以工程价款为权利基础的优先受偿权。此外,转包、违法分包均被法律明确禁止,如果再赋予实际施工人以建设工程价款优先受偿权,有可能对建设工程市场秩序产生负

面导向作用。故享有建设工程价款优先受偿权的主体只有与发包人订立建设工程施工合同的承包人，不包括勘察人、设计人、实际施工人以及次承包人和合法的分包人。"① 从该解读我们可以得出这样的结论：第一，除与发包人订立施工合同的承包人之外，其他主体均不再享有优先受偿权，如勘察人、设计人、实际施工人、次承包人、合法的分包人；第二，本条的制定依据是《合同法》第286条以及合同相对性原则，因为实际施工人和发包人无直接合同关系，所以实际施工人对发包人不当然享有工程价款请求权，也就丧失了以享有工程价款请求权为基础的优先受偿权。

因此，从2019年2月1日起，实际施工人从立法上丧失了工程价款优先受偿权制度的保护。

(二) 承包人约定放弃优先受偿权问题

《建设工程司法解释二》第23条规定："发包人与承包人约定放弃或者限制建设工程价款优先受偿权，损害建筑工人利益，发包人根据该约定主张承包人不享有建设工程价款优先受偿权的，人民法院不予支持。"

在《〈关于审理建设工程施工合同纠纷案件适用法律问题的解释（二）〉逐条解读》一文对该条款的解读："本条是关于当事人能否事先约定放弃或者限制建设工程价款优先受偿权行使的规定。发包人和承包人原则上可以自由协商约定放弃或者限制建设工程价款优先受偿权的行使，但如果双方的约定损害到建筑工人利益，有关放弃或者限制权利行使的约定无效。建筑市场上，承包人一般处于相对弱势的地位，如果法律上允许当事人通过协商的方式任意处分建设工程价款优先受偿权，可能引诱发包人利用自己的优势地位，强制要求承包人接受放弃或者限制优先受偿权行使的条款，这不仅会损害到承包人的利益，还可能影响到农民工工资权益的实现。因此，如果承包人事先放弃或者限制建设工程价款优先受偿权，使得承包人无充分的责任财

---

① 参见王毓莹、陈亚:《〈关于审理建设工程施工合同纠纷案件适用法律问题的解释（二）〉逐条解读》，载微信公众号"法盏"（2019年1月3日），最后访问日期：2024年4月13日。

产支付建筑工人工资等债务,则可以认定双方的约定损害了建筑工人的利益。在这种情形下,发包人根据双方事先的约定抗辩承包人不再享有建设工程价款优先受偿权的,人民法院不予支持。"①

在《建设工程司法解释二》公布前,2018 年 6 月 12 日,《江苏省高级人民法院关于审理建设工程施工合同纠纷案件若干问题的解答》(已失效)(以下简称江苏高院《解答》)对该问题作出了类似规定:"19. 承包人放弃建设工程价款优先受偿权的效力如何认定?法律并未禁止承包人放弃建设工程价款优先受偿权。承包人自愿放弃建设工程价款优先受偿权的,只涉及承包人自身利益的,该放弃行为有效。但该放弃行为损害实际施工人等第三人利益的,对该第三人不产生效力。"认真分析《建设工程司法解释二》及江苏高院《解答》,虽然两者都肯定承包人自愿放弃工程价款优先受偿权有效,但可以发现两者规定的例外情形是不同的:《建设工程司法解释二》第 23 条规定,只有在损害建筑工人利益时才无效;而江苏高院《解答》第 19 条规定,只要损害任何第三人的利益都可能无效,该第三人可以是实际施工人,也可以是承包人的其他债权人。因此,在《建设工程司法解释二》中可能导致放弃工程价款优先受偿权无效的条件是比较苛刻的,必须是影响到建筑工人工资的发放才能产生放弃无效的法律效果。

(三)实际施工人向发包人主张权利的限制

《建设工程司法解释二》第 24 条:"实际施工人以发包人为被告主张权利的,人民法院应当追加转包人或者违法分包人为本案第三人,在查明发包人欠付转包人或者违法分包人建设工程价款的数额后,判决发包人在欠付建设工程价款范围内对实际施工人承担责任。"该条规定是对《建设工程司法解释》第 26 条第 2 款的补充与修正。

1.《建设工程司法解释》第 26 条第 2 款的适用

《建设工程司法解释》第 26 条第 2 款规定:"实际施工人以发包人为被

---

① 参见王毓莹、陈亚:《〈关于审理建设工程施工合同纠纷案件适用法律问题的解释(二)〉逐条解读》,载微信公众号"法盏"(2019 年 1 月 3 日),最后访问日期:2024 年 4 月 13 日。

告主张权利的，人民法院可以追加转包人或者违法分包人为本案当事人。发包人只在欠付工程价款范围内对实际施工人承担责任。"该条规定是为保护农民工的合法权益作出的规定。① 按照合同相对性来讲，实际施工人应当且只能向与其有合同关系的建筑施工企业主张工程款权利。但是从实际情况来看，有的承包人将工程转包收取一定管理费用后，没有进行工程结算或者对工程结算不主张权利，由于实际施工人与发包人没有合同关系，这样导致实际施工人没有办法取得工程款，而实际施工人不能得到工程款则直接影响农民工工资的发放。因此，如果不准许实际施工人向发包人主张权利，不利于对农民工利益的保护。②

在《建设工程司法解释》第 26 条第 2 款刚刚施行之初，确实起到了很好的效果。根据最高人民法院民事审判第一庭的意见，转承包人与发包人之间已经全面实际履行承包人与发包人签订的建设工程施工合同并形成事实上的权利义务关系时，转承包人事实上已经取代第一手的承包人与发包人形成合同关系，在这种情况下，应当准许转承包人以发包人为被告提起追索工程价款的诉讼，人民法院可以追加转包人为共同被告。③ 因此，只要实际施工人实际履行了工程建设，即可以自己的名义直接向发包人主张权利。一时间，全国法院受理的以实际施工人作为原告的案件一下子增多，这些原告中既包括从建筑施工企业处接受转包、分包的实际施工人，也包括层层转包后的实际施工人，还包括借用建筑施工企业名义承接工程的实际施工人。各地法院对于这些实际施工人是否具有诉讼主体资格没有统一的认定标准。如：《北京市高级人民法院关于审理建设工程施工合同纠纷案件若干疑难问题的解答》第 18 条规定，解释中"实际施工人"的范围如何确定？解释中的"实际施工人"是指无效建设工程施工合同的承包人，即违法的专业工程分

---

① 参见冯小光：《回顾与展望——写在〈最高人民法院关于审理建设工程施工合同纠纷案件适用法律若干问题的解释〉颁布三周年之际》，载《民事审判指导与参考》2008 年第 1 集。

② 参见冯小光：《回顾与展望——写在〈最高人民法院关于审理建设工程施工合同纠纷案件适用法律若干问题的解释〉颁布三周年之际》，载《民事审判指导与参考》2008 年第 1 集。

③ 参见最高人民法院民事审判第一庭编著：《最高人民法院建设工程施工合同司法解释的理解与适用》，人民法院出版社 2004 年版，第 229 页。

包和劳务作业分包合同的承包人、转承包人、借用资质的施工人（挂靠施工人）；建设工程经数次转包的，实际施工人应当是最终实际投入资金、材料和劳力进行工程施工的法人、非法人企业、个人合伙、包工头等民事主体。可见，北京市高级人民法院认为，经过数次转包后的最终手的实际施工人，也属于《建设工程司法解释》所规定的实际施工人范畴，就可以根据该解释第 26 条第 2 款直接向发包人主张权利。又如：《浙江省高级人民法院民事审判第一庭关于审理建设工程施工合同纠纷案件若干疑难问题的解答》第 23 条规定，实际施工人可以向谁主张权利？实际施工人的合同相对人破产、下落不明或资信状况严重恶化，或实际施工人至承包人（总承包人）之间的合同均为无效的，可以依照最高人民法院《关于审理建设工程施工合同纠纷案件适用法律问题的解释》第 26 条第 2 款的规定，提起包括发包人在内为被告的诉讼。也就是说，在北京市高级人民法院、浙江省高级人民法院的规定中，只要是实际施工人都可以向发包人主张权利，而无需区分实际施工人的类型。

2. 第 26 条第 2 款在司法实践中的变化

由于实际施工人起诉发包人没有限制，导致肆意起诉发包人的情况日益严重，甚至出现了实际施工人与建筑施工企业恶意串通共同针对发包人的案件，于是司法实践中出现了限制的声音。最高人民法院（2017）最高法民申 3613 号案件明确了《关于审理建筑工程施工合同纠纷案件适用法律问题的解释》第 26 条第 2 款只适用于违法转包、分包的实际施工人，而不适用于借用资质的实际施工人。在该案再审裁定书中，合议庭认为，某邦地基公司（实际施工人、挂靠人）在再审申请中并不否认案涉分包合同当事人、工程施工、回收工程款、办理结算资料、报送施工资料等工作均是以某川岩土公司（施工企业、被挂靠人）名义进行，且参与相关工作的受托人田某、郑某军等人亦有某川岩土公司的授权委托书，只是主张其与某川岩土公司存在挂靠关系，通过借用某川岩土公司施工资质承揽案涉工程，其为实际施工人。而在挂靠施工情形中，存在两个不同性质、不同内容的法律关系，一为建设工程法律关系，另一为挂靠法律关系，根据合同相对性原则，各方的权利义务关系应当根据相关合同分别处理。二审判决根据上述某邦地基公司认可的事实，认定建设工程法律关系的合同当事人为中冶集团公司（发包人）和某川岩土公司，并无不当。某邦地基公司并未提供证据证明其与中冶集团公司形成了事实上的建设工程施工合同关系，因此，即便认定某邦地基公司为案涉工程的实际施工人，其亦无权突破合同相对性，直接向非合同相对方中冶集团公司主张建设工程合同权利。至于某邦地基公司与某川岩土公司之间的内部权利义务关系，双方仍可另寻法律途径解决。《最高人民法院关于审理建设工程施工合同纠纷案件适用法律问题的解释》第26条适用于建设工程违法转包和违法分包情况，不适用于挂靠情形，二审判决适用法律虽有错误，但判决结果并无不当。该解释第2条赋予主张工程款的权利主体为承包人而非实际施工人，某邦地基公司主张挂靠情形下实际施工人可越过被挂靠单位直接向合同相对方主张工程款，依据不足。该案例将挂靠模式下的实际施工人排除在了可以向发包人主张权利的主体之外。

3. 《建设工程司法解释二》第24条的修正

《建设工程司法解释二》第24条，对之前的第26条第2款作了进一步明确。该条款仅适用于转包和违法分包情形下的实际施工人，而不适用于借用资质（即挂靠情形）的实际施工人，可以直接向发包人主张权利的实际施工人仅限于违法转包和违法分包情形下的实际施工人，即违法转包的承包人、违法分包的承包人两类。同时，人民法院在审理中应当追加转包人、违法分包人为第三人，并对发包人欠付转包人或违法分包人的工程款数额进行查明，如果查明发包人已经不欠付转包人或者违法分包人工程款，则应当依法驳回实际施工人要求发包人向其支付工程款的诉讼请求。

（四）明确实际施工人代位权制度

《建设工程司法解释二》第25条规定："实际施工人根据合同法第七十三条规定，以转包人或者违法分包人怠于向发包人行使到期债权，对其造成损害为由，提起代位权诉讼的，人民法院应予支持。"

1. 实际施工人代位权制度适用要件

实际施工人可以依据《合同法》第73条的规定，代位行使权利并非《建设工程司法解释二》的创设，而是实际施工人、建筑施工企业、发包人三个主体，两种法律关系依据《合同法》代位权制度本身就有的权利。在前文中，我们已经分析了建筑施工企业与发包人之间成立建设工程施工合同，双方之间存在债权债务关系，违法转包、违法分包情形下的转包承包人、分包承包人与建筑施工企业之间成立转包、分包关系，如果因为工程款债权的拖欠，三者就是债权人（实际施工人）、债务人（建筑施工企业、总承包人）、次债务人（发包人）。根据《合同法》第73条规定，因债务人怠于行使其到期债权，对债权人造成损害的，债权人可以向人民法院请求以自己的名义代位行使债务人的债权，但该债权专属于债务人自身的除外。代位权的行使范围以债权人的债权为限。债权人行使代位权的必要费用，由债务人负担。根据《最高人民法院关于适用〈中华人民共和国合同法〉若干问题的解释（一）》（以下简称《合同法司法解释一》，已失效）第11条规定："债权人依照合同法第七十三条的规定提起代位权诉讼，应当符合下列条件：（一）债权人对债务人的债权合法；（二）债务人怠于行使其到期债权，对债权人造成损害；（三）债务人的债权已到期；（四）债务人的债权不是专属于债务人自身的债权。"对应到实际施工人主张权利的案件中，需要符合以下要件：（1）实际施工人已完成的工程质量合格，并对转包人或者违法分包人享有合法的债权。（2）转包人/违法分包人怠于向发包人行使其到期债权，对实际施工人造成损害。到期债权既可以是实际施工人实际施工的工程所产生的工程款债权，也可以是转包人/违法分包人与发包人之间的其他债权。（3）实际施工人与转包人/违法分包人，以及转包人/违法分包人与发包人之间的债权均已到期。（4）在转包人/违法分包人为建筑施工企业的情况下，转包人/违法分包人对发包人的债权均不属于其自身的债权，实际施工人均可代位行使。如经法院审查认为，如实际施工人提起的代位权诉讼符合代位权构成要件，法院应当判决发包人直接向实际施工人履行清偿义务。法院作出的代位权诉讼判决对作为债务人的转包人/违法分包人具有既判力。发包人向实际施工人履行清偿义务后,发包人与转包人/违法分包人之间的债权债务,以及实际施工人与转包人/违法分包人之间的债权债务的相应部分均消灭。①

2. 实际施工人代位权制度适用例外

需要注意的是,实际施工人代位权制度在实际适用中,存在诸多的例外制度,需要受代位权制度规定的限制。

第一,代位权制度仅适用于违法转包、违法分包情形下的实际施工人,不适用于借用资质的实际施工人,因为在挂靠模式下,当发包人未支付工程款的情形下,挂靠人与被挂靠人之间不存在工程款债权债务关系,被挂靠人仅承担工程款转付义务,其有义务将收取的工程款转付给挂靠人。

第二,代位权制度不适用于建筑施工企业破产的情形。代位权诉讼是《合同法》赋予债权人保护其债权不因债务人怠于行使权利造成损害的诉讼权利。在民事诉讼的普通程序中,当事人提出代位权诉讼只要符合《合同法》和《合同法司法解释一》的相关规定,人民法院即应受理并依法保护债权人的权利。但若作为债务人的企业已进入破产程序,债权人行使代位权应受到限制。因代位权行使的标的是债务人对次债务人的债权,在债务人进入破产程序后,这一债权将作为债务人的破产财产,由全体债权人公平受偿。代位权行使的目的是使债权人的债权得到个别清偿,这在普通程序中当无问题,但在破产程序中,将直接影响到其他债权人的利益,违反了破产程序债权人公平受偿的原则,因此,在债务人已进入破产程序的情况下,债权人以债务人怠于行使其债权为由提起针对债务人和次债务人的代位权诉讼,人民法院不应以普通程序受理。债权人应当在债务人破产程序中根据法律和司法解释的规定行使相关权利,由受理破产案件的法院确定债务人和次债务人是否存在应当向债权人履行的债务。《广东省高级人民法院关于民商事审判适用代位权制度若干问题的指导意见》第12条规定:"债权人提起代位权

---

① 参见周月萍、樊晓丽:《〈施工合同司法解释二精读专题〉第25条》,载微信公众号"月兰微律"(2019年1月30日),最后访问日期:2024年4月15日。

诉讼后，债务人宣告破产的，法院应终结诉讼，由债权人向受理破产案件的法院申报债权。"也支持了该观点。

第三节　其他破产财产

企业财产类型比较复杂，尤其是建筑企业的财产类型，更加与一般意义上的企业财产不同。建筑企业中较常见的财产除了工程款债权外，主要有施工设备、管理费、建筑企业资质等三项特殊类型的财产，在企业破产处置过程中需要进行准确的识别界定。

一、施工设备

建筑项目施工离不开施工设备，建筑企业可能会通过自行购买或者租赁施工设备的方式来进行工程施工，这些施工设备往往留存在项目工地或者建筑企业指定的场所。《企业破产法》第38条规定："人民法院受理破产申请后，债务人占有的不属于债务人的财产，该财产的权利人可以通过管理人取回。但是，本法另有规定的除外。"破产管理人应当对建筑企业占有的施工设备进行识别，提出其中不属于债务人的施工设备。

破产取回权，是指财产的权利人可以不依破产程序，直接从管理人占有和管理的债务人财产中取回原本不属于债务人财产的权利。由此可见，财产取回权的特点是权利人对该财产享有所有权。假如对某项财产不享有所有权，也就无权对该项财产主张取回的权利。[①] 取回权根据其所依据的法律关系及构成要件不同，分为一般取回权和特殊取回权。针对施工设备的取回，通常是指一般取回权。有学者将一般取回权定义为"破产管理人占有不属于

---

① 参见于海寅：《破产案件中的抵销权、优先受偿权和财产取回权》，载《法学》1994年第6期。

破产财团之他人财产，财产之权利人可以不依破产程序，直接对该财产行使权利，从破产财团取回其财产之权利"。[1] 根据物权法原理，物权具有支配性，所有权人可以对其所有的物品进行全面支配和使用，而用益物权人则可控制和利用该物品的使用价值。根据规定，当侵害物权并造成权利人损害事实发生时，权利人可以向侵权人主张返还原物的权利。任何权利的行使必须有相应的请求权基础，破产取回权系由特定民事权利进入破产程序演变而来，因而该项权利实际仍为实体法意义的请求权。[2]

一般取回权的行使通常只限于取回原物，因为取回权的基础权利主要是物权，尤其是所有权。在实务操作中，作为一般取回权标的物的财产，主要有以下几种：（1）破产人代管他人的财产。寄存人或存货人取回寄存物或仓储物。（2）破产人租赁的财产。承租人破产时，出租人收回出租物。（3）破产加工承揽人占有的定作物。加工承揽人破产时，定作人取回提供的原材料以及用其制作的成品、半成品。（4）破产人承运的货物。（5）受托人破产时，信托人取回的信托财产。（6）所有权以外的其他物权，如占有权、质权、留置权等，也可构成取回权。具体到建筑企业，一般可能租赁的施工设备主要有塔吊、施工升降机、钢管扣件、铝制模板等，如果管理人通过审查识别认为所有权人行使一般取回权没有争议，则可直接取回财产，若有争议，按照破产法规定应通过诉讼解决。

【典型案例13】

上海市虹口区人民法院（2018）沪0109民初9889号民事判决书

原告：李某。

被告：上海某建筑工程有限公司，诉讼代表人：王某飞，该企业破产管理负责人。

原告李某向法院提出诉讼请求：1. 判令原告从被告处取回租赁物QTZ40型（质检编号：2010-095）塔吊一台，如不能取回则确认原告对被

---

[1] 参见陈荣宗：《破产法》，三民书局1989年版，第218页。
[2] 参见郭峰：《破产程序中融资租赁物取回权的行使》，载《人民司法·应用》2020年第16期。

告享有破产债权 17 万元；2. 判令原告从被告处取回租赁物钢管 37280.2 米，如不能取回则确认原告对被告享有破产债权 372800 元；3. 确认原告对被告享有破产债权 1946425.85 元（自 2010 年 12 月 25 日至 2017 年 12 月 27 日塔吊租赁费为 665820 元；自 2009 年 7 月 11 日至 2017 年 12 月 27 日钢管租赁费为 1280605.85 元）。事实和理由：因被告在山东滨州义乌国际商贸城工程项目施工需要相关设备，原、被告双方于 2010 年 12 月 25 日签订了《塔机租赁合同》，约定被告向原告租赁 QTZ40 型（质检编号：2010-095）塔吊一台，租用时间为 12 个月以上，租金按 270 元/天计算，原告于当日向被告交付该塔吊，但被告至今未支付塔吊租赁费，亦未返还该塔吊，仅向原告出具《结算单》。现法院于 2017 年 11 月 27 日已立案受理对被告的破产清算申请，该塔吊为租赁物不属于被告的破产财产，故原告可行使取回权，并请求确认原告对被告享有因欠付塔吊租赁费用而产生的破产债权共计 665820 元。

裁判要旨：法院经审理认为，原、被告均确认双方于 2018 年 9 月 26 日共同至涉案项目工地现场查看，确认现场留有涉案塔吊及一定数量钢管，由于被告已进入法院破产案件审理程序，涉案塔吊及钢管为租赁物，不属于被告的破产财产，故原告可行使取回权取回涉案塔吊及钢管；被告亦确认如因租赁物灭失、被告原因及其他客观原因等导致原告无法取回的，则被告应按价赔偿原告相应损失，对于赔偿的金额，原告提交证据证明塔吊及钢管的购买价格分别为 17.8 万元、536360 元，并主张按折旧价值赔偿塔吊损失 17 万元，按 10 元/米标准赔偿 372800 米钢管损失 372800 元，被告对钢管的赔偿金额无异议，但不同意塔吊的赔偿金额，对此，本院参考同类设备价格、使用年限、损耗情况、租金回报等，确认若因租赁物灭失、被告原因及其他客观原因等导致原告无法取回涉案租赁物的，被告赔偿原告塔吊损失 4 万元，赔偿原告钢管损失 372800 元，该租赁物则为被告破产财产，上述赔偿款项及租赁费用均为原告对被告享有的破产债权。据此，依照《合同法》第 60 条第 1 款、第 107 条，《企业破产法》第 38 条，《民法总则》第 189 条，《民事诉讼法》第 64 条第 1 款，《最高人民法院关于适用〈中华人民共和国企业破产法〉若干问题的规定（二）》第 2 条第 1 项，《最高人民法院关于适用

〈中华人民共和国民事诉讼法〉的解释》第 90 条、第 240 条之规定，判决如下：一、原告李某于本判决生效之日起 10 日内自被告上海某建筑工程有限公司处取回 QTZ40 型（质检编号：2010-095）塔吊一台，如因灭失、被告原因及其他客观原因无法取回，则原告对被告享有破产债权 4 万元；二、原告李某于本判决生效之日起 10 日内自被告上海某建筑工程有限公司处取回钢管共计 37280.2 米（规格不限），如因灭失、被告原因及其他客观原因无法取回，则原告对被告享有破产债权 372800 元；三、确认原告李某对被告上海某建筑工程有限公司享有破产债权 1946425.85 元（自 2010 年 12 月 25 日至 2017 年 12 月 27 日塔吊租赁费为 665820 元；自 2009 年 7 月 11 日至 2017 年 12 月 27 日钢管租赁费为 1280605.85 元）。

二、管理费

在前文工程款的分析中，本书提出在内部承包关系下，建筑企业取得的工程款，属于建筑企业的财产。而在违法转包、违法分包、借用资质关系下，建筑企业收到的工程款，实际属于实际施工人的财产。很多情况下，违法转包、违法分包、借用资质的实际施工人都会与建筑企业约定一定的"管理费"。这个管理费，一般来说应当属于建筑企业的破产财产。但是，对于管理费能否收取，实践中存在不同的认识。

《最高人民法院民事审判第一庭 2021 年第 21 次专业法官会议纪要》意见第 5 条规定："合同无效，承包人请求实际施工人按照合同约定支付管理费的，不予支持。"[1]

【法律问题】

合同无效，承包人请求实际施工人按照合同约定支付管理费的，是否应予支持？

---

[1] 参见最高人民法院民事审判第一庭编：《民事审判指导与参考》总第 87 辑，人民法院出版社 2021 年版，第 166 页。

【法官会议意见】

转包合同、违法分包合同及借用资质合同均违反法律的强制性规定，属于无效合同。前述合同关于实际施工人向承包人或者出借资质的企业支付管理费的约定，应为无效。实践中，有的承包人、出借资质的企业会派出财务人员等个别工作人员从发包人处收取工程款，并向实际施工人支付工程款，但不实际参与工程施工，既不投入资金，也不承担风险。实际施工人自行组织施工，自负盈亏，自担风险。承包人、出借资质的企业只收取一定比例的管理费。该管理费实质上并非承包人、出借资质的企业对建设工程施工进行管理的对价，而是一种通过转包、违法分包和出借资质违法套取利益的行为。此类管理费属于违法收益，不受司法保护，因此，合同无效。承包人或者出借资质的建筑企业请求实际施工人按照合同约定支付管理费的，不予支持。

由此可见，司法实践中对于违法转包、违法分包、借用资质情形下收取管理费一般是持否定意见的。

【典型案例 14】

新疆维吾尔自治区喀什地区中级人民法院（2023）新 31 民终 411 号民事判决书

上诉人（原审原告）：何某。

上诉人（原审被告）：新疆某公司。

上诉人何某上诉称，根据最高人民法院民事审判第一庭 2021 年第 21 次专业法官会议纪要意见：转包合同、违法分包合同及借用资质合同均违反法律的强制性规定，属于无效合同。实际施工人向承包人或者出借资质的企业支付管理费的约定，应为无效。承包人、出借资质的企业只收取一定比例的管理费，是一种通过转包、违法分包和出借资质违法套取利益的行为。此类管理费属于违法收益，不受司法保护。因此合同无效，承包人或者出借资质的建筑企业请求实际施工人按照合同约定支付管理费的，不予支持。该意见已经非常明确清楚，即便约定了管理费也属于无效，更何况何某和新疆某公司没有约定收取管理费的情况下，原审法院第一项判决内容已经认定管理合同无效的情况下，就更不能判决收取管理费。请求改判不予支持新疆某公司要求支付管理费的主张。

裁判要旨：法院审理认为，本案的争议焦点为新疆某公司主张抵扣管理费（一审法院按照3%）是否应当支持。建设工程施工合同因非法转包、违法分包或挂靠行为无效时，对于该合同中约定的由转包方收取"管理费"的处理，应结合个案情形根据合同目的等具体判断：（1）如该"管理费"属于工程价款的组成部分，而转包方也实际参与了施工组织管理协调的，可参照合同约定处理；（2）对于转包方纯粹通过转包牟利，未实际参与施工组织管理协调，合同无效后主张"管理费"的，应不予支持。本案中，根据双方合同约定"甲方（新疆某公司）向乙方（何某）收取劳保统筹及管理费用，劳保统筹为工程总造价的2.86%，管理费按照工程总造价的收取"，即双方并未对管理费比例作出明确约定，本案无法参照约定处理；且根据双方约定"工程管理人员均由何某自行配备"，新疆某公司未提供证据证明其参与施工，也未提供证据证明其对案涉工程进行了管理或与发包方进行过对接，故根据现有证据，不足以证实某盛公司参与案涉工程施工及组织管理协调，一审法院以新疆某公司存在管理认定抵扣139817.54元管理费理据不足，予以纠正。

三、建筑企业资质

众所周知，建筑企业一般都会拥有一项或者多项施工资质。在建筑行业中，建筑企业资质是评估企业能力和信誉的重要指标。它是通过一系列的评估和审查程序，对企业的经营管理、技术实力、质量保障体系等方面进行评定和认证的结果。建筑企业资质的重要性不可低估，它对企业的发展、市场竞争力和项目合作都具有重要影响。

根据《建筑法》及《建筑业企业资质管理规定》等相关规定，建筑企业是从事建筑施工、土木建设、装饰装修及线路管道设备安装等工程新建、改建、扩建活动的特许资质企业。建筑企业所持有的专属建筑资质类的行政许可，便是破产建筑企业的特殊资产——壳资源。严格意义讲，行政许可并不是财产或财产权利，但被许可人依此特权而加持其经济行为的获益度，也能反衬出壳资源具备经济学意义上的财产属性。源于实践中能够顺利获取建筑资质的企业不多，具备特级、一级专业类建筑资质的企业更是凤毛麟角，因此便成为战略投资人趋之若鹜的重点资产。① 但建筑资质需依附并保留于企业主体资格才能发挥公允价值，故建筑企业的壳资源无疑成为具备高价值的稀缺性资源。

建筑企业资质是企业能力的象征。获得建筑企业资质需要企业具备一定的规模和实力，包括注册资金、技术人员、施工设备等方面的要求。这意味着企业在经营管理和技术实力方面达到了一定的水平，能够承担更大规模、更复杂的建筑项目。持有高级别的建筑企业资质的企业，通常具备更强的综合实力和竞争优势。

企业资质也是企业信誉的体现。建筑企业资质的评定过程中，会对企业的信誉、业绩和质量管理等方面进行综合评估。获得较高级别的建筑企业资质意味着企业在过去的项目中表现出色，具备良好的信誉和口碑。这对企业在市场上赢得客户的信任和合作机会非常重要，有利于企业拓展业务、开拓市场。

企业资质是参与政府招投标的必要条件。在建筑工程领域，政府招投标是重要的项目获取途径。政府通常要求参与招投标的企业具备一定的建筑企业资质，以确保项目的质量和安全。没有合适的建筑企业资质，企业将无法参与政府招投标，将会失去许多机会。

企业资质还有助于提升企业的专业形象和品牌价值。持有高级别的建筑企业资质，能够向客户和合作伙伴展示企业的专业能力和质量保障体系。这有助于树立企业的良好形象，提高企业的市场竞争力。在激烈的市场竞争中，具备良好的企业形象和品牌价值是吸引客户和合作伙伴的重要因素。

综上，建筑企业应重视资质的申请和管理，不断提升自身的能力和信

---

① 参见徐阳光、叶希希：《论建筑企业破产重整的特征与模式选择——兼评"分离式处置"模式》，载《法律适用》2016 年第 3 期。

誉，以便在竞争激烈的市场中脱颖而出。

当建筑企业进入破产程序时，这些施工资质能否出售，成为很多建筑企业破产过程中讨论最多的问题。如果施工资质能够出售，那么出售所得的款项就可以作为破产财产；如果施工资质不能够单独出售，那么实践中是否存在一种替代方法，避免施工资质随着施工企业的破产清算而归于消灭。目前，相关法律法规对于建筑企业的资质单独从建筑企业剥离是持否定态度的。2014年发布的《住房城乡建设部关于建设工程企业发生重组、合并、分立等情况资质核定有关问题的通知》（建市〔2014〕79号，已失效），明确只有在符合通知要求的建设工程企业重组、合并、分立情况下，才允许资质的变更。

本书认为，建筑企业资质本质属性为一种具有市场价值的行政许可。

1. 建筑业企业资质的本质属性是一种行政许可。笔者了解到：①《行政许可法》第9条规定，依法取得的行政许可，除法律、法规规定依照法定条件和程序可以转让的外，不得转让。《建筑法》第13条规定："从事建筑活动的建筑施工企业、勘察单位、设计单位和工程监理单位，按照其拥有的注册资本、专业技术人员、技术装备和已完成的建筑工程业绩等资质条件，划分为不同的资质等级，经资质审查合格，取得相应等级的资质证书后，方可在其资质等级许可的范围内从事建筑活动。"②经营许可证系政府对于企业从事特定行业所发放的经营许可证书，其性质属于行政许可，该证书依法不得转让，属于禁止流通物，其本身并不具备资产价值。③2004年《安徽省人民政府关于建筑业企业资质能否作为无形资产进行评估转让问题的答复》，明确建筑业企业资质属于行政许可，其与公司不可分离，不能作为无形资产进行买卖和转让。故建筑业企业资质属于行政许可。

2. 建筑业企业资质类似于商誉或是商誉的组成部分。企业的资质与商誉都不能单独进行交易，都不可辨认。《企业会计准则——无形资产》认为商誉属不可辨认的无形资产，建筑业企业资质也类似。企业资质是一种行政许可，也是一种财产的权利和荣誉权利，它不能够像商标、专利权等无形资产一样可以进行独立的交易，商誉也不能单独交易。两者的交易前提均是企业产权发生变动。故我们认为建筑业企业资质类似于商誉或者说是商誉的组成部分。

3. 建筑业企业资质确有其价值。建筑业企业资质虽然不能独立转让，但它是企业经营的基础，可以提高企业的竞争力，在企业发展与资本积累过程中发挥了重要的作用。因此，从价值的角度分析，建筑业企业资质必然有其价值，但是难以从企业价值中剥离。

但是，市场上对于建筑企业资质的价值认可是实际存在的。因而在建筑企业破产过程中，破产管理人一般都会将资质连同股权进行拍卖，拍卖取得的款项则作为破产财产纳入分配。值得注意的是，2023年9月6日发布的《住房城乡建设部关于进一步加强建设工程企业资质审批管理工作的通知》，统一全国资质审批权限、加强企业重组分立及合并资质核定，明确企业因发生重组分立申请资质核定的，需对原企业和资质承继企业按资质标准进行考核；企业因发生合并申请资质核定的，需对企业资产、人员及相关法律关系等情况进行考核。废止了此前一直适用的《住房城乡建设部关于建设工程企业发生重组、合并、分立等情况资质核定有关问题的通知》（建市〔2014〕79号）、《关于开展建设工程企业资质审批权限下放试点的通知》（建办市函〔2020〕654号）、《关于扩大建设工程企业资质审批权限下放试点范围的通知》（建办市函〔2021〕93号）三份文件。这一变化是否会对建筑资质的价值产生影响，以及在建筑企业破产过程中可能引起的变化还有待进一步观察。

第四章
建筑企业破产重整中债权的审核与处理

第一节　建筑企业破产债权审核与处理的基本原则

对申报债权进行审查，是破产程序中的一项重要制度，债权审查制度既是债权人参加破产程序行使权利的前提，也是从根本上保障债权人和债务人利益的有效手段。在重整程序中，债权人参与重整计划草案表决的前提是其债权人资格及债权金额、债权性质已经审查后得到确认或被确认为临时债权。《企业破产法》确立了由管理人接收债权申报资料，进行登记、审查债权，再在债权人会议上由所有债权人核查债权，最终由法院确认债权的债权审查确认制度。管理人对债权的审查，是债权人会议核查债权的基础，也可以大量减少异议债权的出现，对破产程序的顺利进行起着至关重要的作用。破产债权的审查原则，有形式审查与实质审查之别。

一、形式审查原则

形式审查，即主要审查债权证明材料的真实性以及判断债权申报是否具备法律所规定的形式要件等，但不对债权本身的真实性、合法性、关联性、时效性等进行审查。形式审查包括是否采用书面形式、是否在申报期限内申报、是否提交了证实债权申报主体资格、证实债权是否成立、债权数额和有无财产担保的证明材料。

形式审查具有其必要性，管理人在接受债权申报时，应当采用形式审查原则，对债权人提供的申报资料是否符合形式要件进行审查。实务操作中，有的管理人采取形式审查的方式，只对债权申报资料本身的真实性及是否符合法律规定的形式进行审查，而对债权本身的真实性、合法性不作实质判断，机械地登记造册并制作债权表，交由债权人会议通过核查的方式确定各债权人的债权金额、性质，这不仅增加了债权人会议核查债权的负担，也无法保证债权核查结果的科学性，从制度价值层面而言，债权人会议是为了全体债权人的利益，其职权应当体现债权人的共同利益，而对他人民事权利是否予以确认，则并不符合其地位。因此，对债权审查，不宜全盘采取形式审查原则。

二、实质审查原则

实质审查原则，是指管理人对债权人申报债权的真实性、合法性、关联性和时效性等进行全面审查，包括管理人就债权人申报的债权是否真实存在进行审查、就债权人申报的债权是否符合法律规定及合同约定进行审查、就债权人申报的债权是否与债务人存在关联关系进行审查、就债权人申报的债权是否存在超过诉讼时效等情形进行审查。

《深圳市律师协会律师担任破产案件管理人债权申报及审查业务指导标准》第 13 条对管理人进行实质审查规则作出了相应规定：有生效法律文书确认的，应当根据生效法律文书确认债权，但超过申请执行时效的债权不列入破产债权；无生效法律文书确认，但证据真实、合法、充分，或者虽然证据不足，但债务人财务记录有明确记载或者有其他证明文件的，应当根据证据、财务记录或者其他证明文件确认债权。其中，属于破产债权的有：破产申请受理前发生的无财产担保的债权；破产申请受理前发生的虽有财产担保但是债权人放弃优先受偿的债权；破产申请受理前发生的虽有财产担保但是债权数额超过担保物价值部分的债权；票据出票人被宣告破产，付款人或者承兑人不知其事实而向持票人付款或者承兑所产生的债权；管理人解除合同，对方当事人依法或者依照合同约定产生的对债务人可以用货币计算的债权；债务人的受托人不知债务人已被人民法院裁定受理破产申请之事实，或虽然知道该事实，但为债务人的利益继续处理委托事务所发生的债权；债务人发行债券形成的债权；债务人的保证人代替债务人清偿债务后依法可以向债务人追偿的债权；债务人的保证人按照《担保法》第 32 条的规定预先行使追偿权而申报的债权等。同时，其又规定了不属于破产债权的权利，管理人也应当对当事人的申报进行登记。这也就意味着，管理人在实质审查前，应当先对债权进行形式审查。

三、形式与实质相结合原则

采取形式审查和实质审查相结合的原则，是指管理人不仅要审查债权证明材料的真实性以及判断债权申报是否具备法律所规定的形式要件等，也要对债权本身的真实性、合法性、关联性、时效性等进行审查。《浙江省律师协会破产案件中债权申报及审查流程参考》并未从形式审查和实质审查对管理人债权的审查原则进行区分，而是单独列明审查原则如下："1. 申报债权必须有充分、确实证据证明，凡证据不足，且债务人财产资料无记载的，均不予确认；2. 申报债权必须是在诉讼时效内的债权，凡超过诉讼时效或执行时效的，又无时效中断或中止的证据，不予确认；3. 债权申报时包括利息、罚息、违约金、滞纳金的，其计算到破产受理日为止；4. 债权申报为外币时，以破产受理日市场汇率中间价为准进行折算；5. 申报债权但未明确提出利息数额的，按其约定的合法利率或中国人民银行同期贷款利率计算；6. 申报债权时未申报应付利息和违约金的，推定其放弃申报；7. 银行同期贷款利率的计算，每年按 365 天计算，在该期间内中国人民银行公布的基准利率有变动的，分期计算；8. 对债务人的特定财产享有担保权的债权，除审查其担保是否合法成立外，应重点审查提供担保是否有本指引规定的可以依法撤销的情形、债权金额是否存在超过担保财产价值的情形，超过部分作为普通债权处理；9. 债权人提交具有强制执行效力的法律文书的，则依据法律文书中直接确认的债权金额和有无财产担保的内容，管理人无须实质审查可直接予以确认债权；10. 附期限的债权，视为破产宣告时已到期，作为破产债权申报，但附终期的债权应不予认定；11. 债权人申报的债权不是以金额计算的,管理人可以按市场价值确认其债权金额。"[1] 可见其坚持形式审查与实质审查相结合的原则。

债权审查事关债权人、债务人的切身利益,管理人应准确把握形式审查与实质审查的区别,坚持形式审查和实质审查相结合的原则,需要注意的是,管理人不得以企业债权清册或审计报告中未记载该笔债权为由拒绝债权人申报,否则会使得债权申报失去意义,损害潜在债权人的合法权益,增加债权人、债务人的维权成本;也不得以实质审查为由变相剥夺债权人的申报权。管理人在审查债权时应当形式审查包括债权人是否采用书面申报形式、是否在申报期限内申报、是否提交了证实债权申报主体资格、证实债权是否成立、债权类别、债权数额和有无财产担保的证明材料。具体而言,在接受债权申报时以形式审查为主,如实登记债权人的申报信息,资料不完备的应要求限期补充;在编制债权表时要对债权是否真实存在、是否超过诉讼时效、有无担保、数额是否正确等进行实质审查。对于真实性、合法性存疑的债权,可要求债权人进一步补充材料或说明有关情况,并结合企业财务账册、审计报告、对债务人相关人员进行访谈等综合判断,必要时还可聘请专业的中介机构如律师事务所、会计师事务所作为法律顾问或财务顾问提供专业的咨询意见。能够初步审查确认的,应予以确认并载入债权表,仍然无法排除合理怀疑的,则不予审查确认并在债权表中注明,待债权人会议核查时由债权人或债务人提出异议并以诉讼方式解决。综上,明确管理人实质审查债权原则和管理人的债权调查职责,有助于管理人将其纸面上的工作职责落于实处,以统一的尺度规范推进债权审查工作,形成真实客观的债权表,实现债务人财产价值和债权人权益保护的最大化,还能够让法院更专注于对程序的监督与纠纷的裁判,推动破产程序高效有序进行。

---

[1] 参见孙创前主编:《破产管理人实务操作指引》(第二版),法律出版社2018年版,第197页。

第二节 建筑企业破产债权审核与处理的一般方法

一、界定破产债权的类别

（一）破产债权的概念界定

破产债权，是指基于破产申请受理前的原因成立的，经依法申报确认，由破产财产获得清偿的可强制执行的财产请求权，同时为维护社会公平，《企业破产法》特别规定某些在破产申请受理后发生的债权也属于破产债权。因破产法兼具程序法和实体法双重属性，因此，破产债权也有着程序上和实体上不同的含义，"从程序的角度讲，破产债权是依破产程序申报并依破产程序受偿的财产请求权，学理上称为形式意义上的破产债权。若从实体法的角度看，破产债权是在破产程序开始前成立的对债务人享有的金钱债权或得以金钱评价的债权，学理上称为实质意义上的破产债权"。[1] 破产债权是对破产企业的请求权，其本质特征仍然是债权，并没有直接支配物的法律效力，债权人要行使权利以实现自己的债权，必须对相对人提出请求。这里所谓的相对人实质上为破产人，形式上为破产财产的管理人。同时，破产债权具有以下特征：其一，需成立于破产宣告以前，只要债权发生的原因和事实成立于破产宣告之前，不论该债权是否附有期限、是否附有条件以及是否实际生效于破产宣告前，均构成破产债权；其二，破产债权必须是财产请求权，破产债权存在的目的在于接受破产分配，债权人享有的不具有财产内容的请求权不能成为破产分配的对象，从而不构成破产债权；其三，破产债权

---

[1] 参见李永军：《破产法律制度》，中国法制出版社 2000 年版，第 172 页。

是受国家强制力保护的请求权,这就是所谓的财产请求权必须是可以通过人民法院的强制执行而实现的债权,非法的债权如赌债等以及已过诉讼时效的债权等都不再构成法律意义上的破产债权。

(二) 破产债权的类型

在破产债权分类上,权利类型如何进一步划分,各个国家有不同的分类方式,但是一般大致概括为:担保债权、无担保债权、职工债权、普通债权等权利。

1. 担保债权

从担保方式上看,根据不同的方式可以分为人、物和金钱三类担保,其中人的担保又可以分为债务人自己担保和第三人的担保。按照担保制度的规定,可以分为质押、抵押、定金和留置担保等。在债务人破产情况下,担保债权指的是债务人提供担保的情况,如果是第三人提供的则不管是一般的担保还是特定物的担保都是列于普通债权清偿的,而不涉及优先受偿的问题。担保债权具有优先清偿效力,且担保债权不仅可以优先受偿也可以在未能全部赔偿之后获得普通债权的保护。《企业破产法》第109条规定:"对破产人的特定财产享有担保权的权利人,对该特定财产享有优先受偿的权利。"根据本条的内容,我国的破产法确定了担保债权的优先受偿的原则。

2. 特别法上规定的优先权

优先权是基于特别的考量而给予某些特殊的权利优先于其他权利的一种法律上的"加持"效果,那么破产债权优先权就是赋予某类债权优先于其他类型的债权受偿。在我国相关法律中,主要有以下几类。

(1) 商品房消费者的优先权

2002年《最高人民法院关于建设工程价款优先受偿权问题的批复》(已失效)第2条规定:"消费者交付购买商品房的全部或者大部分款项后,承包人就该商品房享有的工程价款优先受偿权不得对抗买受人。"明确购房消费者权利优先于建设工程优先权。2023年出台的《最高人民法院关于商品房消费者权利保护问题的批复》,在民法典体系下,对该规则予以进一步明确，即商品房消费者以居住为目的购买房屋并已支付全部价款，或只支付了部分价款的商品房消费者，但在一审法庭辩论终结前已实际支付剩余价款的，其房屋交付请求权优先于建设工程价款优先受偿权、抵押权以及其他债权；在房屋不能交付且无实际交付可能的情况下，商品房消费者主张价款返还请求权优先于建设工程价款优先受偿权、抵押权以及其他债权。

（2）建设工程价款的优先权

建设工程价款优先受偿权是指建设工程承包人按照有关法律规定完成了一定的建筑作业后，债务人不能按期清偿其所欠工程款而就其所建造的建筑享有优先受偿的权利。有关建设工程价款的优先权较早规定在《合同法》第 286 条和 2002 年《最高人民法院关于建设工程价款优先受偿权问题的批复》中。明确了承包人在发包人违约没有支付承包款项时，可以和发包人协商折价或者向法院申请拍卖，以此来满足承包人的债权。而在清偿顺位上，该批复第 1 条规定："人民法院在审理房地产纠纷案件和办理执行案件中，应当依照《中华人民共和国合同法》第二百八十六条的规定，认定建筑工程的承包人的优先受偿权优于抵押权和其他债权。"从中可见，法律赋予了建设工程价款优先于抵押权和其他债权受偿的权利。2020 年《最高人民法院关于审理建设工程施工合同纠纷案件适用法律问题的解释（一）》第 36 条规定了"承包人根据民法典第八百零七条规定享有的建设工程价款优先受偿权优于抵押权和其他债权"。该条进一步明确了民法典体系下建设工程价款的优先受偿地位。

3. 职工债权

职工债权是指"因为企业拖欠职工工资、劳动保险费、因企业破产解除劳动合同而应支付给职工的补偿金等所发生的职工请求企业给付一定金钱的权利"。[①] 职工债权一般主要有三个部分：其一，职工工资和医疗、伤残补助、抚恤费用；其二，社会保险费；其三，补偿金。劳动者与雇主是一个相对应的概念，前者是在与雇主或企业之间因发生拖欠工资等违反劳动法等法

---

① 参见王利明：《关于劳动债权和担保物权的关系》，载《法学家》2005 年第 2 期。

规的前提下转化为破产法上的另一个身份：职工债权人。职工债权人与雇主有很强的人身依赖性，当雇主破产时，职工债权人其实也是将破产企业一定比例的风险过渡到自己身上。因此，《企业破产法》第113条第1款第1项确认了破产财产在优先清偿破产费用和共益债务后，依照下列顺序清偿：破产人所欠职工的工资和医疗、伤残补助、抚恤费用，所欠的应当划入职工个人账户的基本养老保险、基本医疗保险费用，以及法律、行政法规规定应当支付给职工的补偿金。

4. 税收债权

1986年颁布实施的《企业破产法（试行）》第37条明确规定了税收债权优先于破产债权。2001年修订通过的《税收征收管理法》中明确规定了税收优先权，并且首次提出我国特有的"税收优先权"概念。2006年颁布的《企业破产法》第113条规定了破产债权清偿顺序，首先在清偿顺序之外用破产财产清偿破产费用和共益债务后还有财产剩余时按照法定的顺序清偿不同种类的债权，如优先清偿劳动者的工资和伤残补偿金以及基本养老金和保险费用；再次清偿所欠税款；最后才是普通破产债权。当建筑企业破产时，其所涉的税收债权包括增值税、所得税以及重整豁免所得税等。

5. 普通债权

普通债权之所以被称为"普通"，是相对于优先权来说的。与享有优先性的债权相比，普通债权缺少优先受偿的功能。普通债权发生原因包括合同、侵权等。在建设工程破产领域，常见的普通债权类型有建筑企业上游材料商、供货商如混凝土公司、设备租赁公司等的债权；发包人对建筑企业的违约金、代为维修损失等债权。

6. 其他债权

其他债权大概可以分为两类：一类是除斥债权；另一类是劣后债权。除斥债权是指在破产程序中不被认为是破产债权，不能分配破产者财产的一类债权，如逾期申报债权，对已经分配的财产不再参与分配。逾期申报的债权，并不必然失去实体性权利，但是会影响其在破产程序中的程序性权利，破产程序有相应的时间限制，如果逾期申报，则可能会影响其参与分配，逾期申报债权人可能还需承担管理人审查和确认补充申报债权的相关费用。

劣后债权是指破产法上规定的某些债权后位于普通债权清偿的债权。根据《全国法院破产审判工作会议纪要》的规定，对于法律没有明确规定清偿顺序的债权，人民法院可以按照人身损害赔偿债权优先于财产性债权、私法债权优先于公法债权、补偿性债权优先于惩罚性债权的原则合理确定清偿顺序。劣后债权包括部分逾期利息、罚息和超过债权人损失范围的违约金、迟延履行滞纳金、部分经济赔偿金、《消费者权益保护法》和《最高人民法院关于审理商品房买卖合同纠纷案件适用法律若干问题的解释》规定的惩罚性赔偿金等。行政罚款、刑事罚金等公法债权，在债务人破产的情境下，对破产企业科以罚款、罚金已丧失了惩戒和预防破产企业再次实施违法犯罪行为的功能，且不缴纳罚款、罚金不会给国家造成经济上的困难，此时将罚款、罚金作为劣后债权处理，将减轻风险承担能力小的公民、法人的损失。惩罚性违约金、判决的惩罚性违约金、税收罚款均作为劣后债权处理。

二、债权审核的流程与要点

对破产债权进行审核，是破产管理人的重要工作，管理人在对破产债权进行审核时，应当注意以下问题。

（一）债权审核的流程

破产管理人在审核债权时，主要审核流程如下。

1. 对申报人的主体资格进行审核

管理人应当审查个人提供的身份证的复印件或者其他能够证明身份的证件；对于企业，应当审查组织机构代码证以及批准设立的登记证明、法人的身份证明文件并加盖公章。如申报人委托他人进行申报，除了基本的证件，还应当要求被委托人出具委托证明书，明确一般代理或者特殊代理，并提交委托人的身份证明文件。

2. 对破产债权的形成依据进行审核

管理人在对破产债权进行审核时，最主要是审核债权形成的依据。所谓债权形成的依据，是指能够证明债权确实存在的证据。主要有以下几类。（1）合同。由破产企业与债权人签订的各类合同，是破产债权形成的依据。但应注意：一是合同必须是破产企业与债权人双方签字确认的，只有债权人一方签字盖章，而没有破产企业的盖章确认，不视为合同，不能作为破产债权的依据；二是无效合同，只要存在破产企业返还等民事责任的，也是破产债权的形成依据；三是债权转让的合同，尽管申报人非破产企业直接的债权人，但申报人的债权是由破产企业原债权人转让而来，并且已经通知破产企业的，也成为破产债权的依据；四是合同虽经破产企业与债权人双方签字盖章成立，但双方都未履行，债权人不得据此未实际履行的合同申报债权，但合同规定破产企业应先履行而实际未履行，给债权人造成损失的，债权人可以据此未实际履行的合同申报债权。（2）人民法院判决书。这是破产债权形成的重要依据。在有判决书的情况下，债权人仅凭判决书即可申报债权，不必再另行提供其他证据。破产管理人在审核判决书这类债权依据时应注意：已经生效的判决书和尚未生效的判决书。对于已经生效的判决书应该承认其既判力，但对于与破产法规定不符的，比如，判决规定利息计算至债务人全部清偿为止，破产受理后的债权利息不得作为破产债权，债权人以判决为依据，主张破产宣告后的利息为破产债权的，审理破产案件的人民法院可以裁定债权人申报的破产宣告后的利息不能作为破产债权。再如，判决规定债务人应向债权人缴纳滞纳金、罚款、罚息，只能作为劣后债权。对于尚未生效的判决书包括两种情况：一种是送达债务人，在法定的上诉期内，债务人被裁定破产，并由人民法院受理，一审判决尚未送达破产企业或送达后破产企业尚未决定是否上诉，债权人据此判决申报债权的；另一种是一审判决送达后，债务人提出上诉，二审期间，债务人被申请破产的。尚未生效的判决也是破产债权的形成依据，只是对这种判决，破产管理人可以根据证据材料核实判决的内容是否属实和准确。不属实或不准确的，可依据有关证据材料予以核实，并不是非依判决结果核定债权不可。（3）人民法院调解书。在人民法院主持下而形成的调解书，也是破产债权形成的依据。债权人仅凭调解书即可申报债权而无须提供债权成立的证明材料。破产管理人在对调解书这类债权依据进行审核时应注意：一是调解书已经生效，破产企业是否已经签收；二是调解书中债务人故意让渡给对方的利益是否有效，如愿意按高利率计算利息，扩大自己所欠本金数额，承认以前对债权人的还款是利息而不是本金等。调解书是具有法律效力的文书，当事人必须遵守和执行。只要不违反法律，债务人自愿让渡一部分利益给对方是允许的，破产管理人不能以债务人故意放弃利益为由要求债权人从申报的债权额中减去债务人放弃的部分。（4）仲裁书。仲裁委员会制作的仲裁书也是破产债权形成的依据。破产管理人在审核仲裁书这类债权依据时应注意：一是合同有无仲裁条款或事后是否就仲裁事宜达成一致，这决定了仲裁委有无仲裁管辖权，进而决定破产管理人能否以仲裁书作为破产债权申报的依据；二是仲裁程序及所适用的法律是否正确，这关系到仲裁结果的对错；三是仲裁本身有无超出仲裁申请人的申请范围，凡超出申请人申请范围的仲裁应属无效，不能作为破产债权申报的依据。（5）其他能够证明债权成立的依据。如破产企业单方面出具的欠条、收款收据、债务确认函、转账凭证、往来电报、函件等能够证明债务人确实对债权人负债的书面证明，破产管理人在审核这些依据时应注意：一是这些依据必须是能够证明破产企业对债权人负债的，如证明不了这一点，则不能作为破产申报的依据；二是对有些证据材料除了要进行审核之外，还要通过其他证据加以印证。如破产企业给债权人出具的债务确认函，不能仅凭此函就承认债权人申报的债权，而必须将此函与破产企业的财产记录与财务凭证对照审核。如经财务审计，根本未与债权人发生债权债务关系，即使破产企业出具了债务确认函，客观上也难以成立。在某些特殊情况下，如债权人与破产企业的法定代表人存在亲属关系，债权人与破产企业是投资与被投资关系等，更难保证债务确认函的真实性、可靠性。

3. 对破产债权的申报期限进行审核

破产管理人审核债权时，应特别注意有无超过申报期限，按照《企业破产法》的规定，在人民法院确定的债权申报期限内，债权人未申报债权的，可以在破产财产最后分配前补充申报；但是，此前已进行的分配，不再对其补充分配。为审查和确认补充申报债权的费用，由补充申报人承担。

4. 对破产债权的诉讼时效进行审核

超过诉讼时效的债权不得作为破产债权。关于诉讼时效的问题，在法理上到底是作为法院或仲裁机构可以主动进行审查的依据还是仅仅是债务人的抗辩理由，尚有争论，但在企业已经破产的情况下，不存在当事人自愿履行的问题，破产管理人对于已过诉讼时效的债权也不能承认其为破产债权。

5. 对破产债权的关联性进行审核

这是对提交的材料的初步审查，即审查申报人提交的材料是否与债务人存在关联关系。管理人会核对申报人提交的证明破产债权成立的证据中的相对人是否为破产企业，这在建筑企业重整程序中具有现实意义。因建设公司在全国范围内设有分公司的情形较多，存在申报人提供的某些合同中，合同的相对人为某公司分公司。按照法律规定，分公司不是独立法人，不能独立承担民事责任，相关责任由总公司承担。所以该种情况破产管理人认定债权关联性成立。更多的情况是一些证据的相对人为建筑企业下属项目部，项目部属于法人的内设机构，无权对外签订合同。但是考虑到这类证据都有运货单、收货单或者欠款单等证明公司已对该合同进行追认，所以管理人应认定债权关联性成立；但如仅有项目部盖章却无其他证据佐证，或仅有实际施工人签字，则管理人对债权关联性不予认可。

6. 计算破产债权的数额

破产债权的计算问题，是管理人对破产债权的申报审核权的重要工作。破产管理人在破产债权的计算中主要应解决如下问题。

（1）计算依据问题。一是破产债权得以形成的依据，如合同、判决书、调解书、仲裁书等其他能够证明债权存在的证据等。据此计算破产债权的，一定要严格按照这些依据的具体规定进行，即债权文书是怎样约定就怎样计算和执行。二是法律规定。当破产债权得以形成的依据不具有法律效力时，破产债权的计算不能再按此依据进行。而应按法律关于无效行为的处理规定进行计算。如名为联营实为借贷的合同应属无效合同，对无效合同所形成的破产债权的计算，就不能按合同约定的利率来计算利息。以法律规定作为计算破产债权的依据，还有一层含义，虽破产债权的形成依据合法有效，应作为计算破产债权的依据，但破产法有特别规定，而且该规定与破产债权的依据不一致的，应执行破产法的规定。

（2）债务部分履行问题。有些债权在破产宣告前已经被部分履行了，已经被履行的部分不能再作为债权重复计算，存在问题的是，破产企业已经履行的部分是本金还是利息。如果是本金，那么表明债权人的债权本金减少，被偿还的本金不再产生利息，这对破产企业有利。反之，则被偿还的部分被视为利息的话，那么债权人的本金继续产生利息，这对破产企业显然是不利的。破产管理人审核该部分破产债权时，按两部分处理。一部分是合法有效的合同关系，按合同或按惯例。企业已还部分在欠息情况下，规定已还部分就是利息，在不欠息情况下还的才是本金。另一部分是无效的不受法律保护的合同关系，如名为联营实为借贷的合同中，利息并不受法律的保护。所以在这种情况下已还的部分只能视为本金。

（3）滞纳金、罚息问题。很多债权人在计算破产债权时都计算了滞纳金，尤其是银行，按合同约定计算了罚息。如本文前面所述，计算破产债权时滞纳金、罚息都不应计算在内。所以，破产管理人在进行审核时首先要问清债权人的债权总额是如何构成的，怎么计算的，计息的公式，这样便知道债权人有无滞纳金和罚息，凡已经计算的，要从总额中扣减。

（4）利息的计算问题。破产债权相当部分是由利息构成的。如何计算利息，对正确核实债权额至关重要。在计息问题上，破产管理人应当注意的事项有以下几点。一是计息截止时间为破产受理日。如利息计至破产受理日以后的，破产管理人应该进行核减。二是未到期的债权利息的计算。未到期的债权，视为已到期债权，但是应当减去未到期的利息。未到期债权分为附利息的和不附利息的债权，对附利息的债权在破产受理后不再计息。三是合同约定利息的计算。因合同之债而形成的破产债权在计算利息上要区分以下情形。一种是合同本身约定利率的，如该合同合法有效，应按合同约定计算，如该合同是违法的、无效的，则不应按合同约定计算，而应按银行同期贷款利率计息。一种是合同本身未约定利率，计息时或按有关的法律规定执行，或按银行同期贷款利率执行。属于民间借贷的合同，利率可高于同期贷款利率，但最高不得超过 4 倍。一种是判决书、调解书和仲裁书规定的利息的计算。凡债权人于破产企业的纠纷通过判决、调解、仲裁解决的，其利息的计算不再依据原来的债权文书而应依据判决、调解或仲裁。

（5）追债费用的计算。债权人参加破产程序所支出的费用，不得作为破产债权。由于债权人参加破产程序所支出的费用的范围非常广，有的费用弹性很大，支出标准又不统一，一旦都列入破产债权，会造成相互攀比而导致无法最终确定。因此，除了判决书、调解书、仲裁书认定的诉讼费用、保全费、鉴定费、评估费、拍卖费可作为破产债权之外，其他均为追债而支出的费用，包括破产前的追债费用及破产后参加破产程序的费用，一律不得计入破产债权。

（6）违约金的计算。合同之债很多都存在违约金。违约金有两种职能：一种是补偿功能，当违约者给守约者造成经济损失时，违约金实际执行的是补偿功能；另一种是惩罚功能，当违约方未给守约方造成经济损失时，仍须向守约方支付违约金，此时，违约金执行的是惩罚功能。罚金、没收财产等不得作为普通债权的原因是在债务人已经破产的情况下，债务人的财产作为破产财产其实质上是全体破产债权人的财产，这时对破产企业的惩罚等同于对全体债权人的惩罚，因而是不适当的。同理可证，作为惩罚性质的违约金仅能作为劣后债权。

（7）损害赔偿额的计算。破产管理人在审核损害赔偿债权时，一是要注意损害赔偿额与债务人解除合同之间的因果关系，破产管理人解除合同行为是造成债权人损害的直接原因；二是注意损害赔偿应是现实的可计算的损失，不能将未来可预期的利润等也计算在内；三是要注意损害赔偿额是企业破产后形成的，不存在逾期申报的问题；四是要注意损害赔偿额的计算依据与标准是否合法、是否准确。

7. 去除重复申报的破产债权

同一债权同时有两个债权人申报，为破产债权的重复申报。如债权人和担保人同时申报债权，对于破产企业来说，只能承认其中的一份。尤其是建筑企业重整时，项目部、实际施工人、分公司可能同时向管理人申报债权，破产管理人在审核债权时应注意核减重复申报的债权。

8. 编制破产债权表

破产债权经破产管理人初步审核后，应编制破产债权表，列明债权人、债权性质、申报时间、债权形成时间、申报数额、有无财产担保、初步确认数、核减数及核减原因等。

(二) 债权审核要点

1. 面向债权申报人的审查方法

如申报人提交证据的复印件模糊不清的，管理人可要求其提供原件进行核对。申报人提交的材料不够形成完整的证据链条的，可要求申报人补充或者重新提交其他证据，提交的证据不限于书面证据，可以是电话录音、录像等。管理人也可以当面或者电话询问申报人有关债权的详细情况，包括债权发生的时间、履行情况、债权人与债务人以往的交易情况等。

2. 面向债务人的审查方法

管理人可以要求债务人提供与某笔债权有关的财务资料和事实记录，询问债务人的法定代表人、相关负责人或者职工有关债权的情况，制作笔录，请债务人的相关人员与申报人当面质询债权的情况，各方可以发表意见。

3. 管理人自行审查方法

管理人可以比对申报债权的资料与接管的破产企业的内部资料是否一致；核对申报的债权是否与破产企业自身统计的债权债务情况相互印证；如某些材料保存在政府或者其他单位部门的，应向有关部门核实；派出专业人员去现场调查取证进行走访调查、收集资料等。在查明申报人申报的债权事实存在的情况下，破产管理人就要对该债权进行法律审核。破产管理人在一个破产案件中可能会审查几十甚至几百笔债权，每笔债权的法律关系不尽相同，不仅涉及破产法的知识，还涉及民法、商法、诉讼法等内容。债权审查的法律审查环节对管理人的专业性提出了很高的要求。破产管理人可以从以下几点着手法律审查。第一，破产管理人可以查阅法律法规、司法解释和最高法院公布的与该债权法律关系类似的判例；第二，管理人可以制定内部"法律审查的适用标准"并根据不同情况不断完善此标准，促使管理人专业、高效、准确且公平地审查每笔债权。

（三）债权审核的救济

1. 债权异议

管理人审查债权后应当制作《债权表》，并将《债权表》提交债权人会议进行核查。债权人可以对《债权表》提出书面异议，管理人可以要求有异议的债权人详细说明异议的具体事实与理由，并附带相关证据材料。管理人应在合理期限内对有异议的债权进行审查，并向异议人发出书面审查意见，告知异议人在合理期限内可向人民法院提出确认之诉，以防止相对人滥用债权异议权，导致破产程序的拖延。

2. 债权确认诉讼

债权人、债务人对管理人编制《债权表》记载有异议的，可以在债权人会议会后15天内，向受理破产案件的人民法院提起债权确认之诉。债权异议，包括债权人对自己债权的异议、对《债权表》记载的他人债权的异议、债务人对《债权表》记载事项的异议。

债权确认诉讼程序，应当以相对人为被告启动债权确认诉讼。如果人民法院裁定异议不成立，则管理人原审查的债权列入《债权表》，作为破产债权参与分配；如果人民法院裁定异议成立，则该债权经人民法院裁定后，应将调整后的债权列入《债权表》，重新进入破产债权参与分配。

3. 补充申报

根据《企业破产法》的相关规定，债权人应当在债权申报期限内向管理人申报债权，如果逾期未申报，虽然可以补充申报，但是对于补充申报的债权人，与按期申报的债权人，在权利上存在一些差异。

（1）根据《企业破产法》的相关规定，《债权表》均需经过债权人审查表决，补充申报的债权如果超过了前一次债权人会议的审查，就只能纳入下一次债权人会议，在未经债权人审查表决且经法院破产裁定确认前，补充申报的债权无法参与分配。

（2）根据《企业破产法》的相关规定，债权人未按期申报，已分配的财产不对其补充分配。即便其在破产财产最后分配前补充申报，此前已进行的分配仍不再对其补充分配。债权人还应承担管理人审查和确认补充申报债权的相关费用。

（3）对于补充申报的债权，管理人在审查债权的时效性方面不仅会审查债权在破产前的诉讼时效，而且还会审查破产后的诉讼时效，如债权人的债权从破产受理日起算已经超过诉讼时效的，一般不予确认。

（4）如债务人进入重整程序，债权人未按期申报债权，在重整计划执行期内债权人不得行使任何要求偿债的权利。但债权人并未丧失其要求偿债的实体权利，其仍有权在重整计划执行完毕后，按照重整计划规定的同类债权的清偿条件行使权利。

（5）如债务人进入破产和解程序，债权人未按期申报债权，在和解协议计划执行期内债权人不得行使任何要求偿债的权利。但债权人并未丧失其要求偿债的实体权利，其仍有权在和解协议执行完毕后，按照和解计划规定的清偿条件行使权利。

在破产程序中，债权人补充申报并不导致其债权消灭的后果，债权人不因超过申报期限而导致其实体权利的丧失，而仅仅是破产法规定的程序性权利丧失以及部分实体性权利暂时冻结行使。

第三节　建筑企业特殊债权的审核与处理

建筑业作为国民支柱产业，具有专业性强、金额大、涉及利益群体众多、债权债务关系复杂等特性。同时，建筑业长期、普遍存在转包、分包、挂靠等现象，尽管非法转包、违法分包、借用资质已被法律所明令禁止，但因以上方式存在管理灵活、成本低廉等优势，实务中仍屡禁不止，导致各利益群体的法律关系尤为复杂、权利冲突加剧，一旦建筑施工企业破产，将产生显著区别于其他行业企业破产的特殊性，笔者择取了三类特殊债权的情况，对其审核与处理予以阐释。

一、工程款债权的审核与处理

在博弈权衡维护社会交易秩序以及保护农民工弱势群体价值取向的基础上，在《民法典》出台前，最高人民法院先后颁布了《建设工程司法解释》《建设工程司法解释二》，对发包人、承包人、实际施工人等多方主体的权利义务进行了规范，取得了较好的社会效果。《民法典》出台后，又颁布了《建设工程司法解释一》，在前述两解释的基础上进行了优化。但前述司法解释与《企业破产法》皆未考虑建筑施工企业破产情形下，工程款的性质及清偿等问题，从而导致实践中对存在实际施工人情况下工程款的审核与处理存在争议。

（一）被挪用或强制执行工程款的处理

实际施工人，是指相对于"名义承包人"而言，对工程施工进行了包括劳动力、建材、设备、施工机械、工具等实质性投入的施工人，根据《建筑法》及有关司法解释，非法转包、违法分包建设工程或没有资质的实际施工人借用有资质的建筑施工企业名义与他人签订建设工程施工合同的行为无效，实际施工人从转包人、分包人处承接工程并进行工程建设，或借用有资质的建筑施工企业名义进行工程建设，对项目建设自负盈亏，一般都需要向"名义承包人"支付一定的管理费。而"名义承包人"不参与工程的建设和直接管理，按照实际施工人的要求对外签署合同、支付材料款和工程款、开具发票等，并约定成本及因此产生的相应法律后果由实际施工人负担，建筑施工企业收取一定比例的管理费。"名义承包人"在收到发包人支付的工程款后，往往先行扣除与实际施工人约定的管理费及税金等，再将工程款转付给实际施工人或实际施工人指定的收款方，包括支付项目材料款、农民工工资等。实务中，建筑施工企业一般会额外向实际施工人收取一定的保证金或在发包人支付的工程款中扣留一部分，以防止项目对外债务风险，在工程结束后再行与实际施工人进行结算，退还保证金或多收取的款项。

当建筑施工企业即承包人破产时，其在破产前已收取但未转付给实际施工人的工程款，可能被承包人或承包人的相关管理人员所挪用、侵占，亦有可能被强制执行偿还承包人的其他债务，故成为"被挪用或强制执行的工程款"。管理人在对其进行性质甄别时，应当注意，该工程款在破产前已经被支出或者被执行，此时的工程款已不复存在，实际施工人对工程款的权利已经转化为其对"被挪用或强制执行的工程款"的损害赔偿请求权，故仅能按照普通债权性质予以认定。实际施工人可就"被挪用或强制执行的工程款"直接向承包人的破产管理人申报债权，待管理人处置承包人破产财产后进行公平清偿。同时也可能出现刑民竞合现象，在承包人或其相关管理人员挪用、侵占工程款的情况下，其行为可能构成刑事犯罪，此时还应当追究其相应刑事责任。

（二）未来应收工程款的处理

实际施工人有权向承包人主张权利，在承包人破产情境下，探讨工程价款的归属对于双方权利义务以及其他债权人具有重要意义，如工程款归属于承包人的，则应作为破产财产向全体债权人进行公平清偿；如工程款归属于实际施工人的，则实际施工人可以在扣除管理费、税费等费用后取得剩余全部工程款。《企业破产法司法解释（二）》第2条规定了不应认定为债务人的财产：债务人基于仓储、保管、承揽、代销、借用、寄存、租赁等合同或者其他法律关系占有、使用的他人财产；债务人在所有权保留买卖中尚未取得所有权的财产；所有权专属于国家且不得转让的财产；其他依照法律、行政法规不属于债务人的财产。

实践中，管理人对于此类工程款权利的处理路径为除了管理费、税金等必要费用后的工程款不属于破产财产，而应当归属于实际施工人。理由在于：其一，实际施工人投入了大量劳动力、建材、设备、施工机械、工具等成本，此种投入在一定程度上已物化为建设工程，该观点也一度被采纳作为承包人享有建设工程优先受偿权的考量要素。笔者认为，应当掌握内外有别的尺度。对外，建筑施工企业对善意发包人享有权利、承担义务；对内，建筑施工企业仅作为名义承包人，不投入建设成本、不负担工程施工、不进行工程管理，其当然不能取得建设工程的转化成果即工程款。判断工程款是否为建筑施工企业的破产财产，实质上是处理承包人与实际施工人的内部关系。其二，在挂靠关系下，参照"借名登记""隐名股东"等法律关系的属性，物的归属往往最终落到实际投资人、所有人、占有人等头上，而非出面的被借名人名下。其三，从公平角度考量，将挂靠工程款纳入破产财产显然损害了实际施工人的权益，而且使得获得清偿的承包人的债权人取得了额外的不当利益，这与破产法倡导的公平受偿理念背道而驰。以浙江某达建设集团有限公司、浙江某达交通建设有限公司合并破产重整案〔（2020）浙0681破7号〕为例，管理人在该案中，通过债权人会议表决的方式，确立了"管理人对债务人不享有实质性权利的工程款依《内部承包协议》扣除应由债务人享有的收益后按照'谁投入、谁受益、谁负责'的原则处理"，从而确立了对实际施工人后续应收工程款权利主张的审核规则。

当然，对于实际施工人而言，其除了向管理人主张后续工程款权利，还可以直接向发包人主张权利，向发包人主张权利的基础在学理上和实务中主要有事实合同关系说、代位权说、不当得利返还说、突破合同相对性说四种观点。笔者认为应当分两种情形进行探讨。一种情形是发包人与实际施工人事先存在工程施工的合意，但因实际施工人没有资质，故借用他人资质、名义签订合同并施工；或发包人在签订合同时即知道实际施工人的存在并以行为表示接受的。此时发包人、承包人、实际施工人之间的真意在于由实际施工人承揽发包人的建设工程并进行实际施工，承包人仅作为借名人，与此类似的如"借名登记"法律关系，也要遵从当事人的真意并进行法律评价。故笔者认为尽管建设工程施工合同因违法而无效，但按照司法解释无效合同有效化处理的原则，实际施工人仍可参照合同约定向发包人在其欠付工程款范围内主张权利。另一种情形是发包人对于实际施工人的存在并不知情，在实务中，为规避法律风险，实际施工人往往以承包人项目经理的身份负责管理工程并与承包人签订劳动合同、缴纳社会保险，此时发包人为不知情的第三人，如实际施工人欲突破合同相对性向发包人主张权利，则必须有明确的法律依据。《建设工程司法解释》分别从"突破合同相对性""代位求偿权"两个维度就实际施工人向发包人主张权利作出了规定，从司法审判实践看，实际施工人得向发包人在其欠付建设工程价款范围内主张权利，但在审判过程中，应当将管理人追加为第三人，除了查明实际施工人身份外，还应当查明管理人对工程款的债权审查规则。

(三) 重复申报工程款的处理

工程款债权对应的债权人众多，包括总包实际施工人、分包实际施工人、发包人、材料商、设备租赁商、民工等，一个工程项目可能会有几十个债权人向管理人申报债权，同一笔工程款可能会存在两个以上债权人重复申报的情形。建筑企业一方面与总包实际施工人签订了经济责任制合同，另一方面也会和材料商、分包实际施工人签订合同，材料商、分包实际施工人会直接向承包人开具发票，承包人直接向其付款，但是合同签订、发票开具、工程款支付、结算这些过程均由总包实际施工人主导。在承包人未破产前，发包人支付工程款后，承包人均是以总包实际施工人发起的付款申请作为对外支付工程款的依据，承包人对于每个材料供应商、分包实际施工人的实际供货量、工程量、工程款支付等情况并不清楚，尤其是工程款的结算，往往是总包实际施工人和材料商自行结算并加盖项目部印章。对于承包人而言，总包实际施工人自负盈亏，承包人仅收取管理费和税金，发包人支付的工程款均按照总包实际施工人的要求进行支付，至于总包实际施工人和材料商、分包实际施工人之间的债权债务，承包人皆要求总包实际施工人自行承担。

一旦承包人破产，总包实际施工人可能会就未付工程款向已经破产的承包人申报债权，与此同时，材料商、分包实际施工人也基于合同相对性向承包人申报债权，这样一来，存在几方面的重复申报可能性，一方面可能是实际施工人和材料商、分包实际施工人申报的债权本身存在重合；另一方面不同分包实际施工人之间可能存在同一工程量的重复申报，对于每个分包实际施工人施工的工程量，已经破产的承包人无从确认。在这种情况下，对于总包实际施工人申报的债权，管理人主要从发包人是否实际支付剩余工程款，总包实际施工人工程项目与承包人之间的债权债务，以及承包人按照总包实际施工人要求对外支付工程款情况等方面进行审查。在发包人未付工程款的情形下，管理人对于总包实际施工人就剩余工程款的债权申报一般不予确认；对于材料商、分包实际施工人申报的债权，管理人主要从合同是否签订、是否完成结算、已付款项、已开发票以及整个工程的工程款支付情况等方面进行审查，一般都会从缺乏合同相对性、结算协议不具有约束力等方面从严把关。部分分包实际施工人也会选择直接起诉承包人和发包人，请求发包人在欠付承包人工程款范围内向其直接付款，此时管理人按照判决结果确认债权。对于工程款债权，管理人可针对每个工程建立台账，便于对一个工程项目中的全部确认债权进行汇总，后续可以依据经济责任制合同，向总包实际施工人主张权利。

（四）工程款中管理费的处理

按照《企业破产法》的相关规定，承包人破产后，其对发包人的应收工程款，均应当列入破产财产，在催收回款之后统一进行分配。但是，基于建筑企业普遍存在实际施工人，承包人仅收取管理费和税金的实际情况，管理人在收到剩余工程款后，基于债权人表决通过的对工程项目的处理方案，在核实实际施工人身份且其不存在欠付承包人款项的前提下，按照经济责任制合同的约定，扣除管理费、税金后将剩余工程款支付给实际施工人。管理人收取的工程款管理费纳入破产财产统一进行分配。实践中，往往存在实际施工人在破产前超交管理费的情形，对于这部分，应当以破产受理日为界限，之前已经超交的部分应当通知实际施工人进行债权申报，破产后新收到的工程款仍然应当计取管理费，不能豁免。

鉴于司法解释规定了实际施工人可突破合同相对性直接向发包人主张权

利，发包人在欠付转包人或者违法分包人建设工程价款范围内对实际施工人承担责任，因此在承包人破产的局面下，实际施工人往往会选择直接起诉发包人，法院将承包人列为第三人参与诉讼。实际施工人的诉讼请求中一般已经包含了本应由承包人收取的管理费，管理人代表承包人出庭时，应当注意需对该部分管理费提出独立诉求。尽管从法律性质而言，承包人与实际施工人关于挂靠、转分包约定系无效约定，合同约定的管理费可能构成非法所得，同时，承包人一般并不会参与工程项目实际管理，故主张管理费存在较高败诉风险。但从管理人履职角度而言，仍应当作为有独立请求权的第三人对管理费提出诉求。

二、税收债权的处理

一般而言，税收债权可以按照性质分为企业所欠税金及附加、滞纳金、特别纳税调整产生的利息及罚款，按照发生时间分为破产受理日之前的税收债权和破产受理日之后的债权。发生在破产受理日之前的欠税，包括税金及附加，应当作为优先债权，在破产费用和共益债务，担保债权，破产人所欠职工的工资和医疗、伤残补助、抚恤费用，所欠的应当划入职工个人账户的基本养老保险、基本医疗保险费用，以及法律、行政法规规定应当支付给职工的补偿金之后，在普通破产债权之前优先受偿；发生在破产受理日之后的税金及附加，包括因继续履行合同、生产经营而产生的税款和处置资产、重组债务等产生的税款，应当作为破产费用和共益债务，由债务人财产随时清偿；至于企业在破产前所欠的滞纳金、因特别纳税调整产生的利息按照普通破产债权予以确认；税收罚款可以作为劣后债权清偿。此外，在建筑企业重整中，债务豁免的所得税问题值得探讨。

根据《企业所得税法实施条例》及《财政部、国家税务总局关于企业重组业务企业所得税处理若干问题的通知》（以下简称财税〔2009〕59号）的相关规定，对债务重组所得应当征收企业所得税，原因在于税法将债务重组过程中债权人同意减免的企业负债视为企业所得，故对于豁免的债务，计入企业所得予以课税。尽管破产重整不同于债务重组，破产重整是一项司法程序，依据的是破产法的强制性规范，而债务重组是当事人之间的私人合意的过程，遵循的是民商法的普通规范，但因破产重整豁免所得税并无特殊规定，故实践中往往将债务重组的所得税规定直接套用在破产重整上。

企业因资不抵债而进入破产程序，债权人通过债权人会议、破产财产处置系列程序后获得的债务清偿，绝大多数都远低于其享有的债权，普通债权的清偿率甚至可能为零。尽管如此，债权人对未获清偿部分无法再向破产企业主张，故债务豁免在理论上是每个破产企业都会面临的问题。在清算程序中，因企业主体最终将被注销，债务豁免所得税的矛盾并不突出，但在企业重整时特别是存续性重整模式下，重整投资人意在保留企业的主体资格并存续经营，则对于重整计划批准后债权人未获清偿或同意免除的债权金额，按照现行税收政策及实践做法，减免的债务将作为债务重组收益计入企业应纳税所得额，由此产生了豁免所得税问题。

目前，无论是税法还是破产法，都没有针对破产重整程序中债务豁免所得税问题的专门规定，又因为破产重整往往涉及债务豁免、股权转让、债转股等事项，实践中就将财税〔2009〕59号、《财政部、国家税务总局关于促进企业重组有关企业所得税处理问题的通知》（以下简称财税〔2014〕109号）等文件中关于企业重组所得税的处理办法应用于重整程序中。2018年7月16日《国家税务总局对十三届全国人大一次会议第2304号建议的答复》中亦持该观点。根据财税〔2009〕59号第1条、第4条的规定，"债务重组，是指在债务人发生财务困难的情况下，债权人按照其与债务人达成的书面协议或者法院裁定书，就其债务人的债务作出让步的事项。""债务人应当按照支付的债务清偿额低于债务计税基础的差额，确认债务重组所得；债权人应当按照收到的债务清偿额低于债权计税基础的差额，确认债务重组损失。"但上述规定仅立足于正常经营状态下的企业，没有对已经进入破产程序下的企业课税多加考虑。法律规定的缺失使得实践中如何处理重整过程中产生的企业豁免所得税成为棘手问题。

从众多重整案件来看，破产企业产生巨额所得税主要原因如下：一是企业资产贬值或无法快速变现，而重整投资人通过低价取得股权、间接取得资产的方式进行重整，该类情形往往不存在未弥补亏损和报损的资产，导致债务豁免所得需如实缴纳；二是长期亏损，导致未弥补亏损无法抵减所得税额；三是存在部分无效资产所涉的损失无法进行税前列支；四是担保负债引起的损失不一定满足税前列支的情形。

《企业所得税法》规定企业纳税年度的亏损可以由未来5年的所得弥补，《国家税务总局对十三届全国人大一次会议第2304号建议的答复》中亦提及债务人的债务重组所得可用于弥补亏损。故企业因破产重组而产生的债务豁免收入，也可适用于该规定。但具体运用到破产案件中，有一定的局限性：一类企业面临破产，是企业长期亏损经营，导致严重资不抵债，但其亏损的形成时间很大一部分已超过5年，已无法用债务豁免所得来弥补，也就无法解决所得税问题；另一类是资金链断裂导致无法清偿到期债务，在财务报表上并没有"资不抵债"，这些企业大多存在于财务管理不规范的企业，如很多建筑施工企业，在营业税收改增值税之前，都是根据建筑行业的税收警示线到账做账，导致企业账面都是资大于债，但是实际上已严重资不抵债，《企业资产损失所得税税前扣除管理办法》（国家税务总局公告2011年第25号）（已被修改）（以下简称《扣除办法》）第6条规定，企业以前年度发生的资产损失未能在当年税前扣除的，可以按照本办法的规定，向税务机关说明并进行专项申报扣除。其中，属于实际资产损失，准予追补至该项损失发生年度扣除，其追补确认期限一般不得超过五年。因此，该类企业大多无法适用债务豁免的补亏政策。鉴于此，该政策虽然能惠及部分破产企业，但主要还是以存续企业为考量的，并未充分考虑到破产重整企业的特殊性。

根据《财政部、国家税务总局关于企业资产损失税前扣除政策的通知》（财税〔2009〕57号）（以下简称《扣除通知》）、《扣除办法》以及《企业所得税法》等政策规定，破产企业的对外债权清理损失可以所得税前抵扣。目前，破产企业存在常见的需要认定为所得税前抵扣的资产损失主要有两类：一类是企业的应收、预付账款的报损，另一类是固定资产存货等实物资产的减损。根据《扣除通知》第 4 条的规定及税务局现行的审核要求，认定损失的条件是较为苛刻的。破产企业中存在的应收账款、预付账款除却因对方单位确无能力支付的外还存在大量无法收回又难以税前列支的款项，该类款项主要有两种，一种是发票未到形成的挂账，这部分挂账，往往由于未足额支付相关款项而无法取得发票，或者支付的款项与公司经营有一定的关联性但是无法取得合法合规的发票而导致的挂账；另一种是关联方的资金占款。由此看出，上述的政策法规是针对正常的企业设立，但是在破产企业中，往往无法满足认定要求而无法税前列支。

此外，在破产案件中，一般都会有大额的对外担保债务。根据《企业破产法》的规定，该类债务与其他债务享有同等的清偿权利。但是根据《扣除办法》的规定，企业对外提供与本企业生产经营活动有关的担保，因被担保人不能按期偿还债务而承担连带责任，经追索，被担保人无偿还能力，对无法追回的金额，比照本办法规定的应收款项损失进行处理。由此看出，重整计划执行过程中支付的担保债权清偿款、税前列支条件也是相当苛刻的。而对于因资产贬值或者变现能力不足的企业，亦无法适用债务豁免的补亏政策。

根据我国现行的所得税法等法律法规的规定，豁免的债务应确认债务重组所得并交纳企业所得税。就该重组所得产生的所得税税收优惠政策，可能在财税〔2009〕59 号提及的符合特殊性税务处理的，可以递延纳税。根据上述规定，重整企业要享受特殊性税务处理的优惠政策时，企业必须同时符合财税〔2009〕59 号第 5 条的所有条件且其交易中的股权支付部分，才可以适用特殊性税务处理。一般的重整案件，以现金支付为主，可能有一些上市公司会涉及股权支付，因此，该规定的适用范围极其有限。即便重整企业达到了递延纳税的条件，高额所得税的 5 年递延并不能有效解决问题。根据有关政策，只有通过债转股的交易安排，才能使重整企业享受到暂不确认的递延优惠，但是债转股在重整案件中的适用也有很大的限制性。

重整制度的不断发展，使得重整债务豁免所得税问题将在实践中不断被提出、质疑，因此，尽早出台重整涉税的相关规定，明确债权人、债务人、管理人等相关主体在重整过程中如何应对并处理债务豁免所得税问题。从重整企业破产原因看，主要有以下几类：一类是因经营管理不善，资产结构不合理而无法快速变现，在资金链出现问题的情况下，被迫进入破产程序；一类是经营不善，多年亏损后，导致公司严重资不抵债，进入了破产程序；还有一类是多家企业互保，因互保链出现问题时，企业受累出现破产的情形。无论是哪种原因导致的破产，最后的结果都是债权人作出一定的让步。而沉重的所得税负担将造成重整投资人望而却步，使得一批具有挽救价值的企业未能招募到投资人而最终重整失败，造成令人扼腕的社会资源浪费。此外，按照现行政策，豁免的负债越多，重整企业需要缴纳的所得税越多，这导致一个较为矛盾的现象——重整企业债权人所获清偿率越低，企业所承担的税赋越重，而这笔税赋的最终负担者是所有债权人，在此种情形下，受偿率越低的债权人，遭受的损失更甚。这也是税法所规定的债务重组与破产法规定的企业重整存在的最大矛盾之一，在企业正常经营中，因某种商业目的发生的债务重组，债务豁免所得税由正常运行的企业消化、负担；在企业破产情况下，企业一般已丧失正常运营能力，重整投资人按照市场规律投入重整对价供破产企业按照破产法规定清偿给所有债权人，故尽管重整豁免所得税名义上由破产企业缴纳，但全体债权人是实际利益负担者。债权人同意减免负债来使企业重获新生，却最终要承担所得税负担，这在一定程度上与破产法"保护债权人和债务人的合法权益，维护社会主义市场经济秩序"的理念与立法目的背道而驰。从实质公平的角度来看，破产重整程序中的所得税问题不应当适用债务重组的相关规定。而从重整豁免债务的性质看，这是企业因资不抵债进入破产程序后，债权人为避免更多损失而不得不作出的妥协和让步，这显然不同于一般的经济交易行为，重整豁免债务并不具有营利性和收益性，故对其予以免征具有可行性。另外，破产重整债务豁免所得应适用递延纳税，对重整期间的债务豁免所得暂不征税，待重整企业执行完重整计划、恢复一定经营能力后再予以征收豁免所得税。

三、职工债权的审核与处理

鉴于建筑业的特性与实际施工人的存在，使得建筑施工企业的用工方式多样，法律关系复杂，直接加大了管理人在审查职工债权时候的难度，因此确定职工债权范围、明确相关职工债权的审查规则具有重大意义。根据笔者的案件办理经验，建筑施工企业破产案件的职工债权审查中主要有以下几种特殊情况。

(一) 项目部处劳动者债权的处理

实际施工人所招聘劳动者，该劳动者在工地上从事工程施工受伤或者实际施工人拖欠报酬的，这些劳动者可能会向已经破产的承包人申报债权。对于这些债权的认定，应当先审查这些劳动者与破产建筑企业之间是否存在劳动关系。此外，部分劳动者在破产前已经过劳动仲裁，管理人基于生效的仲裁裁决书确认其债权，但可能会对同类型的其他未经过劳动仲裁的劳动者的债权不予确认，造成审查结论的差异化。

对于这些劳动者与破产建筑企业是否建立劳动关系，实务中存在两种意见：一种意见认为，依据《劳动和社会保障部关于确立劳动关系有关事项的通知》（劳社部发〔2005〕12号）第4条规定："建筑施工、矿山企业等用人单位将工程（业务）或经营权发包给不具备用工主体资格的组织或自然人，对该组织或自然人招用的劳动者，由具备用工主体资格的发包方承担用工主体责任。"该条规定的"用工主体责任"应当理解为劳动法上的用人单位法律责任，建筑企业与劳动者之间形成事实劳动关系，建筑企业应当承担《劳动法》《劳动合同法》规定的用人单位的法律责任。另一种意见则认为，法律关系的性质应自行为发生时即确定，劳动者由不具备用工资质的实际施工人雇用，其在工地上也受实际施工人的指派管理，并从实际施工人处领取报酬，该劳动者不可能既与实际施工人成立雇佣关系，又与建筑企业成立劳动关系。显然，根据该意见，破产企业与实际施工人招用的劳动者之间不成立劳动关系,实际施工人拖欠的劳动者工资也不应由破产企业支付。

即使建筑企业与劳动者之间不被认定为存在事实劳动关系,但这并不影响劳动者在工地受伤后,向建筑企业主张工伤赔偿责任,《最高人民法院关于审理工伤保险行政案件若干问题的规定》第 3 条规定:"社会保险行政部门认定下列单位为承担工伤保险责任单位的,人民法院应予支持:……(四)用工单位违反法律、法规规定将承包业务转包给不具备用工主体资格的组织或者自然人,该组织或者自然人聘用的职工从事承包业务时因工伤亡的,用工单位为承担工伤保险责任的单位……"根据该条规定,在工地受伤后完全可以根据相关事实及证据直接向社会保险行政部门主张工伤认定,由建筑企业作为承担工伤保险责任的单位。此时,建筑企业基于法律的特别规定,需要对劳动者承担工伤保险赔偿责任。而该部分工伤保险赔偿金就应当纳为职工债权,并予以确认。

(二) 挂证建造师的挂证费的处理

根据我国《建筑法》,从事建筑活动的建筑施工企业、勘察单位、设计单位和工程监理单位,按照其拥有的注册资本、专业技术人员、技术装备和已完成的建筑工程业绩等资质条件,划分为不同的资质等级,经资质审查合格,取得相应等级的资质证书后,方可在其资质等级许可的范围内从事建筑活动。这种以资质作为准入门槛的做法,使得建筑施工企业对建造师人员并非直接聘用为自身员工,而是以挂证并支付挂靠费的方式以满足《建筑法》对建筑资质的要求。但当建筑施工企业进入破产程序后,由于建造师的人数、种类需要满足《建筑法》的要求,为了保障建筑资质的价值,管理人一般将维持破产受理前的挂证方式,而维持此种方式最直接的问题就是对于欠付的挂靠费以及后续产生的挂靠费应当如何审查。

实践中,对于破产前欠付的挂靠费,主要是通过将其认定为职工债权的方式予以支付。但笔者认为这种方式欠妥,破产法上的职工债权包括所欠职工的工资和医疗、伤残补助、抚恤费用,所欠的应当划入职工个人账户的基本养老保险、基本医疗保险费用,以及法律、行政法规规定应当支付给职工的补偿金，都是基于劳动关系产生，而破产前产生的挂证费不属于劳动报酬，是破产企业为使用他人证书而约定的费用，因此不属于职工债权，认定为普通债权较为妥当。对于破产后管理人需要继续使用他人证书而产生的费用，尤其是为维护建筑企业资质价值之目的，需要根据资质维护要求来确定继续留用的建造师人员并使用其证书，此时可以参照《企业破产法》第42条规定，即为债务人继续营业而应支付的劳动报酬和社会保险费用以及由此产生的其他债务，由此作为共益债务支付相应费用。

(三) 实际施工人主张职工债权的处理

在项目投标与施工期间，实际施工人往往与建筑企业签订《劳动合同》并由建筑企业代为缴纳社会保险（社保费用由实际施工人自行承担），而在实践中也存在实际施工人依据劳动合同向管理人主张职工债权的情况。管理人一般不作确认。依据《劳动合同法》第7条规定："用人单位自用工之日起即与劳动者建立劳动关系。用人单位应当建立职工名册备查。"第10条第3款规定："用人单位与劳动者在用工前订立劳动合同的，劳动关系自用工之日起建立。"法律是以用工之日作为与劳动者建立劳动关系的起算日，因此我们可以认为劳动关系属于实践性法律关系而非诺成性法律关系，故应以"用工"的实践行为而非书面或口头用工合意为劳动关系成立的标志。尽管实际施工人与建筑企业之间签订了劳动合同，其社保也由建筑企业代为缴纳，但是实际施工人与建筑企业不存在实际用工，并未建立劳动关系，其主张的职工债权不应当予以认定。

第五章
建筑企业破产重整中继续经营的模式

第一节　破产前建筑企业经营的特点与问题

我国自改革开放以来，随着企业管理体制和经营机制改革的深入，现在国内大多建筑施工企业都普遍采用以项目工程经济承包责任制为特点的经营管理模式，即所谓的二级或二次经营方式（民营和私营建筑企业尤其如此）。在此情况下，项目部已不再是过去那种单纯以施工作业管理为主要职能的基层单位，而是企业下属一个相对独立和自负盈亏的经营管理实体，其承包经营的绩效与承包者（主要是项目经理）的经济利益直接相关。项目工程责任承包制的经营方式充分调动了生产积极性，极大地促进了整个建筑行业的发展，使得建筑行业成了我国的支柱产业。而许多建筑企业又是劳动密集行业，进城务工人员从事的是建筑行业，一旦一个建筑企业倒下，很有可能会影响一大批人员的就业。

一、建筑企业经营的一般理论

建筑企业作为现代公司制度下的一类有限公司，其经营方式尽管与其他有限责任公司有较大的区别，但是其依旧建立在公司治理的一般理论之上。而公司治理是现代公司制基本产权结构下对公司进行控制和管理的体系。目前主要的公司治理理论可以分为两种：一种是股东利益至上理论；一种是利益相关者共同治理理论。

所谓股东利益至上理论，指的是在大众公司里，公司的所有权与控制权相互分离，使股东与管理者之间形成一种委托代理关系，在这一委托代理关系框架中，作为委托人的股东总是希望代理人的管理者能够从股东利益最大化的角度来管理公司。而公司经营者作为公司的代理人具有确保实现经营职能的权力并对委托人负有受信义务。前者使公司经营者在现实中取得公司实际控制人的地位，后者强调经营者对股东的忠实义务和勤勉义务。

利益相关者共同治理理论认为："现代公司是由各个利益平等的利益相关者所组成，股东只是其中的一员，管理者不仅要为股东还要为公司所有的利益相关者服务。公司并不是由股东主导的'分享民主'的企业组织制度，其本质上是一种受产品市场影响的企业实体。股东的利益并非靠表决权的保护，而是要依赖于股票市场、产品市场和经理市场的保护。管理者、债权人和公司其他雇员等具有特殊资源者也同样是公司的所有者。"[1]

公司股东和公司债权人在公司经营方面存在间接的利益冲突。这些冲突主要由公司债权人和股东对公司经营拥有不同利益驱动所引起。[2] 在债权人对公司现有的财产和未来收入具有优先权的前提下，一方面当债权利率被确定之后，债权人不希望公司实施高风险的经营项目，因为他们不但从此类风险项目中得不到任何回报而且还要分担一定的风险；另一方面公司股东却希望公司能够实施高风险的项目，因为股东在有限责任原则的保护下，高风险意味着更高的回报。[3] 从我国目前公司治理结构来看，在企业正常经营的情况下，公司的权力机构是股东会，执行机构是董事会以及高级管理人员，公司的日常经营活动主要由董事会以及高级管理人员负责，其他利益相关者在公司正常经营的情况下，基本上无法参与到公司的正常经营中。因此在非破产的情况下，更多的是以股东利益优先。但在公司经营陷入危机乃至破产的情况下，公司债权人和公司股东对现有财产的分配存在零和博弈。即便转入破产重整，由于对公司经营状况和未来期待的信息差异，加之对之前管理层

---

[1] 参见胡新文、颜光华：《现代公司治理理论述评及民营企业的治理观》，载《财贸研究》2003年第5期。

[2] 参见张文举：《我国破产重整期间的公司治理及管理模式评析》，载《经济研究导刊》2016年第17期。

[3] 参见齐明：《论破产重整中的公司治理——美国经验及其借鉴》，载《当代法学》第23卷第2期。

的经营能力的不同看法,公司股东和公司债权人也存在对公司控制权的争夺,① 典型表现即为对破产后公司继续经营模式的选择。

二、建筑企业的特殊经营模式

(一) 项目责任承包制的演进与发展

1987 年发布的《关于改革国营施工企业经营机制的若干规定》第 2 条规定:"施工企业内部可以根据承包工程的不同情况,按照所有权与经营权适当分离的原则,实行多层次、多形式的内部承包经营责任制,以调动基层施工单位的积极性。可组织混合工种的小分队或专业承包队,按单位工程进行承包,实行内部独立核算;也可以由现行的施工队进行集体承包,队负盈亏。不论采取哪种承包方式,都必须签订承包合同,明确规定双方的责权利关系。"② 该规定发布的背景是基于国有企业占据主导地位,主要是解决国有施工企业经营中,国家所有权与经营权的分离,从而使得经营者获得更多的经营自主权。1995 年颁布的《建筑施工企业项目经理资质管理办法》(以下简称《资质管理办法》,已失效),该《资质管理办法》第 8 条规定:"项目经理在承担工程项目施工的管理过程中,应当按照建筑施工企业与建设单位签订的工程承包合同,与本企业法定代表人签订项目承包合同,并在企业法定代表人授权范围内,行使以下管理权力:(一)组织项目管理班子;(二)以企业法定代表人的代表身份处理与所承担的工程项目有关的外部关系,受委托签署有关合同;(三)指挥工程项目建设的生产经营活动,调配并管理进入工程项目的人力、资金、物资、机械设备等生产要素;(四)选择施工作业队伍;(五)进行合理的经济分配;(六)企业法定代表人授予

---

① 参见李琳:《重整期间债权人参与公司治理的控制权之建构》,载《商业研究》2016 年第 10 期。
② 参见《关于改革国营施工企业经营机制的若干规定》,计施〔1987〕1806 号,1987 年 10 月 10 日发布。

的其他管理权力。"① 这一时期，法院基本上将内部承包制合同排斥在合同法范围外，甚至是法院范围外。《最高人民法院关于加强经济审判工作的通知》［法（研）发〔1985〕28号，已失效〕第2条第2项指出："许多企业内部的经济纠纷要求法院受理。这类纠纷原则上应由企业或其上级主管机关处理……企业内部的承包合同纠纷，大部分应由企业或其上级主管机关调处；极少数违反法律，必须由人民法院受理的，人民法院应予受理。"

随着建筑业的飞速发展与市场经济的不断深入，传统施工管理模式中的弊端日益暴露出来，突出表现为：项目负责人拿固定工资，干好干坏经济利益区别不大，很难最大限度地发挥其主观能动性，工作效率不高；成本概念不强，材料管理不严，浪费严重，企业缺乏活力。因此特别需要一种将企业利益与项目经理利益捆绑的经营模式，行业需求促进了企业内部承包制在建筑业中的发展，但同时也产生了许多关于内部承包合同的纠纷。按照先前最高人民法院的规定，企业内部的承包合同纠纷由企业或者上级机关调处，显然已经不能满足实践发展的需要，并且不利于纠纷问题的有效解决，因此，人民法院已逐步将内部承包合同双方当事人按平等民事主体来对待，并受理内部承包合同纠纷。如《最高人民法院关于审理建设工程施工合同纠纷案件适用法律问题的解释》《浙江省高级人民法院民事审判第一庭关于审理建设工程施工合同纠纷案件若干疑难问题的解答》等都对处理内部承包合同纠纷作出了规定。

内部承包经营模式是为了充分调动项目负责人的积极性，以增强企业的活力。但是内部承包制度的发展却渐渐偏离轨道，建筑施工企业不再将工程施工作为其主要的经营活动，转而以收取项目管理费作为其主要的经营收入来源。从实践中来看，出现了多种有别于传统内部承包模式的经营模式。如违法转包模式、分包模式、挂靠模式（借用资质）。对于此类模式，无论是住房和城乡建设部还是最高人民法院都是予以禁止的。

对于转包模式，《合同法》（已失效）第272条第2款规定："……承包

---

① 参见《建筑施工企业项目经理资质管理办法》，建建〔1995〕第1号，1995年1月7日发布。

人不得将其承包的全部建设工程转包给第三人或者将其承包的全部工程肢解以后以分包的名义分别转包给第三人。"《民法典》实施后，第791条也对此作了同样的规定。分包模式包括合法分包和违法分包。根据《建筑法》《民法典》以及《建设工程司法解释》等相关法律规定，分包在法律上是被允许的，《民法典》第791条第2款规定："总承包人或者勘察、设计、施工承包人经发包人同意，可以将自己承包的部分工作交由第三人完成。第三人就其完成的工作成果与总承包人或者勘察、设计、施工承包人向发包人承担连带责任。承包人不得将其承包的全部建设工程转包给第三人或者将其承包的全部建设工程支解以后以分包的名义分别转包给第三人。"只有经过建设单位的同意，总承包人、施工承包人才可以将自己的部分工作分包交给第三人完成。但是在四种情况下是不得分包的：第一，建设单位不得将应由承包人完成的建设工程支解分包；第二，总承包人在未经建设单位同意，不得将自己承包的核心工程分包给第三人；第三，承包人不得将工程全部分包；第四，禁止分包单位再分包。对于挂靠模式，我国《建筑法》明确规定借用资质承揽工程的行为是违法的。除此之外，《民法典》第791条第3款"禁止承包人将工程分包给不具备相应资质条件的单位"与《建设工程司法解释》第4条对"没有资质的实际施工人借用有资质的建筑施工企业名义"也有所规定。

(二) 建筑企业日常经营的特点与问题

1. 项目决策权下放至项目部或项目分公司。企业在承接一项工程后与内部承包人或实际施工人签订了"内部承包合同"，明确了建筑企业对人事、财务、工程质量、技术、安全等方面的监管义务，对于具体工程的施工，则是由承包人自行决策。同时在内部承包经营模式下，尽管已经约定了建筑企业对于工程负有监管义务，但是承包人往往不愿意建筑企业参与监管，而建筑企业是否真实履行了其监管义务是缺乏保障机制的。对于在借用资质、违法分包等经营模式下，建筑企业更是在收取税费、管理费后便对工程不再过问，工程的所有事项均由实际施工人自行负责与完成。笔者承办过

5 家建筑企业破产案件,这 5 家建筑企业中,企业本身以挂靠经营的模式为主,鲜少有自营的工程项目。并且建筑企业本身对于工程的监管主要是工程款、税费等方面的管理,对于具体工程的管控往往由实际施工人自行负责。例如,笔者承办的浙江某建设集团有限公司破产重整案〔(2015)绍诸破(预)字第 18 号〕中,其进入破产程序前有 106 个未完工项目,而公司本身仅有数十名员工,无能力也无意愿对项目进行具体的监管。

2. 建筑企业项目公司多,遍布全国各地。借用资质、违法转包等模式的出现,使得建筑企业承接工程能力大大增强。实践中具有几十家甚至上百家分公司的建筑企业比比皆是,例如,笔者曾经承办的一个特级建筑企业,其所开设的分公司共计 47 个,且遍布全国各地,各地均有工程承接。

3. 法律关系复杂。目前,我国建筑业市场比较混乱,政府监管存在建筑产品的安全质量监管不力,建筑施工主体的准入标准不明确,专业施工资质的标准划分粗略等问题。许多不具有相应施工资质的施工班组借用资质、挂靠有资质的公司以此取得施工合同。在衡量施工主体的资金保障及安全风险后,建筑企业将承包的施工工程违法转包或不同程度地分包给其他施工人。基于建筑企业对资质的管理存在差异,使得内部承包存在完全、有限的程度差别,所谓有限指的是总体形式依旧采用内部承包的名义;所谓完全则是指不同企业对于内部承包的具体形态产生了较大的差别,更有以内部承包为名,实为违法转包、分包、挂靠等其他形式的异化样态。上述情形下,建设工程项目存在的法律关系极其复杂,不仅涉及挂靠者与被挂靠企业之间的挂靠(分包、转包)合同法律关系,还涉及开发商、材料供应商、机器设备供应商等承包、租赁、买卖等合同法律关系。

4. 具有独特的壳资源。根据我国《建筑法》的规定,从事建筑活动的建筑施工企业、勘察单位、设计单位和工程监理单位,按照其拥有的注册资本、专业技术人员、技术装备和已完成的建筑工程业绩等资质条件,划分为不同的资质等级,经资质审查合格,取得相应等级的资质证书后,方可在其资质等级许可的范围内从事建筑活动。可见,对于建筑施工企业而言,建筑资质是企业生产经营的立身之本,一旦建筑企业不具备相应的建筑资质,便无法开展相应的经营活动，反过来说国家对于建筑资质取得的高要求，使得实践中能够取得建筑资质的企业少之又少，特别是取得一级以及特级资质的更是凤毛麟角。因而在实务中，建筑企业的建筑资质已经成为一种稀缺资源。而在建筑企业破产中，考虑大多数破产的建筑企业本身的负债率较高，建筑企业的建筑资质已经成为建筑企业重整最重要的具备重整价值的"资产"。

5. 社会影响巨大。建筑企业由于其产品的特殊性，一旦建筑企业进入破产程序，其所带来的影响是巨大的。首先，由于建设工程的施工周期均较长，这就导致很多建筑企业在进入破产程序后，还有不少工程处于在建状态，此时建筑公司进入破产程序，直接导致在建的工程将面临违法施工的境地，特别是对于挂靠的工程，可能会出现实际施工人因无法找寻到新的施工单位导致工程停摆甚至烂尾而损害社会公共利益的情形。其次，由于建设工程施工行业牵扯利益主体众多，一旦建筑公司进入破产程序，其影响的并不仅是其本身，还影响了建设单位、材料商、农民工、购房户等众多的利益主体，特别是农民工与购房户，直接影响到他们的生存利益，一旦处置不当便可能引起群体事件。在笔者承办的浙江某达建设集团有限公司破产重整案中，由于企业存在挪用工程款的情形，导致整个破产程序中多次出现农民工上门讨薪的情况。

(三) 目前建筑企业的经营问题

1. 项目监管缺失，道德风险加剧

项目责任承包制度下，公司总部对于项目经营数据等关键信息的获取处于劣势，对于项目的监管以及实际管控缺失，极大地考验承包人自身的道德素养或工程把控能力。一旦承包人或实际施工人其自身未能严格把控工程或在工程出现亏损时，不履行自负盈亏的义务，其后果会直接导致建筑企业因表见代理而承担责任。这里所谓的表见代理，指的是项目经理在未经建筑公司授权的情况下，擅自对外签订合同等行为，该行为的结果极有可能最终由建筑公司来承担。

关于项目经理表见代理，通俗来说：虽然建筑公司未授权，但项目经理花了钱，却要建筑公司买单，建筑公司根本无从知晓、无法控制，目前已有很多建筑企业因此陷入债务泥潭，甚至破产。所以，从这个角度来说，项目经理表见代理风险，已成为严重威胁建筑企业生存和发展的"隐形杀手"，犹如埋在建筑企业身边的"不定时炸弹"。司法实践中经常遇到的情形包括：项目经理对外以项目部名义出具欠条，乱签字，乱盖章，胡乱结算公司承担责任。

例如，在（2021）京0105民初18080号案中，项目经理宋某向某经营部出具了一份《工程结算明细》，并由宋某签字加盖项目部专用章（签署合同协议无效），后该经营部提起诉讼要求公司支付货款。在公司抗辩未签订合同、未发生买卖关系的情况下，法院认定宋某曾担任涉案工程的项目经理，故宋某的行为构成表见代理，公司应为宋某的行为承担责任，且公司未尽到管理义务，也应当对其未尽管理义务承担责任。

2. 项目管理混乱，资源分配失衡

项目管理混乱，是我国整个建筑行业面临的突出问题，也是建筑行业发展的最大问题。项目管理混乱，主要表现在项目招标环节的混乱。目前，工程投标多是进行价格恶性竞争，有些招标单位违背对投标价书需全面评估、综合考虑、合理中标的原则，只注重标价的高低，忽视投标公司企业的实力、方案，标由低价者得。竞标单位企业为了中标，迎合投标单位的要求，不择手段实行恶性价格竞争，甚至一些建筑企业从事"标进投出"业务，做项目的"二掌柜"，将招标得到的项目，再转包出去，增加了终端建筑企业与项目初始招标单位之间的中间环节，造成了项目资金的流失。竞标"唯价是图"，一方面造成了优良的项目建筑规划、优秀的建筑资源与项目失之交臂，导致了建筑资源优化配置的失衡；另一方面建筑企业为了满足招标单位的低价需求，调动大量的人力、物力、财力，为节俭"成本"到处奔波、绞尽脑汁，使建筑企业内资源分配失衡，建筑企业偏离正常的发展轨道，最终必然被市场所淘汰。同时，我们也应看到，盲目地降低价格，也是造成"豆腐渣"工程的罪魁祸首之一，不仅是对使用者生命、健康、财产的威胁，更是一种资源的极大浪费。

3. 借用资质、违法转包、非法分包模式盛行

目前整个建筑行业中，不少建筑企业其日常所采用的具体的经营模式是借用资质、违法转包和非法分包，内部承包都十分少有。建筑企业发展至今，为了迎合市场变化，快速发展企业经营，从而能够更好地实现企业规模的迅速扩大。因此许多建筑企业名义上采用"内部承包经营"，签订内部承包协议，但实质上仍为挂靠经营。通过此种方式，不断以建筑企业的名义对外承接工程，在工程承接后，将工程转由实际施工人进行施工，建筑企业则以收取管理费作为其主要的经营收入。甚至在挂靠经营的模式下，工程前期的洽谈、招投标等工作均由实际施工人自行完成，而建筑企业仅仅是将自身资质借与实际施工人，已达到符合工程承接标准的要求。

（四）建造师人员不符合建筑资质要求，建造师挂证行为盛行

为了满足建筑资质的要求，大量建筑企业采用建造师挂证的方式，在资质改革之前，不同等级建筑资质要求企业具备不同数量以及等级的建造师人员。许多企业为了减少自己的用工成本采用的是从外部寻找人员进行挂证并支付相应的挂证费用的方式。在早期，住房和城乡建设部对于建筑企业本身的建造师人员的管控不严，从而出现了挂证的现象，随着对建筑企业建筑资质监管的加强，对建筑企业建造师人员开始严查，确定人证是否合一，对于不符合人证合一要求的情形进行严厉的查处。

第二节　破产后建筑企业继续经营模式选择的原理

根据《企业破产法》第73条、第74条的规定，债务人以及管理人均可以管理债务人的财产和营业事务，因此实践中基本上分为了债务人管理和管理人管理两种模式。

一、破产重整程序对企业治理结构的影响

(一) 公司治理目标从股东利益至上转为各方主体之间的利益平衡

通常情况下的公司治理主要是解决如何使管理层为股东利益服务的问题，即在企业所有与企业经营相分离的情况下，投资者与公司之间的利益分配与控制关系。[①] 而破产重整是对可能或已经发生破产原因但又有希望再生的债务人，通过各方利害关系人的协商，并借助法律强制性调整他们的利益，对债务人进行生产经营上的整顿和债权债务关系上的清理，以期摆脱财务困境、重获经营能力。因此破产重整所追求的是多方利益主体之间的平衡。如果此时还片面强调股东利益至上，就无法让债权人做出让步，也无法调动更多主体参与公司治理的积极性，以拯救陷入困境的公司。有学者指出，当上市公司陷入财务困境并申请进入破产重整程序时，公司治理模式就从最初的委托代理关系拓展为信托关系，债务人持续经营的首要目的不再是自益性的，而是转变为受债权人的信托。[②] 因此，破产重整公司既要考虑债务的清偿，也要维持营业的继续；既要考虑股东的权益，也要注重对债权人的保护，其公司治理的目的绝非唯股东利益马首是瞻。

(二) 公司治理参与主体从少数内部主体扩展至众多外部主体

正常情况下，公司的权力机构是股东会，执行机构是董事会以及高级管理人员，公司治理的参与主体主要是董事会以及高级管理人员，当然股东也是参与主体之一，而债权人等其他主体很难参与到公司的治理之中。但是在破产重整制度中，对债权人债权的公平清偿也是重整制度所追求的目标之一。因此债权人组成的债权人会议对于公司治理的诸多事宜均有一定的决策

---

① 参见叶林：《公司治理机制的本土化》，载《政法论坛》2003 年第 3 期。
② 参见周洪荣：《上市公司破产重整论域下的公司治理研究》，载《求索》2012 年第 2 期。

权以及监督权，几乎所有的信息都要对债权人公开。^① 同时管理人作为破产事务的执行者，人民法院作为破产案件的审理机构以及监督单位，行政机关作为破产事务的辅助者，都会或多或少地参与到公司治理的过程中来。^②

（三）特殊的受信义务

在非破产公司中，高层职员和董事对债权人不负受信义务，他们的义务仅限于公司或者股东。但是在公司丧失清偿能力的时候，基于公司债权人对破产财产整体价值提升的目的追求，其受信义务主体也会扩展到公司债权人；与其他受托人不同的是，公司控制人的职责不仅包括保护破产财产，还包括导致损益再分配的权力。^③ 有学者将其界定为董事信义义务的转化，在公司陷入困境后，债权人成为董事信义义务的受益人。董事的信义义务具体包括董事对债权人所负的消极义务和积极义务。消极义务指董事的决策应该避免可能使公司陷入困境；积极义务指在公司已经陷入困境或者接近陷入困境的情境下董事有义务启动预重整程序，让公司摆脱困境，恢复正常营运。^④ 为了督促自行管理的债务人及其管理层忠实勤勉地行使职权，最大限度地降低道德风险，债务人及其管理层违反信义义务的归责原则应当采取一般过失原则。^⑤

二、破产后建筑企业继续经营模式选择的理论基础

债务人自行管理是美国破产法首创的重整管理方式，即原有管理层在重整期间继续对公司进行管理。美国《破产法》第十一章规定的重整制度的

---

① 参见王卫国：《新破产法草案与公司法人治理》，载《法学家》2005 年第 2 期。
② 参见张世君：《论我国破产重整公司治理结构之优化》，载《政法论坛》2021 年第 6 期。
③ 参见齐明：《论破产重整中的公司治理——美国经验及其借鉴》，载《当代法学》2009 年第 2 期。
④ 参见王佐发：《论困境公司董事信义义务的转化——以公司法与破产法的衔接为视角》，载《社会科学》2022 年第 1 期。
⑤ 参见高丝敏：《我国破产重整中债务人自行管理制度的完善——以信义义务为视角》，载《中国政法大学学报》2017 年第 3 期。

重点就是 DIP（Debtor-in-Possession，通有控制权的债务人）制度。DIP 的法律含义是指原来的债务人进入重整程序之后其法律地位发生改变成为另一个法律实体，进入重整程序但保留经营管理权的债务人就被称为 DIP，DIP 继续自行管理破产财产。债权人、股东等利益关系人通过划分类别组并分组投票的机制参与重整计划的谈判并保护各自的利益。[1] 考虑到债务人比其他外部人士更有能力管理公司且如果债务人仍然对公司享有管理权，则债务人的管理层更可能及时申请重整从而挽救公司。[2] 因此美国《破产法典》以债务人自行管理作为一般性规则，管理人接管为例外规则。只有在以下两种情况下，法院才会考虑任命托管人以取代原有管理层：第一，破产法典要求任命托管人必须"有正当理由，包括当前的管理层在案件开始之前或之后有欺诈、欺骗、无法律资格或有重大经营决策失误行为，或有类似的情况发生[美国破产法第十一章1104（a）]"；第二，法院可以为了维护债权人、股权持有人或破产财团的其他利益而任命托管人，此时不需考虑担保债权人的数量或债务人的资产与负债数额[美国破产法第十一章1105（a）]。[3]

美国《破产法》在确定自行管理为原则的基础上，围绕公司经营控制权人形成了相应的权力制约机制。美国判例法上确立的规则是，当公司进入第十一章程序，公司经营控制权人受信义务的对象扩张至债权人。[4] 因此，债权人可以通过行使合同以及法律所赋予的各种权利，督促经营控制权人履行其受信义务，或者追究其违信责任。目前我国对债务人自行管理的法律法规主要为《企业破产法》第73条以及《全国法院民商事审判工作会议纪

---

[1] 参见王佐发：《上市公司重整中公司治理的基本问题——以 ST 广夏重整风波为背景》，载《理论探讨》2013 年第 1 期。

[2] 参见《债务人与债权人法律：文本、案例与问题》（See Elizabeth Warren, Jay Lawrence Westbrook, Katherine Porter&John Pottow, The Law of Debtors and Creditors: Text, Cases, and Problems (Seventh Edition), Frederick: Wolters Kluwer, 2014, p.378）。

[3] 参见[美]大卫·G.爱泼斯坦、史蒂夫·H.尼克勒斯、詹姆斯·J.怀特：《美国破产法》，韩长印等译，中国政法大学出版社 2003 年版，第 743—744 页。

[4] 有学者对特拉华州判例法进行总结后得出以下结论：依据特拉华州判例法，在正常状态下，管理层的义务是出于股东最大利益而行动；当公司接近丧失清偿能力，管理层的义务变为出于公司最大利益而行动；当公司实际丧失清偿能力，管理层的义务变为出于债权人最大利益而行动；当公司进入第十一章程序，管理层的义务变为出于债权人和股东的共同利益而行动。

要》(以下简称《九民会议纪要》)第 111 条，明确了以债务人申请并经人民法院批准为原则。这种设置主要是考虑到目前我国的信用建设体系尚不完善，且在当前社会经济环境下，债权人与债务人之间缺乏信任，加之破产文化的不发达，一些债权人甚至将破产视同欺诈逃债。对于审查标准，主要规定了两个方面：一是债务人不存在欺诈行为、严重渎职行为以及其他严重损害债权人利益的行为；二是债务人拥有自行管理的能力以及意愿。同时赋予了管理人对于债务人自行管理监督的权利。

三、继续营业选择的原则

债务人通常是因为陷入资金困境、无法处理债务关系而进入重整程序，此时的债务人资金有限，而企业重整期间的经营资金以及各债权人所能获得的清偿比例都与债务人的资金息息相关，在破产程序内维持债务人的营业活动是为了债务人能够更好地实现重整的目标，即使营运价值增值以供公平分配和维护社会公共利益。因此，我们在判断破产程序内继续经营的模式如何选择时，应当主要从三个方面的原则来确定。

1. 债务人财产价值增益原则

所谓债务人财产价值增益，指的是在破产程序期间，维持债务人的经营活动能够获得经营净收益或能够维持甚至是增加债务人的财产价值，例如，对于酒店类企业进入破产程序，维持酒店的日常经营即便不能够获得经营净收益，也会对债务人的酒店房产价值的维持起到很大的作用。而对于建筑企业而言，在工程内部承包甚至是挂靠、分包、转包的经营模式下，其主要的收益来源是管理费，只要工程能够正常施工，其收益便存在固定的来源。因此在不同的经营模式下，我们需要考虑哪种经营模式能够更好地实现债务人财产价值的增益。

2. 效率优先兼顾公平原则

从《企业破产法》第 2 条内容来看，企业破产重整的原因比破产清算原因更为宽泛，法律除了规定将不能清偿到期债务且资不抵债，或者明显缺乏清偿能力作为重整的条件以外，还将"有明显丧失清偿能力可能的"作为重整的原因。从立法本意来看，重整制度除了公平清偿各方债权人的债权之外，更为重要的目标在于挽救因财务困难而丧失清偿能力的企业，体现了重整制度挽救困境企业的功能。[①] 因此，重整制度的价值诉求必然有别于破产清算制度，后者以债权人的公平受偿为目标，而重整制度则要考虑股东、债权人、投资人以及社会各方利益的平衡与协调，并最终实现各方利益的最大化。而企业拯救成功必然意味着清偿债务目标的实现，故拯救企业应作为优先追求的目标。在兼顾公平的基础上优先考虑效率原则才能更好地实现重整制度的价值取向。

四、建筑企业继续经营的内容

从笔者自身的案件办理经验来看，建筑企业在破产程序中的继续经营主要涵盖以下几个方面的内容。

1. 建筑资质的维护

建筑资质作为建筑企业的核心，也是建筑企业最具重整价值的资产，如何维护好建筑资质是整个程序的关键，其中分为对于资质的延期以及建筑资质对于建造师人员要求的满足两个方面。对于建筑资质的维护，主要包含建筑资质的有效期限，有效期限届满后，该资质即不复存在，因此必须保证建筑资质不超过有效期限。《建设工程企业资质管理制度改革方案》开始对建筑企业的建筑资质管理制度进行改革，该方案中提出："按照国务院深化'放管服'改革部署要求，持续优化营商环境，大力精简企业资质类别，归并等级设置，简化资质标准，优化审批方式，进一步放宽建筑市场准入限制，降低制度性交易成本，破除制约企业发展的不合理束缚，持续激发市场主体活力，促进就业创业，加快推动建筑业转型升级，实现高质量发展。"

[①] 参见《〈中华人民共和国企业破产法〉释义》编写组编：《中华人民共和国企业破产法释义》，人民出版社2006年版，第230—231页。

尽管目前对最终的资质管理方案尚未能确定，但是建筑资质作为建筑企业经营的基础以及重整程序中最具重整价值的资产，我们需要随时根据政策的变化，做好对建筑资质的维护。

而对于建造师人员的要求，《住房和城乡建设部关于进一步加强建设工程企业资质审批管理工作的通知》对于建筑企业建筑资质的管理与改革进行了进一步的加强。该通知中主要有以下变革：

（1）统一全国资质审批权限。2023年9月15日起，企业资质审批权限下放试点地区不再受理试点资质申请事项，统一由住房城乡建设部实施。

（2）强化建筑业企业资质注册人员考核要求。申请施工总承包一级资质、专业承包一级资质的企业，应当满足《建筑业企业资质标准》（建市〔2014〕159号）要求的注册建造师人数等指标要求。

（3）加强企业重组分立及合并资质核定。企业因发生重组分立申请资质核定的，需对原企业和资质承继企业按资质标准进行考核。企业因发生合并申请资质核定的，需对企业资产、人员及相关法律关系等情况进行考核。

（4）完善业绩认定方式。申请由住房城乡建设部负责审批的企业资质，其企业业绩应当是在全国建筑市场监管公共服务平台上满足资质标准要求的A级工程项目，专业技术人员个人业绩应当是在全国建筑市场平台上满足资质标准要求的A级或B级工程项目。自2024年1月1日起，申请资质企业的业绩应当录入全国建筑市场平台。

（5）废止3份文件。此前所颁布的三份文件，即《住房城乡建设部关于建设工程企业发生重组、合并、分立等情况资质核定有关问题的通知》（建市〔2014〕79号）、《住房和城乡建设部办公厅关于开展建设工程企业资质审批权限下放试点的通知》（建办市函〔2020〕654号）、《住房和城乡建设部办公厅关于扩大建设工程企业资质审批权限下放试点范围的通知》（建办市函〔2021〕93号）废止。

该文件发布后，对于建筑企业建筑资质维护的要求作了进一步的提高，特别是对于建造师人员的要求，需要满足《建筑业企业资质标准》要求的注册建造师人数等指标要求。

2. 在建工程的监管与结算

进入破产程序后，建筑企业尚未完工的在建工程依旧需要正常施工，因此对于正常在建工程的监管依旧需要进行。同时与建设单位之间进行工程款的结算，工程的竣工验收，与实际施工人之间进行工程款的结算，单个工程项目的成本发票入账、单个项目的税务申报以及税款缴纳等事项都需要管理人慎重考量。

3. 工程质量问题的维修

在破产程序中，对于建筑企业此前承建的工程项目一旦出现质量问题，建设单位基本上会向建筑企业要求对工程进行维修。管理人在收到建设单位的要求后，对于有实际施工人的项目工程一般是要求实际施工人去维修，而如果实际施工人跑路或者是由建筑企业自营的项目，笔者建议考虑到一般建筑企业所承接的项目除了大型项目外，其余小型项目的缺陷责任期与质量保修期基本一致，因此可由建设单位自行维修，对于维修产生的费用则在建设单位与建筑企业确认后直接从质保金中扣除。

五、继续经营模式选择具体的判定标准

在 2019 年公布的《九民会议纪要》中明确规定："重整期间，债务人同时符合下列条件的，经申请，人民法院可以批准债务人在管理人的监督下自行管理财产和营业事务：（1）债务人的内部治理机制仍正常运转；（2）债务人自行管理有利于债务人继续经营；（3）债务人不存在隐匿、转移财产的行为；（4）债务人不存在其他严重损害债权人利益的行为。"这里对于破产后重整企业在具备什么条件下能够由债务人自行管理财产和营业事务作出了初步的规定。同时笔者通过对全国企业破产重整案件信息网[①]的内容统计，截至 2023 年 8 月，共计有人民法院许可债务人自行管理财产和营业事务的决定书，通过对其中内容的分析，制作表 1：

---

① https：//pccz. court. gov. cn/pcajxxw/index/xxwsy.

表 1

序号	许可原因	数量（份）
1	债务人内部治理机制完善、运转正常	81
2	有利于实现公司财产的保值增值	32
3	不存在隐匿、转移财产及其他损害全体债权人利益的行为	16
4	有利于提高重整价值和效率	26
5	公司业务具有专业性	24
6	维护债权人的合法权益	30
7	监督措施完善	16

从表1所分析的原因可以看出，我国法院的审查标准并不统一，在审查时考虑最多的因素是债务人是否具备完善的治理结构以及内部是否能够正常运行，同时考虑是否有利于重整程序、是否有利于债务人资产的增值以及维护债权人的合法权益等。

笔者认为，从上述数据来看，对于建筑企业而言继续经营模式选择具体的判定标准可以从以下几个方面来确定。

（一）积极标准

1. 债务人内部治理机制完善、运转正常

这个条件是人民法院许可债务人自行管理的前提。从建筑企业基本的营业内容来看，可以分为债务人的人员是否满足在建工程的监管、结算等要求，防止工程烂尾，债务人人员是否熟悉承建工程的情况，债务人是否具备完善的管理制度以及财务制度等。例如连云港市赣榆区人民法院作出的（2016）苏0707破申4-4号决定书中，批准了某兴公司自行管理的申请，在该决定书中载明，该院认为建筑工程业务是专业性很强的营业事务，目前，某兴公司各分公司的在建、在保工程均由各地分公司实际管理、经营，由债务人继续自行管理营业事务，可以保证在建工程继续施工、履行在保工程的维修义务，维持公司在破产重整期间的正常经营，避免因破产重整造成停产、违约或工程烂尾损害债权人利益。又如四川省德阳市中级人民法院作出的（2015）德民破字第3-3号决定书中，该院认为某林公司虽面临资不抵债的困境，但企业发展前景尚可。从申请人反映的情况看，该企业管理层较为完善，公司各部门、各机构运作正常。

2. 有利于实现公司财产的保值增值

上文中已经讲到在公司进入破产程序后，公司的董事以及高级管理人员受信义务主体也会扩展到公司债权人，那么就要求公司控制人对财产的整体价值有所提升。只有在债务人财产价值有所提升的情况下，才能许可。例如，河南省鹿邑县人民法院批准的某河公司自行管理决定书中，其认为申请人内部治理机制完善、运转正常，管理人对重整期间申请人自行管理财产和营业事务明确了职责范围，在管理人的监督和指导下由申请人自行管理财产和营业事务，有利于实现公司财产的保值增值，实现公司财产价值的最大化，也有利于重整工作的推进，且根据管理人的意见，申请人不存在隐匿、转移财产及其他损害全体债权人利益的行为，具备在重整期间自行管理财产和营业事务的条件。

3. 债务人自身有自行管理的意愿

与《美国破产法》以债务人自行管理为原则不同，我国立法指导和司法实践以破产管理人经营为原则。原因在于人们当然地将企业破产归咎于债务人自身经营不善，在原有债务人管理层经营能力"欠缺"的质疑下，外部债权人更希望由第三方中立的管理人介入重整经营。加之目前我国的信用建设体系尚待完善，破产文化欠发达，债务人破产易被误解为欺诈逃债，更加深了债权人同债务人之间的信任鸿沟。因此债务人本身若要自行管理，便需要表现出极强烈的管理意愿，能够证明自身破产同经营能力之间的原因联系较弱，同时愿意接受破产管理人及法院的破产重整管理监督，对公司债权人负责。

4. 具备完善的监督制度

在所有权同经营权分离的现实境况下，破产债务人的原有管理层对自行管理并不存在积极的法律支持和经济激励，反而其受信主体扩展至公司债权人，因此需要对以原有管理层为主体的债务人自行管理过程进行有效监督。例如四川省万源市人民法院在（2020）川 1781 破申 1 号之二决定书中，该院认为，其一，本院审查债务人某东公司破产预重整期间，申请人某东公司为了自行管理财产和营业事务作了必要的前期准备工作，且物流仓储管理和运营具有极强的专业性，申请人具备自行管理财产和营业事务的条件。其二，预重整临时管理人向本院提交的《关于同意债务人向法院申请自行管理财产和营业事务的议案》明确了临时管理人同意债务人自行管理财产和经营事务，且临时管理人明确了其监督措施。

（二）消极标准

1. 无隐匿、转移财产及其他损害全体债权人利益的行为

针对这些损害公司债权人利益的行为类型，笔者认为具体可以参照《企业破产法》第 31 条至第 33 条及第 36 条中所确定的情形，即"人民法院受理破产申请前一年内，涉及债务人财产的下列行为，管理人有权请求人民法院予以撤销：（一）无偿转让财产的；（二）以明显不合理的价格进行交易的；（三）对没有财产担保的债务提供财产担保的；（四）对未到期的债务提前清偿的；（五）放弃债权的。""人民法院受理破产申请前六个月内，债务人有本法第二条第一款规定的情形，仍对个别债权人进行清偿的，管理人有权请求人民法院予以撤销。但是，个别清偿使债务人财产受益的除外。""涉及债务人财产的下列行为无效：（一）为逃避债务而隐匿、转移财产的；（二）虚构债务或者承认不真实的债务的。""债务人的董事、监事和高级管理人员利用职权从企业获取的非正常收入和侵占的企业财产，管理人应当追回。"

2. 无利害关系人提出合理异议

正如前文所述，虽然从整体而言破产程序中主要涉及破产债务人同债权人之间的利益冲突，但是严格来说破产程序需要调整的是方方面面的利益纠葛，除了外部公司债权人，公司内部职工、中小股东、企业上下游经营者等利益也需要考虑在内。因此在进行企业经营模式选择的具体判定时，仍然需

要考虑其他利害关系人的看法和理由。例如，在某虹公司破产重整案中，由于某虹公司的债权人并不支持某虹公司自行管理，最终某虹公司未能获得自行管理的准许。在比较了管理人管理和债务人自行管理两个模式后，某虹公司选择了新的道路，即管理人监管下的第三方托管运营。

第三节　建筑企业继续经营的模式

一、管理人经营模式

（一）管理人经营模式概述

对于建筑企业而言，在破产程序内的继续营业不同于一般的工业企业，其要求经营者具备较强的专业性。而管理人作为中介机构并没有相应的管理能力，工程的质量以及安全仍旧是无法保障的。一旦工程出现安全事故或者质量问题，这个责任是巨大的，不仅企业本身要承担严重的违约责任，由此产生的项目逾期导致小业主无法顺利收房、工程中的农民工工资无法顺利结清等问题，都将直接影响到社会的稳定。

依照《企业破产法》的规定，破产管理人一般为律师事务所、会计师事务所和相关部门派出人员组成的清算组，但这类机构中的人员往往并不具备对债务人营业事务进行管理的知识和能力，在企业重整期间的继续经营中难以对债务人的经营进行有效管理。[①] 因此，目前实践中采用的管理人管理经营模式主要分为两种：第一种是委托经营管理模式，指的是在管理人管理经营的基础上，考虑到管理人自身专业技术的限制，通过委托第三方专业机

---

① 参见陶蛟龙、史和新：《司法实务视野下破产重整制度若干问题研究》，载《法律适用》2012年第11期。

构，并签订《委托经营协议》的方式，由第三方专业机构对债务人的营业事务进行管理。在委托经营管理模式下，公司的治理机构由原先的公司相关人员转为管理人委托的受托方，管理人则对受托方的经营活动进行监督。例如，在某利公司破产重整案中，即采用了委托经营的方式，管理人从印章、资金、保证金三个方面来对委托经营期间受托方的经营活动进行监督。

第二种是聘用原债务人的人员进行管理，此种模式下是由管理人通过聘用原债务人的工程管理人员、财务人员、部分高级管理人员等方式来对债务人的营业事务进行管理。该种模式下，公司的治理机构是管理人，对于管理人所聘请的相关人员，是辅助管理人做好对债务人经营活动以及财产的管理工作。

(二) 管理人经营模式的操作要点以及理论分析

破产程序内对于建筑企业的继续经营是为了保障在破产程序内建筑企业其本身的经营活动能够保持正常，对于承接的未完工项目能够顺利完工。因此两种管理人经营模式的主要目的都是一致的，委托经营是公司本身的工作人员缺失、运营机制依然不够完善，在这种情况下为了保障公司的顺利运营（主要是为了保障在建工程的顺利推进），需要引进专业的第三方来协助管理人在破产程序内管理债务人的财产与营运事务。而在公司治理机构较为完善、公司人员齐备的情况下，公司本身的人员对于公司的运营较为熟悉，能够更好地维持公司的营运事务，此种情况下，采用聘用人员经营模式更加合适。

1. 委托经营管理模式实际操作要点与理论分析

在笔者承办的浙江某公司破产重整案件中，该公司在进入破产程序后尚有 106 个建设工程项目未完成施工，另有 255 个建设工程项目处于保修期内。如果贸然终止这些项目，不仅债务人要承担严重的违约责任，由此产生的项目逾期导致小业主无法顺利收房、工程中的农民工工资无法顺利结清等问题，都将直接影响社会的稳定。而要继续履行施工合同，仅凭管理人一己之力，显然无法兼顾。如何确保破产案件审理期间债务人总承包施工的工程能够按照合同约定有序履行，确保在建工程与质保期内的工程质量符合工程质量标准，维持债务人的工程施工资质和品牌价值，成为管理人首先需要解决的问题。为此，管理人经过多方考察选择，选定了一家具备建设工程管理能力的第三方，并专门向人民法院提交了《关于继续债务人部分营业事项的报告》，在申请报告获得法院批准后，管理人与第三方签订了托管经营协议，以保证所建项目都能按照合同要求保质保量完成。通过托管经营的方式，有效维护了债务人的建设工程资质和公司工程方面事项的正常经营，确保了各个在建工程的顺利完结。

（1）委托经营管理机构的选定

在委托经营模式下，如何选定委托管理机构。在浙江某公司破产重整案件中，我们采取的是公开选聘的方式。管理人选定委托管理机构，其目的在于对债务人的营业事务形成有效的管理，确保在建工程与质保期内的工程质量符合工程质量标准，维持债务人的工程施工资质和品牌价值。因此该委托管理机构必须具备丰富的工程管理经验且拥有充足的人员可以形成有效的管理。我们从工程管理经验、人员配置以及委托经营管理费用报价三个方面作为评定标准，并通过公开选聘的方式，由管理人、人民法院以及原债务人相关人员组成的评审委员会对参加选聘的单位进行评判，并最终确定委托管理机构。由于我们在选定委托经营机构时，债权申报工作刚开始不久，故未邀请债权人代表。但是笔者认为，债权人作为破产程序的重要主体，应当作为评审委员会成员之一。

（2）委托经营机构确定的时间节点

根据《企业破产法》第26条的规定："在第一次债权人会议召开之前，管理人决定继续或者停止债务人的营业或者有本法第六十九条规定行为之一的，应当经人民法院许可。"因此，在第一次债权人会议前，管理人在经过人法院许可后可以决定是否继续债务人的经营。考虑到从人民法院指定管理人至召开第一次债权人会议存在一段空白期间，如果此期间内管理人未对债务人是否继续经营以及如何经营作出相应的决定，一旦债务人承接的相应工程出现问题，即有可能造成极为恶劣的社会影响。因此，我们建议在管理人接受指定并接管债务人、对债务人的营业情况有基本了解后，如果决定采用委托经营方式的，即可向人民法院汇报并在经过人民法院许可后，确定委托经营管理机构，无需等待债权人会议的召开。同时在管理人与委托经营管理机构所签订的协议书中可载明，如债权人会议的最终决议不再继续债务人的营业活动，或者不采用委托经营方式的，则该委托经营协议不发生效力。

(3) 债权人会议的授权

尽管在上文中已述，管理人可以在第一次债权人会议之前即向人民法院申请继续债务人的营业活动。但是根据《企业破产法》第 25 条第 1 款第 5 项的规定，决定债务人是否继续营业是管理人的职权之一。因此，我们认为第一次债权人会议前管理人有权决定债务人是否继续经营，但是在债权人会议对债务人是否继续经营以及如何经营有相应的意见后，管理人应当按照债权人会议的决议来执行，即便债权人会议的决议与之前管理人的决定相左。

在浙江某公司破产重整案件中，我们向债权人会议提交了《关于继续债务人部分营业事项的报告》并在报告中载明由债权人会议授权管理人对外聘用合适人员，或直接将这些未完项目全部托管给合适人员或单位。对于管理人在第一次债权人会议之前的委托经营的行为进行了追认授权。

(4) 委托经营所产生的费用

对于委托经营所产生的费用，我们将其列为共益债务，由债务人财产随时支付。我们认为根据《企业破产法》第 42 条第 4 项的规定，为债务人继续营业而应支付的劳动报酬和社会保险费用以及由此产生的其他债务为共益债务。委托经营费用是为了保障债务人的营业活动所产生的费用，应当属于该条文中所载明的情形，因此可以作为共益债务。如管理人在报经人民法院同意后决定采用委托经营模式继续债务人的营业活动，但债权人会议决议停止债务人的营业活动或者不采用委托经营模式的，对于委托经营机构已经履行而产生的费用，也属于因继续营业所产生的费用，我们认为亦应当列入共益债务。

(5) 继续营业的主要内容应当由管理人决定

委托经营机构的作用是弥补管理人在建筑行业专业性以及人员上的不

足，从而避免因为工程失控而导致的相关后果。但是继续营业所涉及的经营内容需要管理人来确定，例如对于工程项目，管理人需要进行统计与分析，对于其中已经竣工验收且超过质保期的考虑是否不再作为经营范围，而将在建工程、尚处于质保期的可能存在质保风险的工程作为经营范围；对于资质维护等一系列的内容均需要纳入经营范围。

（6）对于在建工程施工合同的处理

依据《企业破产法》第18条的规定，在破产程序中对于双方均未履行完毕的合同，管理人有权决定继续履行，对于继续履行合同所产生的债务为共益债务。该条中所明确的管理人的合同履行选择权针对的只能是合同双方均未履行完毕的合同，而在未完工状态下，主要涉及两份合同：一份是建筑公司与建设单位所签订的《建设工程施工合同》，另一份则是建筑公司与实际施工人之间所签订的合同。当然这两份合同在未完工的情况下，属于未履行完毕的合同是没问题的，但是我们需要考虑到，对于违法分包、非法转包、挂靠模式下，建筑公司与实际施工人之间所签订的合同以及建筑公司与建设单位之间签订的《建设工程施工合同》均属于无效合同，对于这些本身就属于无效的合同，管理人是无法选择继续履行的。上述三种经营模式需要通过其他方式来进行处理，对于这类的处理方式本文已经在其他地方进行了叙述，此处不再赘述。且对于在建工程施工合同的处理，无论是委托经营模式还是聘用人员经营模式都无区别，而要根据每个工程实际情况并结合其法律性质来进行分析与处理。

2. 聘用人员经营管理模式实际操作要点与理论分析

在部分企业债务人本身人员缺乏，内部运营机制已经不正常的情况下，不符合债务人自营的条件，而在债务人不满足自营条件的情况下，依据《企业破产法》第74条的规定，管理人负责管理财产和营业事务的，可以聘任债务人的经营管理人员负责营业事务。因此需要由管理人管理财产和营业事务。但是单纯依靠管理人自身人员无法满足后续的经营要求，特别是对于一家建筑企业而言，其所主要的营业事务是建筑工程，其中的专业性、复杂性都非常高。因此，管理人就需要有专业的人员来协助管理人维持好债务人的营业事务。最理想的情况是可以聘用原债务人的部分人员，因为原债务人的相关人员熟悉企业环境，能够更好地协助管理人完成对债务人财产以及营业事务的管理。如无法聘用原债务人的相关人员，则需要聘用专业人员来辅助管理人进行管理。这种模式有几个方面需要注意。

（1）此种模式下债务人财产以及经营事务的管理主体为管理人

聘用人员经营管理模式下，管理人是管理债务人财产以及经营事务的主体，聘用人员协助管理人管理债务人的财产以及经营事务。因此对于债务人营业事务中的决定需要由管理人来作出，管理人可以结合聘用人员作出的专业性分析来确定，但不能直接将营业事务的管理职责转嫁于聘用人员。

（2）聘用人员的范围

管理人在决定聘用哪些专业人员的时候，需要结合债务人企业的基本情况，我们建议以聘用原债务人的人员为主，在原债务人的人员无法满足经营需要的情况下，针对缺乏的方面有针对地聘用专业人员。从整体的建筑企业维持基本经营的情况来说，管理人需要聘用企业主要管理人员、财务人员、工程管理人员、资质维护人员以及建筑资质所要求的必要的建造师人员等。对于每个类别具体的人员数量，则需要管理人根据企业的规模、承接工程的数量、在建工程的数量、尚在质保期工程的数量等情况来分析决定。

（3）聘用人员的工资费用

根据《企业破产法》第42条第4项的规定，为债务人继续营业而应支付的劳动报酬和社会保险费用以及由此产生的其他债务为共益债务。因此，在这种情况下，管理人聘用人员的工资应当属于共益债务。但要注意的是，与聘用人员签订合同的主体应当是建筑企业而非管理人，且与两者在破产之前签订的劳动合同相异。管理人应当根据建筑企业的实际情况与聘用人员签订劳动或劳务合同。

（4）管理人经营模式下法院的职责

《企业破产法》中关于法院监督破产管理人的规定，主要包括以下内容：听取破产管理人执行职务的报告（第23条）；法院对破产管理人实施的对债权人利益有重大影响行为的许可（第26条、第28条、第69条）；法院对债权人会议更换破产管理人的请求法院作出裁决（第 22 条）等。因此在管理人经营模式下，法院的职责集中在对管理人经营管理行为的审批。主要为：①要求管理人对于破产期间的继续经营提出具体的经营方案；②审查管理人对于债务人未完工工程的处理方式；③委托经营模式下，监督审查管理人确定委托经营单位程序的合法性，委托经营报酬的合理性等；④聘用人员模式下，审查管理人聘用人员数量、工资标准的合理性。

二、债务人自行管理模式

（一）债务人自行管理模式概述

依据我国《企业破产法》第 70 条、第 73 条的规定，我国企业破产重整分为管理人管理和债务人自行管理两种模式。债务人自行管理制度是破产重整中的一种管理模式，即在重整中，由债务人继续管理企业财产和营业事务，同时由债务人制定、执行重整计划，使企业重新走向复兴，实现重整目的。我国《企业破产法》第 73 条规定了一定条件下可以适用债务人自行管理制度，此制度源于美国的"占有中的债务人"制度，即 DIP（Debtor-In-Possession）制度，《美国破产法》第十一章规定，企业进入破产重整程序后，无需经过法院的批准，债务人即可自动获得企业的经营管理权，只有在特殊情况下，法院才会任命其他托管人来管理企业。[1]

从笔者承办的浙江某程公司破产重整案件中，由于其进入破产程序之前一直未停止经营活动，公司的主要人员均未离职，且在管理人进驻后查明债务人拥有建设工程施工总承包特级资质以及设计甲级资质，依托这些资质，允许相关主体以内部承包模式对外承接项目工程，获取一定的管理费。考虑

---

[1] 《美国破产法典》第十一章 1104（a）条规定，法院任命托管人必须有正当理由，包括当前的管理层在案件开始之前或之后有欺诈、欺骗、无法律资格或有重大经营决策失误行为，或有类似的情况发生。1105（a）条规定，法院可以为了维护债权人、股权持有人或破产财团的其他利益而任命托管人，此时不需考虑担保债权人的数量或债务人的资产与负债数额。

到如停止债务人营业，则以债务人名义达成并仍在履行中的项目合同及项目承包合同均需解除，债务人将因解除合同承担赔偿责任，这可能会大量增加债务人的对外债务，同时解除合同将破坏业已形成的合同及利益链，也将影响当地社会的稳定，另外从目前的情况来看，债务人仍存在重整或和解存续的可能，管理人认为继续债务人营业在现阶段是利大于弊，为此报请人民法院许可债务人实行在管理人的监督下自行管理财产和营业事务。

在该案件中，债务人在破产期间的主要营业事务由债务人自行管理与负责，管理人所做的是对债务人的自行管理财产和营业事务的行为进行监督。管理人在征求债务人管理人员以及人民法院意见的基础上，制定了《印章使用管理和监督办法》《资金支付审批管理和监督办法》和《合同管理和监督办法》，建立了债务人清算期间印章使用、资金支付审批、合同签订及履行的监督制度，确保债务人营业事务有序合规开展。管理人在监督债务人的基础上，定期向人民法院汇报对债务人的监督情况，其中对于重大事项例如涉及《企业破产法》第69条规定，采用事前汇报方式，并在取得人民法院许可后执行。

从目前的司法实践来看，我国采用债务人自行管理的案件较少，根据学者统计，从2007年到2016年我国破产重整的45家上市公司中，仅有8家采取债务人自行管理模式，占比约为18%。[①] 虽然没有公开数据统计，但是有学者认为非上市公司采取债务人自行管理模式的比例可能更低。[②] 对于适用该制度的顾虑，可能是因为害怕债务人有私利，尤其在保留原高管的情况下，和原股东存在千丝万缕的联系，难以保证债权人和其他群体的利益。而造成这种顾虑的主要原因在于，目前我国的债务人自行管理制度中，对于债务人自行管理的监督立法极少，目前可见的仅为《企业破产法》第73条以及《九民会议纪要》的相关规定。但是对于管理人在何种方面进行监督，监督需要深入哪个层面，是采用事前审查监督的方式，还是采用事后审查监督的方式均

---

① 参见丁燕：《上市公司重整中行政权运行的偏离与矫正——以45家破产重组之上市公司为研究样本》，载《法学论坛》2016年第2期。

② 参见戴建敏：《谁在主导破产重整？》，载《二十一世纪经济报道》2016年10月31日。

没有详细的规定。有学者指出,若要防止债务人自行管理制度被滥用于欺诈逃债,应当主要依靠事后的监管与治理,而不是事前的准入控制。[①]

(二) 债务人自行管理模式的特点

自我国设立债务人自行管理的制度以来,所被采用的实践案例相对较少,从目前已经有的司法实践来看,其在重整程序中发挥了重要作用。笔者认为,债务人自行管理模式具有以下特点。

1. 债务人意思自治

债务人自行管理模式,是由债务人自行申请,人民法院审查债务人的申请后,认为债务人符合自行管理的条件后进行批准。根据《企业破产法》第 73 条第 2 款的规定,有前款规定情形的,依照本法规定已接管债务人财产和营业事务的管理人应当向债务人移交财产和营业事务,本法规定的管理人的职权由债务人行使。因此在债务人自行管理模式下,企业的经营管理权重新回到自己手中,其可以自行管理企业的财产和经营事务,自主性较强。对于建筑企业这一类专业性较强的企业而言,管理人不仅不具备企业管理的相关能力,更不具备与建筑行业相关的职业技能。因此,由债务人意思自治管理财产和营业事务,能够更好地保障破产期间债务人维持营业事务。此外,债务人对建筑行业的熟悉度较高,对于寻找重整投资人以及快速推进重整程序有着良好的促进作用。

2. 公权力适当介入

法院作为公权力机关,在重整程序整个过程中起着主导作用,需要参与到重整程序的全过程中,以确保重整程序和重整结果的合法性、合理性,真正做到公平、公正、公开。[②] 在债务人自行管理制度下,赋予债务人经营管理重整事务的自治权并不意味着不加限制,此时法院扮演监督者的角色,监督债务人的经营管理行为以及重大事项处理行为,以期及时发现程序适用中

---

① 参见谢肇煌:《公司重整中的债务人自行管理:功能定位与权责配置》,载《天府新论》2021 年第 3 期。

② 参见郭毅敏:《破产重整·困境上市公司复兴新视野——以审判实务研究为中心》,人民法院出版社 2010 年版,第 49 页。

的不当情况而作出有效处理,避免债务人为了自身利益损害债权人等其他利益相关者的合法利益,同时,为了保护债权人的利益,还对债务人的一些经营管理权加以一定的限制和干预。我国《企业破产法》第73条规定了管理人对债务人的监督权,即在债务人自行管理期间,由管理人对债务人的运营情况进行监督,及时发现并且报告给人民法院,由人民法院作出适当的处理。公权力的适当介入,不代表债务人失去了经营管理重整事务的意思自治,而是更好地平衡各方利益冲突,促进实现重整目的。

(三) 债务人自行管理制度的意义

债务人自行管理制度作为破产重整程序中的一项重要制度,与破产重整具有内在一致性,力求在债务人与债权人中寻求平衡,兼顾各方的利益,以实现重整目的,是具有较大意义的。

1. 彰显效率

从经济学角度来看,重整程序可以避免企业走向破产,可以最大限度地保有职工的就业权利和企业的资产,经济价值更加显著,比清算更有效率[1],同时,与管理人管理相比,债务人自行管理制度更加彰显效率。特别是对于建筑企业而言,其法律关系复杂,部分成立较久的建筑企业事务庞杂,财务资料、企业资料较多,管理人需要在了解企业所有的基本情况后,方可针对企业的基本情况来制定后续的工作方案。而在债务人自行管理模式下,债务人作为企业原本的经营管理者,其对于企业的情况已经十分了解,无需重新去调查与分析。因此相较于管理人,债务人可以更快地确定重整方向、招募重整投资人、实现重整目的。此外,债务人自行管理制度可以有效减少事务、财务等内容的移交,一定程度上保持企业的经营连续性,简化重整程序,债务人自行管理制度充分彰显了效率。

2. 兼顾公平

破产重整制度要求平衡各方主体的利益,而债务人自行管理制度所要回

---

[1] 覃有土主编:《商法学》(第四版),中国政法大学出版社2007年版,第220页。

应的便是公平地对待各方主体，防止债务人借自行管理的手段侵害其他主体的合法利益。第一，对于债务人而言，在自行管理制度下能够拥有一定的自主权，意思自治，保护其经营管理企业的权限；第二，对于债权人而言，为了防止债权人的合法利益受损，建立监督机制，由管理人、法院等对债务人的自行管理进行监督；第三，对于职工等其他主体而言，在债务人自行管理制度下，利用债务人熟悉企业的自身优势，促进重整程序高效运行，挽救危困企业，实现重整目的。由此可见，不仅是对企业利益的保护，同时也是对职工等其他主体利益的保护，甚至可以影响社会整体的利益。如果在破产重整程序中由债务人自行管理，可使相关利害关系人获益。具体而言，公司能有复活的机会，债务人可因此免予破产；公司继续经营获利可以提高清偿能力，债权人可因此减少损失；公司员工将能够更好地获得赔偿。毋庸讳言，此制度的适用可以在提高效率的基础上兼顾公平，彰显公平正义。

3. 维护秩序

按照我国《企业破产法》的规定，经债务人申请，法院批准，债务人可在管理人的监督下自行管理企业，享有一定的商事主体的自主性，但是又离不开法院作为公权力机关的干预，以保证重整目的的实现。在债务人自行管理制度下，通过各种方式平衡债权人与债务人等相关主体的利益，债务人自行管理制度，有利于最大限度地实现各方主体的利益，维护市场秩序。

4. 节约成本

债务人通常是因为陷入资金困境、无法处理债务关系而进入重整程序，此时的债务人资金有限，而企业重整期间的经营资金以及各债权人所能获得的清偿比例都与债务人的资金息息相关。所以，当债务人自行管理时，能够尽量减少消耗企业现有资金，为企业的重整经营留下资金，增加企业的重生机会，同时，债权人所能获得的债权清偿比例也能提高。[1] 相较于管理人管理模式而言，一方面，债务人自行管理制度能够节约经济成本。另一方面，

---

[1] 参见何旺翔：《〈德国破产法〉中的债务人自行管理——兼评我国〈破产法〉第73条》，载《江苏社会科学》2008年第1期。

债务人自行管理制度还能节约重整的时间成本，债务人自行管理企业重整经营事务，赋予其经营管理权，根据权利义务对等原则，债务人应当继续履行相应义务，避免出现法院选任管理人时无法落实责任人的情形，保证了企业的经营连续性，为企业重整成功争取时间。相较于管理人，债务人对企业和本业务更熟悉，对债权人更加了解，提出的重整计划更能获得认可，效率更高，从而节约时间成本。市场瞬息万变，重整计划更快得到批准、执行，对债务人和债权人来说都是利大于弊，减少"劳民伤财"的现象发生。

5. 重整程序高效运行，实现重整目的

债务人作为重整程序的管理人，可以有效提高重整程序的效率，促进实现重整目的。首先，此制度能够提高债务人的重整积极性，促使债务人在公司破产的情况下及时向法院申请破产重整，避免延误重整所带来的不利后果。[1] 其次，在债务人自行管理制度下，对企业的经营控制权并不发生转移，债务人继续享有经营管理企业的权利，也免去了事务的交接，与管理人管理制度相比程序更加简单，有助于提高重整的效率，实现重整目的。[2] 最后，如上述分析，债务人对企业的熟悉程度和对债权人的了解程度，有助于债务人制定出多方主体都能够接受的合理的重整计划，同时，根据我国现行法律制度的规定，债务人也是重整计划的执行主体，制定主体和执行主体的同一，可以有效避免程序上的延误，让重整计划更具有可行性。由此可见，此制度有助于提高企业重整的效率，符合商法所倡导的价值，对实现重整目的意义重大。

(四) 债务人自行管理模式中管理人的职能

1. 对债务人自行管理财产和营业的监督

在债务人申请自行管理后，重整中的生产经营管理、与债权人和投资人的商业谈判、重整计划尤其是其中的经营计划的制订等事务应由债务人负

---

[1] 参见张思明：《破产重整债务人自行管理模式的适用性分析》，载《商业研究》2019年第1期。
[2] 参见杜坤、周含玉：《破产重整公司治理结构逻辑分析——以利益相关者间利益冲突为视角》，载《西南政法大学学报》2014年第4期。

责。对企业财产和经营的管理权移交后，管理人的职责将转变到法律事务上。管理人一般通过款项、费用批准、印章审批等方式对债务人自行管理财产和营业进行审查。对日常经营中的支出，由管理人先审查后再支付相关费用，能够良好监督债务人财产和营业事务的具体情况。有律师指出，管理人对债务人的监督，最为关键的是对公章、财务和安保工作的控制，债务人管理模式下，为了对债务人实施有效的监督，应当对公章、财务和安保工作实施接管。[1] 在当前我国的法律体系下，《企业破产法》仅有第 73 条规定了由管理人监督债务人自行管理，未对债权人委员会是否有此权利作出明确规定。因此，在现阶段管理人作为法律明确规定的唯一对债务人有监督权的主体，履行好监督职能是降低债务人决策风险、防止债务人权力滥用的重要途径。

2. 调查以及检查权

《企业破产法》第 25 条、第 26 条等系统性地规定了管理人在破产程序中的职责。而第 73 条第 2 款对债务人自行管理下管理人职权由债务人行使的概括性规定显然不能满足实践的需要。债务人与管理人的权责分配实质上要兼顾发挥债务人主观能动性以及管理人积极履职，避免债权人利益受到损害。对于债务人自行管理下，除监督职责外，债务人和管理人分别行使哪些管理人职权，应当围绕立法目的，将有利于发挥债务人自身优势和主观能动性的职权交由债务人行使，对于可能与债务人自身利益产生冲突并损害债权人利益的部分职权，以及其他有利于重整程序推进的职权交由管理人行使。[2]

首先，债务人自行管理中其本身的权责范围应当包括财产管理、经营事务与其他管理职责。具体而言，财产管理事务应包括继续履行或解除未履行完毕合同、管理和处分财产、为继续营业而借款等；经营事务应当包括继续营业、聘用工作人员、决定日常开支等；其他管理职责则应当包括在重整中相关文书尤其是重整计划的拟订，向法院及管理人汇报工作等。

其次，管理人在债务人自行管理过程中的权责范围应当包括资产方面的

---

[1] 参见许胜锋：《重整中债务人自行管理制度价值及风险的实用性研究》，载《中国政法大学学报》2017 年第 3 期。

[2] 参见郑伟华：《重整程序债务人自行管理模式下的职权义务》，载《人民司法》2020 年第 34 期。

财产调查权、债务方面的债权审查权,以及当然不能交由债务人行使的权利,比如破产财产的撤销权、追缴出资人出资的权利、代表债务人参与诉讼等。①

3. 适时终止自行管理

《九民会议纪要》第111条第3款规定,管理人应当对债务人的自行管理行为进行监督。管理人发现债务人存在严重损害债权人利益的行为或者有其他不适宜自行管理情形的,可以申请人民法院作出终止债务人自行管理的决定。人民法院决定终止的,应当通知管理人接管债务人财产和营业事务。债务人有上述行为而管理人未申请人民法院作出终止决定的,债权人等利害关系人可以向人民法院提出申请。管理人应对债权人利益负责,对于上述规定中对债权人权利造成损失的情况发生或即将发生时,要适时终止债务人自行管理,及时将债务人自行管理转换为管理人管理模式。有学者指出,强制债务人董事会及管理层将经营控制权移交于管理人,意味着放弃一些债务人借以实行自行管理的优势条件,这将带来更高的"转轨成本",终止债务人自行管理的适用应当比更换管理人更加严格。②

4. 重整程序中的重大事项管理人的审查权

根据《企业破产法》及其相关解释,债务人继续履行合同以及实施涉及财产、经营和人员的重大处分行为、放弃权利的行为等,也属于债权人会议的职权或者向债委会报告的事项,债务人不能自行处理。债务人应当将这些事项提请管理人审核,管理人审核后依法履行相应的报告职责,并在取得相关方同意或者无异议的情形下债务人方可实施。

(五) 债务人自行管理模式下法院的职责

《企业破产法》第69条规定:"管理人实施下列行为,应当及时报告债

---

① 参见王欣新、李江鸿:《论破产重整中的债务人自行管理制度》,载《政治与法律》2009年第11期。

② 参见谢肇煌:《公司重整中经营控制权人更换机制之构建》,载《苏州大学学报(法学版)》2019年第4期。

权人委员会：（一）涉及土地、房屋等不动产权益的转让；（二）探矿权、采矿权、知识产权等财产权的转让；（三）全部库存或者营业的转让；（四）借款；（五）设定财产担保；（六）债权和有价证券的转让；（七）履行债务人和对方当事人均未履行完毕的合同；（八）放弃权利；（九）担保物的取回；（十）对债权人利益有重大影响的其他财产处分行为。未设立债权人委员会的，管理人实施前款规定的行为应当及时报告人民法院。"法院作为主导重整程序的司法机关行使司法权不受行政机关、个人和社会团体的干涉，应当在债务人自行管理时拥有核心监督权，债权人和管理人等监督主体的监督权限应当在法院的监督权限之下，各方的监督权应当相互协调，相辅相成。法院主要是依照法律规定对债务人行使监督权，因此，制定关于债务人自行管理时法院的监督程序和范围的规范尤为必要。法院虽然拥有核心监督权，但是这项权利设置的目的在于促进重整的顺利进行，所以在保障法院的核心监督权的同时，也要避免法院对债务人管理行为的过分干预，同时法院也要规范其他监督主体监督权的行使，防止对债务人正常履行职责时过分干涉。

因此笔者认为人民法院的主要职责如下：

1. 对于重大事项的审批。在债务人自行管理的模式下，如果涉及财产转让、借款等重大行为的，人民法院应当进行审批许可。

2. 人民法院应当要求管理人对于债务人的监督定期提供监督报告，对于债务人相关经营的行为进行汇报，并以此审查债务人是否存在违规行为。在债务人自行管理期间，人民法院是在管理人监督的基础上对债务人是否存在相应的违规行为进行审查监督。

3. 如果债务人存在违规行为，人民法院应当根据管理人的申请来决定是否中止自行管理。在债务人出现违规行为的情况下，由人民法院来决定是否中止债务人的自行管理。

有学者指出，法院在整个重整程序中发挥着主导作用，重整期间几乎所有的重大事项都需要法院来最终确认。例如：破产重整程序是否受理，管理人的指定、更换、报酬与处罚，对相关业务的许可，重整程序的终结，重整计划的批准与执行，整个重整程序的监督等。[1] 法院可以依据个案情况要求管理人负责债权人会议和债权人委员会的召集和召开、参加法律程序、审核重大处分、对管理和财务提出意见、代行部分管理与处分权、列席董事会、进行专项调查等。[2]

---

[1] 参见张文举：《我国破产重整期间的公司治理及管理模式评析》，载《经济研究导刊》2016 年第 17 期。

[2] 参见包丁裕睿：《论重整程序中自行管理债务人的权限与监督》，载《中国政法大学学报》2021 年第 4 期。

·第六章·
建筑企业破产重整中投资人的招募与确定

破产重整中投资人的招募与确定问题一直是理论与实务中的难点和痛点，尤其在建筑企业破产重整中，鉴于建筑企业的特色，需要更妥当地明确重整投资人的招募标准和确定程序。

建筑企业中建筑资质是具有稀缺性的资源，受众多投资者青睐，如何选定最佳的投资者就成为建筑企业重整的关键。因重整程序中利益相关方的利益相互冲突，加之招募选定程序中相关主体的参与不足、评价维度与具体评价标准不明确等原因，让投资人选定结果的公正性受到质疑，进而冲击了重整程序的正当性基础。[①]

从实践情况来看，现行建筑企业破产重整中投资人招募面临诸多问题，如投资人招募前如何确定建筑企业的重整范围；投资人招募采取何种模式更为合理；投资人确定采取什么标准更妥当等。为此，本章将从建筑企业投资人招募的前提（重整范围的确定）、建筑企业投资人招募方式、建筑企业投资人确定标准等方面进行分析，以期为建筑企业破产重整中投资人招募和确定问题提供有益的建议。

第一节　投资人招募的前提

对于破产企业而言，进行重整的直接目的即为挽救财务状况恶劣或者已暂停营业及有停业危险的债务人企业。被重整的债务人通过招募重整投资人引进新生力量，其实质是一种特定经济背景下的特别交易，而交易的基础以及核心是"价值"。如何发现、保护以及实现企业的价值，是整个破产重整

[①] 参见张丽平、陈江刚：《建筑企业重整中投资人招募选定之实务问题研究——以利益相关者间的利益冲突为视角》，载《建筑》2022年第6期。

程序中最重要的工作，具体到重整案件中，其"价值"则主要体现在确定的重整范围之中。

一、建筑企业破产重整范围确定的必要性

基于建筑行业的特殊性，我国对进入建筑行业的企业实施了严格的市场准入和资质审批制度，建筑企业只有取得相应资质才能在资质等级许可的范围内从事建筑活动。正因该行业设有较高的准入条件，使得具备特定资质的建筑企业成为稀缺资源。然而，目前我国经济发达省市的建筑企业经营模式以轻资产运营为主，极少建筑企业自己组建施工队伍，承接到的工程项目多数以挂靠、转包或者分包等形式交由实际施工人负责，并与之签订类似于《施工项目经济责任制合同》的内部承包协议，约定实际施工人在建筑企业的监管下，由实际施工人负责承接项目的具体实施与管理，享受有关权利，承担有关义务和责任，即由实际施工人对工程项目自负盈亏，建筑企业并不实质性参与项目的施工，仅从中收取较低比例的管理费。但实践中，实际施工人通常以建筑企业名义对外签订合同，往往在无形中增加了建筑企业对外承担众多项目亏损的责任，导致建筑企业一旦进入破产程序，其负债往往远大于资产，债权人的清偿比例极低。

20世纪70年代以来，世界范围内出现了一场破产法改革运动，其中一个重要趋势便是适应市场经济的发展，建立和完善以企业挽救复兴为目标的再建型债务清理制度，其中最为典型的是破产重整制度。[①] 建筑企业通常因其轻资产运营为主的营业模式陷入诉讼旋涡，稍有不慎即面临破产窘境，但因建筑企业具备特定资质这一稀缺资源，虽建筑企业发生了破产事由，但其又属于有挽救希望与挽救价值的企业，破产法改革运动中的企业挽救复兴这一目标有望实现。因此，建筑企业进入破产程序，其自身具备的建筑工程资质和业绩往往获得众多主体的青睐，也是最具有吸引力以及具有核心价值的

---

① 参见王欣新：《企业破产法》（第四版），中国人民大学出版社2019年版，第285页。

要素，其余资产则或被忽略，或被摒弃。此种情况下，出售式重整模式能够较好地契合建筑企业破产重整案件。

而确立破产重整制度的基本立足点是营运价值理论。所谓营运价值，就是企业作为营运实体的财产价值，或者说，企业在持续营业状态下的价值。① 在出售式重整的模式下，首先需要考虑的就是重整范围的确定，这也是管理人在决定进入重整程序前必须考量的因素。哪些资产应当纳入重整范围？即管理人在通过甄别后确定的能发挥企业重整后在持续营业状态下的最大价值、能提高重整清偿比例的企业优质资产。

实现企业重整价值的最大化，重整范围的确定起着举足轻重的作用。恰当的重整范围的确定，既有利于实现重整投资人的投资意向，满足重整投资人的投资要求，落实重整投资人的投资目的，又有利于最大限度地保护债权人的合法权益，实现债权人权益最大化，更有利于较好地完成对企业及其经营事业等市场资源的优化配置与充足，实现对企业的挽救。

二、建筑企业重整范围的确定标准

关于如何确定破产企业的重整范围，实践中，管理人往往仅根据与意向重整投资人谈判情况，将某个意向投资人所青睐的资产、资源纳入重整范围。这显然对其他投资人不公平，也可能导致重整投资人与管理人之间存在利益输送的风险。

（一）管理人可选择的重整范围

1. 建筑业企业资质

建筑业企业资质的本质属性是一种行政许可，在实践中不能通过评估的方式来确定其价格。首先，根据《行政许可法》第 9 条的规定，依法取得的行政许可，除法律、法规规定依照法定条件和程序可以转让的外，不得转

---

① 参见宋文霞：《破产重整的法律问题探析》，载《湖北社会科学》2008 年第 2 期。

让。其次，最高人民法院在"某谷信托公司与某金供销运输公司清算组破产纠纷再审案"〔（2005）民二监字第56号〕中也提及，经营许可证系政府对于企业从事特定行业所发放的经营许可证书，其性质属于行政许可，该证书依法不得转让，属于禁止流通物，其本身并不具备资产价值。故运输公司的有关经营许可证不得计入该公司资产总额。

因此，管理人在办理建筑企业破产案件时，无法以评估报告的形式对资质的价格予以明确，而考量由评估机构以咨询意见报告的形式或者通过对企业商誉价值的评估来明确资质的价值。

2. 承建工程

管理人在处理承建的工程时，一般考虑由重整后的企业继续履行合同，承担承接的所有仍在缺陷责任期已完工项目、在保修期内的已完工项目以及尚未完工的项目的管理及保修责任。

所有工程对应的未了债权、债务则分情况处理：如正常在建及其他未履行完毕而尚在继续履行的建设工程，因该类工程系正常结算的工程，对应的施工合同及内部承包合同以及由此引起的未了债权、债务，由重整后的企业承接，继续履行合同，并在维持原有法律关系的情况下自行与实际施工人进行结算；凡有涉及项目业主（发包人）支付工程款后而为公司在法院受理破产清算申请前挪用的，管理人通知所涉项目内部承包（挂靠）合同的相对人申报债权，后续工程由重整后的企业继续履行合同；涉及公司为项目施工或其他事项垫款的，该项目或合同中的垫款及对各合同相对人因此形成权益事项，由管理人继续处置，不在重整范围；对于公司作为施工方，项目工程目前处于停工或者存在重大问题的，由此引起的债权债务，由管理人继续处置，不在重整范围。

3. 其他资产

破产重整的建筑企业中较为常见的属于破产重整企业资产的有企业对外的股权投资、建筑企业自身名下的不动产、与生产经营活动有关的电子设备及工具、办公设备、运输设备、机械设备、应收账款等。关于上述资产是否作为重整范围，管理人一般视案件的实际情况以及重整投资人的需求来确定。具体案例在下文进行阐述。

（二）重整范围确定的实务操作

列举笔者参与承办的建筑企业破产案件，重整范围分别如下：

1. 浙江某越建设集团有限公司（以下简称某越建设）破产清算转重整案的重整范围

留存新某越建设的重整资产、责任及义务范围具体为：某越建设商号、继续经营下的市场影响力等商誉无形资产，某越建设名下全部建设工程专业承包资质，某越建设正常在建及其他未履行完毕而尚需继续履行或清理的建设工程施工合同、对应的内部承包（挂靠）合同及与这些合同相关的不由管理人继续处置的未了债权、债务（未完项目部分），以及某越建设对仍在缺陷责任期或保修期内的已完工项目的管理及保修责任（已完项目部分）。

（1）某越建设所属在法院受理破产清算申请前正常在建及其他未履行完毕而尚需继续履行或清理的项目按本重整计划纳入重整范围。

（2）某越建设所属在法院受理破产清算申请前已竣工但仍在缺陷责任期或保修期的全部项目均纳入重整范围。

（3）在上述未完及已完项目中，涉及项目业主（发包人）支付工程款后而为某越建设在法院受理破产清算申请前挪用（以超过后续管理费可收部分为限）的，因该债务为某越建设进入破产程序前的债务，该事项应由相对人申报债权并纳入重整计划债权清偿范围，不列入重整范围；涉及某越建设为项目施工或其他事项垫款的，因某越建设对该垫款有关合同相对人享有权益，该权益需由管理人清理变现并纳入重整计划偿债资金范围，不在重整范围之内。

（4）有关项目的实际施工人在法院受理破产清算申请前存在部分负债无力清偿，而某越建设可能因此需要承担清偿或连带清偿责任，如该债权人对某越建设潜在的负债成立，该债务也为某越建设进入破产程序前的债务，应列入重整计划债权清偿范围，但该负债按重整计划清偿后，某越建设依法有权向实际施工人追偿，该事项为此也不在重整范围之内。

2. 某程建工集团有限公司（以下简称某程公司）破产清算转重整案的重整范围

（1）持有的 50%的某合建工建设有限公司股权

某合建工建设有限公司（以下简称某合建工）成立于 2014 年 12 月 22 日，经营范围：承装、承修、承试供电设施和受电设施（电力工程施工总承包）；房屋建筑工程、公路工程、铁路工程、市政公用工程、港口与航道工程、水利水电工程；机电设备安装工程的施工总承包、钢结构工程施工；建筑装饰装修工程、消防设施工程、建筑幕墙工程的专业承包。根据管理人委托的土地房地产评估有限公司出具的《资产评估报告》，某程公司持有的某合建工 50%的股权在 2019 年 5 月 31 日的评估价值为 3652.92 万元。

（2）截至破产受理日，某程公司作为施工方的工程列入重整范围，由重整后的企业继续履行合同，承担某程公司承接的所有仍在缺陷责任期已完工项目、在保修期内的已完工项目以及尚未完工的项目的管理及保修责任的。所有工程对应的未了债权、债务则处理如下：

①正常在建及其他未履行完毕而尚在继续履行的建设工程。该类工程系正常结算的工程，对应的施工合同及内部承包合同以及由此引起的未了债权、债务，由重整后的企业承接，继续履行合同，并在维持原有法律关系的情况下自行与实际施工人进行结算。

②凡有涉及项目业主（发包人）支付工程款后而为某程公司在法院受理破产清算申请前挪用的，管理人已通知所涉项目内部承包（挂靠）合同的相对人申报债权，申报的债权本金为挪用资金超出截至破产受理日可收未收管理费的部分；后续工程由重整后的企业继续履行合同。

③涉及某程公司为项目施工或其他事项垫款的，该项目或合同中的垫款及对各合同相对人因此形成权益事项，由管理人继续处置，不在重整范围。

④对于某程公司作为施工方，项目工程目前处于停工或者存在重大问题的，由此引起的债权债务，由管理人继续处置，不在重整范围。

3. 浙江某达建设集团有限公司、某达交通建设有限公司（以下简称某达建设、某达交通）合并破产清算转重整案的重整范围

（1）两债务人公司的重整范围为公司商号、继续经营下的市场影响力等商誉无形资产、银行账户、人员、全部建设工程相关资质以及需要由重整投资人承担的义务和责任。银行账户、人员由重整投资人根据经营需要，在重整计划经人民法院裁定批准之日起15日内确定其所需的清单和名册，并经管理人许可后，与管理人按《重整投资协议》约定的期限和标准进行移交、结算。不在清单或名册之列的银行账户、人员由管理人负责清理、处置。

（2）两债务人公司正常在建及其他未履行完毕而尚需继续履行或清理的建设工程施工合同、对应的内部承包（挂靠）合同及与这些合同相关的未了债权、债务，以及对仍在缺陷责任期或保修期内的已完工项目的管理及保修责任，不在重整范围内，由管理人负责处置，处置净所得纳入重整计划向债权人清偿。

（3）不在两债务人公司重整范围内的资产、负债、分公司、人员、账户等及相关的权利和义务由资债处置公司享有、承担、处置，重整投资人应当给予必要配合和协助。

在大部分建筑企业破产案件中，重整投资人所青睐的只是建筑企业的建筑资质，但基于案件的个性，部分建筑企业或具备其他优质资产。根据笔者的工作经验，管理人在履职过程中，可以在公开处置建筑企业的核心资产、资源前对接、接洽意向重整投资人，但不宜全然根据某个意向重整投资人的要求设计重整方案，可以结合案件个性考虑灵活确定重整范围。如在某越建设破产案件中就考虑到某越建设的负债规模巨大，除对外投资外，主要资产价值集中且均为楼宇等不动产，可运营资产明显匮乏，将全部资产纳入重整范围并使主体继续存续的重整方式并不为市场所接受，为此确定对某越建设实施分离式清算型重整，并确定有价值的重整范围。在某程公司破产案件中，管理人充分尊重抵押债权人的意愿，同时结合管理人在对接、接洽意向重整投资人时，部分意向投资人提出的希望纳入重整范围的资产的要求，综合考量将有价值且无权利负担的资产纳入案件重整范围内，最终高效确定重

整投资人并顺利完成重整。在某达建设、某达交通合并破产清算转重整案中，管理人则将公司主体资格、壳资源作为重整范围的固定项，将公司的人员、业绩、分公司、账户等作为可选项，可选项可由重整投资人自由选择并出价，充分体现重整范围确定的灵活性，也吸引了更多有实力的意向投资人。

此外，我们注意到，建筑企业主要的产品是"建筑物"，而这种特殊的产品所带来的最大的影响就是漫长的保修责任期。首先，保修责任必须有主体能够承担，在缺陷责任期与质量保证期一致的情况下由于质保金的存在即便出现维修情况的相关费用也可以由质保金中支出，但是当维修事项出现在缺陷责任期外质保期限内的，一旦实际施工人跑路，维修依旧需要进行，此时所产生的费用就需要有主体能够承担。其次，重整成功后继续在建的项目依旧需要有建筑企业形成有效的管理，保证工程施工的顺利进行。种种义务与责任如果不纳入重整范围由重整投资人继续以建筑企业的名义承担，反而交由管理人处置的话，实则是对债权人利益的侵害和对在建工程的不负责。

因此，我们考虑到建筑企业在破产受理前所承接的成百上千的工程项目由此带来的工程保修义务、未完工工程的后续建设监管等义务需要有相应的主体承担，且大部分工程有实际施工人，其实际的权益以及义务均由实际施工人自己承担，这就使得建筑企业实际承担风险的可能性降低。但是当实际施工人跑路时，就需要建筑企业站出来承担责任。我们在案件承办中，对于原先建筑企业所承接的所有工程原则上均纳入重整范围，由重整投资人以新建筑企业的名义继续履行原有的施工合同，并与实际施工人、发包方之间按照原合同进行结算。

当然管理人也考虑到，并非所有工程都可以移交给重整投资人，对于那些烂尾项目，管理人一般是不作移交处理的，而是由其负责处置。这样的做法，主要是考虑到建筑资质本身的价值虽然巨大，但是相比于工程烂尾等引起的巨大索赔而言，资质的价值是不足以弥补的，将其纳入重整范围的话便会出现在投资人招募时无人问津的局面，因此由管理人处置该部分工程是最为合适的方式。且烂尾本身已经不能竣工验收，就更加无需谈及质量保修问题，故由管理人处置对于后续的保修责任也不会存在问题。

第二节　投资人招募的方式

一、理论背景

重整投资人的招募方式与后期管理人在保障重整投资人公平竞争问题上一脉相传。我国破产法等相关法律及司法解释对企业破产重整程序中重整投资人的规定尚不完善，未明确重整投资人的定位、权益保护内容。

2019年，深圳市中级人民法院印发了《深圳市中级人民法院审理企业重整案件的工作指引（试行）》，专门规定了重整投资人一章。其中第71条第3款规定了重整投资人的引进方式，即"重整投资人可以由债务人或管理人通过协商和公开招募的方式引进，也可以由债权人推荐"。2019年9月26日，山东省高级人民法院印发《山东省高级人民法院企业破产案件审理规范指引（试行）》，也在重整程序章节中专门设定了重整投资人招募的相关内容，规定了"债务人自行管理财产和营业事务的，债务人可以通过协商引进重整投资人""管理人负责管理财产和营业事务的，重整投资人由管理人向社会公开招募""经审查存在下列情形的，管理人可以申请协商确定重整投资人：债务人与意向投资人已经在债务人自行经营管理期间初步形成可行的债务清偿方案和出资人权益调整方案的；在重整申请受理时，债务人已确定意向投资人，该意向投资人已经持续为债务人的继续营业提供资金、代偿职工债权，且债务人已经就此制订出可行的债务清偿和出资人权益调整方案的；重整价值可能急剧丧失，需要尽快确定重整投资人的；存在其他不适宜公开招募重整投资人的情形，并经债权人会议或者债权人委员会同意的"等情形。此后，陆续有人民法院参照上述两个指引印发相关的企业重整工作指引。

由此可见，目前各地人民法院认可的确定重整投资人的方式主要包括：一是债务人或出资人自行寻找重整投资人；二是由其他主体推荐重整投资人；三是由管理人公开招募重整投资人；四是管理人协商确定重整投资人。

但这些不同的招募方式都需要遵循共同的基本原则。具体包括：

1. 公开、公平、公正的原则

公开、公平、公正是任何司法程序都应遵守的基本原则，在企业破产重整程序中尤为突出。企业破产重整案件参与主体众多，涉及利益关系复杂，人民法院审理企业破产重整案件，既要保护债权人利益，又要兼顾职工利益、出资人利益和社会利益，因此必须坚持公平的原则，才能妥善处理好各方面利益的冲突。公正首先意味着程序公正，公正是公平的前提和保证，公开能使重整活动置于各方利益主体及社会监督之下，从而确保公平与公正。

2. 社会效益与经济效益相统一的原则

重整制度设置的目的是挽救企业的经济和社会价值，避免因其破产清算造成的各种不良社会影响，同时使债权人得到较清算更多的清偿。重整是多方参与共同完成的，参与的主体有债权人、债务人、重整投资人、职工、原出资人至少五方。只有在保障重整企业正常恢复营业的情况下，重整参与方之间才可以合理分享重整的价值，只有实现重整参与方的共赢或多赢，才能实现重整的目标。重整参与各方存在利益冲突，在招募重整投资人时，要考虑重整参与各方权益的公平保护。单纯采取拍卖竞价的方式招募重整投资人，只能使债权人受益较多，而企业的继续经营等其他利益可能会减损。因此，重整过程中的重大决策要征求和尊重债权人的意见，并接受债权人会议的监督，但不能只考虑债权人的意见。在重整投资人的招募问题上，不能完全交由债权人意思自治。

3. 重整偿债率高于清算偿债率的原则

虽然破产重整中，保护债权人的利益不是唯一目标，但最大限度地保护债权人的权益，是重整的重要目标。因此，在综合考虑社会效果的前提下，重整的债务清偿率应高于清算状态下的债务清偿率。

二、主流招募方式评价

上文所述的债务人或出资人自行寻找重整投资人、由其他主体推荐重整投资人以及管理人协商确定重整投资人三种方式都属于非公开招募，有利于选择出满足困境企业需求的投资人，且具有效率高、保护商业秘密等优势。但是破产重整作为法律程序内的一项活动，不论债权人还是债务人，都应遵循公开原则，使得投资成本接近企业市场价值。因此，尽管理论中重整投资人招募的方式有多种，但由管理人发布招募公告、公开遴选重整投资人已成为诸多重整企业招募投资人的首选方式。

而此种方式又以不同的模式体现在实践操作中，具体如下：

（一）意向磋商式招募

该招募方式一般以债务人或出资人自行寻找重整投资人、由其他主体推荐重整投资人以及管理人协商确定重整投资人为前提，通过上述非公开招募的途径事先确定意向投资人，也可通过公开招募程序事先确定意向投资人。

国外在出售式重整中，有采用假马竞标规则（staking horse bid）[1]，实务中称为"假马竞标"模式。该模式一般是为了防止重整投资人投资对价过低而先行确定意向投资人即假马投资人，由假马投资人展开尽职调查并提交兜底报价，同时有利于吸引出价更高的竞标人展开竞争，有利于更大限度发现破产建筑企业的再生价值，为债权人带来更大的回报。假马投资人的出现，有利于提高重整成功率和效率，同时也可以加强投资人间的信息对称性，更能避免债务人的资产被贱卖，保障债务人能够最大化实现财产处置的效益。

此种招募方式多存在于公开选任时投资人不愿意付出成本尽调而导致无法对债务人的价值作出精确判断、多次流拍降价导致重整权益贬损甚至无人

---

[1] 池宏伟：《困境企业拯救的破产重整路径效率优化》，载《中国政法大学学报》2021年第4期。

出价导致破产清算、没有明确意向投资人使得债权人对困境企业顺利重整缺乏信心等；非公开选任则存在无法完全保证重整程序公开透明、对金融或国企债权人的表决形成障碍、因未表决通过重整计划（草案）导致无法按预期成为重整投资人从而产生高额尽调费用、资金成本等情形。

当然，此种情形下，"假马"并不一定是最后的中标人，因此往往需要通过契约约定"假马"的权利，并给予优先购买权和"分手费"等的保护与补偿。

（二）线上竞选式招募

为了充分体现重整投资人招募的公开性、公平性与公正性，越来越多的管理人选择在网络拍卖平台破产资产频道以竞价方式发布债务人所涉重整资产，合格意向投资人采用公开竞价形式对前述重整资产进行竞价，最终管理人根据竞价排名确认重整投资人。但这一规则普遍用于拍卖等商业活动，也被用于各类学术领域、房地产交易、金融市场交易，甚至政府招标等其他领域。

此种方式可利用互联网的跨地域特点和巨大力量扩大寻找潜在重整方的范围并且通过竞价实现重整企业的价值最大化，也保证了重整投资人确定程序的公正性。但不利于实现资源的优惠配置，或违背《全国法院破产审判工作会议纪要》第17条明确的重整重点，即维持企业的营运价值。

笔者承办的某程公司破产清算转重整案即采取线上竞选式招募。2020年5月27日，管理人通过网络破产强清平台就某程公司、某地公司重整投资人资格合并拍卖，最终由浙江某工钢结构公司于2020年6月30日竞拍成功。

（三）线下遴选式招募

建筑企业通过线下途径遴选重整投资人也较为常见。如果管理人选定线下遴选投资人，管理人往往事先通过线上平台发布招募公告，在招募公告中明确意向投资人需要提交的书面材料，以及有开展尽职调查的权利等，同时还要求意向投资人缴纳保证金等。当然，现在线下遴选方式对于意向投资人提交的参选文件都有较高的标准与要求，同时也要求开标过程中的评标委员会以及监督主体持公平、公正的态度。

该模式相对而言更具有灵活性，管理人可以灵活设置招募标准，也可以根据实际需要选定评委组。但同时，这种模式无法避免且容易造成全体债权人对招募过程存在串通等的质疑。

以某达建设、某达交通合并破产清算转重整案为例，管理人采用线下遴选式招募重整投资人。由管理人委托招标代理机构面向社会公开招募重整投资人，并明确意向投资人在报名后领取《重整投资人遴选文件》，并在规定期限内按《重整投资人遴选文件》的要求提交参选文件至招标代理机构处，最终由评标委员会依据重整投资人提供的资料和管理人事先拟定的评选标准进行综合评价，最高分者即为该案的重整投资人。

第三节 投资人确定的标准

基于接受推荐等非公开形式可能存在一定非议或风险，招募方式往往通过公开招募进行。那么，最终重整投资人是如何确定的呢？

一、实务中确定标准的模式

实践中，管理人确定重整投资人的方式主要有以下几种：

（一）以价格确定重整投资人

价高者得的规则自古存在。此规则首先是习惯规则，而我国颁布的《拍卖法》直接把拍卖规则法律化，几乎涵盖所有合理拍卖习惯准则，借助国家强制力使拍卖规则成为拍卖法的核心。[①] 一旦纳入法律体系，便使拍卖具有更鲜明的法律效力。一锤定音，价高者得，是拍卖活动公开、公平、公正原则的集中体现和必然要求。正因如此，管理人在办理建筑企业破产重整之类的案件中，通常选择通过网络拍卖平台完成重整投资人的招募。

这种模式将价格也就是破产案件的债权清偿率作为确定重整投资人的唯一标准，不仅程序上公开透明，而且符合维护全体债权人利益优先原则，也在一定程度上维护了社会的稳定。

(二) 通过综合评分确定重整投资人

实务中，管理人通常根据以下两个方面综合制定重整投资人招募标准：

1. 准入标准。准入标准是重整投资人参与重整程序的前置条件，一般包括投资人主体资格、投资人主体的资信情况、资金证明、缴纳投标保证金等。管理人在招募时往往要求重整投资人具备相当实力，参与建筑企业重整投资的对价在千万元到上亿元，这就要求投资人在较短时间内筹集大量现金，如无相应的资金实力，则不符合参与程序的准入门槛。同时，管理人都会要求投资人缴纳一定金额的保证金，也是为了筛选出真正有实力和意愿参与招募程序的企业或者个人，更可以通过评估投资人是否能够及时、完整地提交保证金，来判断其对该破产项目的认真程度和承诺程度。而对投资人主体的资信情况的考察，则是借以判断投资人信用的优劣，并作为决定中标与否的重要参考依据。

2. 评选标准。在多个意向投资人提出重整方案和报价的情况下，需由评标委员会按照评选标准确定最终重整投资人。大多数破产案件的重整投资人招募都以投资人报价的高低作为唯一的评选标准，简言之即价高者得，主要是为了保障全体债权人的利益最大化。但笔者认为，建筑企业有其特殊性，简单的报价高低并不足以评选出合适的重整投资人。据了解，建筑行业单纯倒卖建筑企业资质的中介甚多，如不考虑投资人本身对于行业的熟悉

[①] 参见左大鹏:《关于拍卖价高者得规则的若干思考》，载《江苏商论》2005年第11期。

度、专业性及对重整后企业发展的布局,即便该案重整成功了,也极有可能会导致二次破产。

以某达建设、某达交通合并破产清算转重整案为例,管理人在重整投资人招募时采用了综合评分的标准,以三个条件作为评分标准,分别是重整偿债资金数额(鉴于偿债资金是最常用也是最重要的一个标准,因此该标准所占总分的比例最高,该项占比为50%)、经营方案(该方案是对重整计划通过后投资人对于新重整企业的布局和经营计划,该项占比25%)、资质维护方案(因资质是建筑企业重整的核心要素,而企业进入破产程序后,建筑企业资质对应的行业标准往往已不能满足主管部门的要求,因此重整投资人必须有能力维护好建筑资质以免重整目的落空,该项占比25%),由评标委员会依据重整投资人提供的资料和评选标准进行综合评选。该种综合评分模式既尽可能地提高了全体债权人的债权清偿率,又最大限度地维持了企业的营运价值,某达建设、某达交通合并破产清算转重整案也吸引了多个意向投资人并最终成功招募了实力较为雄厚的重整投资人,使得本次重整发挥了极大的价值。

二、现实中确定标准的困境

建筑企业重整案件中,能否招募到重整投资人是重整成功与否的决定性因素,这又与重整投资人招募标准的设置息息相关。然而,管理人在实践操作过程中对于招募标准的确定面临诸多障碍,主要表现为:

(一) 如何确定招募标准

尽管实务中关于重整投资人的说法众所周知,但是通看现行破产法及其司法解释中并未明确出现重整投资人的概念,而是散见于各地司法规定当中,如此看来,对于重整企业的重整投资人招募过程中的相关标准制定的规定更是少之又少。因此实践中关于招募标准的制定不一,存在较多问题。

1. 过分依赖价高者得

管理人在招募投资人时,通常为了遵循公开、公平、公正的原则,通过网络拍卖平台完成重整投资人的招募工作。此种方式不仅能使重整活动置于各方利益主体的监督之下、保证重整活动的公平公正，还能通过"价高者得"的模式保障债权人利益的最大化。

但是《企业破产法》第 1 条规定："为规范企业破产程序，公平清理债权债务，保护债权人和债务人的合法权益，维护社会主义市场经济秩序，制定本法。"也就是说，破产法的立法目的不仅包括保护债权人利益，也包括保护债务人的合法权益以及维护市场经济秩序。而《全国法院破产审判工作会议纪要》第 17 条也点明了"重整不限于债务减免和财务调整，重整的重点是维持企业的营运价值"这一重要的关注点。而"价高者得"机制则是只问价格不问其他，该种机制是否合理，又是否合法？笔者认为在市场上通过公开且公正竞争的价格必然合理，但由于线上招募以价格为投资人选定的单一标准，难免会忽略对其他相关方利益和事项的考量，引发重整投资人招募的合法性危机。[1]

由此可见，虽然管理人在招募投资人时适用"价高者得"的规定明确了投资人确定的标准，但是显然该唯一标准违背了破产重整程序使重整中的利害关系人获得债务人企业的运营价值的核心理念[2]，也违背了《全国法院破产审判工作会议纪要》第 17 条明确的重整重点，即维持企业的营运价值。

2. 评价维度难以协调

管理人在招募投资人时需要遵循各项原则，但不同的原则背后体现了不同的价值追求，当原则背后的价值无法达到统一时，管理人该作出何种选择？例如，在建筑企业重整案件中，往往有不少投资人为了取得稀有的壳资源而愿意出高价参与到重整中来，但其又不需要利用债务人原有的经营事业继续经营，也有投资人会提交围绕着债务人原有经营事业的投资方案，且具备挽救破产企业的能力，但其出价又并非最高的。此时，维护全体债权人利益优先原则和投资与挽救并重原则追求的价值产生冲突，作为破产企业的管

---

[1] 参见左大鹏：《关于拍卖价高者得规则的若干思考》，载《江苏商论》2005 年第 11 期。
[2] 参见李曙光、宋晓明主编：《〈中华人民共和国企业破产法〉制度设计与操作指引》，人民法院出版社 2006 年版，第 145 页。

理人该如何取舍将成为一大难题。

3. 评价标准难以量化

上文所陈述的原则都具有抽象性，而评价主体在投资人招募评选过程中，并无法直接根据招募投资人的原则完成对意向投资人的评价。因此，在根据原则评价意向投资人时，需再对各项原则进行具体细分，以达成统一标准供评价主体实施。评价主体以此细化的标准体系完成对投资人的评价显然更具有可实施性，但是实践中具体如何细分尚未形成统一、可行的评价指标。

(二) 如何选定评价主体

当报名参与的意向投资人仅有一位符合条件时，该意向投资人即为重整投资人；当多个意向投资人都符合条件时，就涉及重整投资人的评选。评选重整投资人，特别是重整投资方案的选择，将直接影响重整计划草案债务人经营方案、债权清偿方案、出资人权益调整等核心内容。但《企业破产法》及司法解释并未对重整投资人的评选程序进行相应规定，此时，重整投资人的评价主体至关重要。

在确定建筑企业重整投资人的实践操作中，一般有以下几种方式组成评价主体：

一是由管理人直接作为评价主体，根据事先拟定的评价指标对参与最终重整投资人招募程序的意向投资人进行评价、打分，分数最高者作为最终的重整投资人，并由管理人将评比结果汇报人民法院及全体债权人。

二是由债权人直接作为评价主体，管理人在完成重整投资人招募的前期工作后，将最终参与竞标的意向投资人提交的全部材料整理成册，并提交债权人会议表决，由债权人会议决议最后的重整投资人中标人，但该种评价主体实施评价行为的前提是管理人、债务人已掌握重整计划草案的基本方向，并将重整思路和重整计划的核心内容预先提交债权人会议表决。如果在债务人经营方案、偿债方案及出资人权益调整方案等核心内容均不明确，债权人不可能作出选择。

三是由管理人组织法院、债权人代表、债务人代表、职工代表、行业专家等主体组成综合评定小组（与重整投资人有利害关系的人员，一般不参与评审），由综合评定小组直接作为评价主体，根据事先拟定的评价指标对参与最终重整投资人招募程序的意向投资人进行评价、打分，分数最高者作为最终的重整投资人，并将评定结果形成重整计划草案提交债权人会议表决。①

由管理人直接作为评价主体进行打分确定重整投资人的操作容易遭到来自各方主体的质疑，特别是管理人在根据评价指标确定最终中标人并非出价最高者时，债权人或许会认为管理人未充分考虑到全体债权人的合法权益。而第二类由债权人直接作为评价主体进行表决确定中标人虽然较为简单、高效，但会发生利益冲突问题，债权人往往站在自身角度考虑问题，其主张的仅是债权人利益的优先以及最大化，通常有悖于破产重整的初衷，同时会忽视出资人和债务人职工的参与权，甚至忽视不同类型债权人的不同利益诉求。这两类评价主体存在一个共同的问题——知识体系的局限性。建筑企业破产时，最好由懂建筑、懂造价、懂行业的"专家"作为破产管理人，在招募重整投资人时才能更好地识别出优质竞标人。因此，为试图解决上述两类评价主体的缺陷，第三类评价主体应运而生，但是该评价主体仍然存在债务人与债权人之间的立场冲突问题。此外，因规范层面没有为投资人的评价主体选择提供必要的程序支持，导致司法实践中投资人的评价主体组成各不相同，为尽可能避免招募结果遭受质疑，不论哪种类型的评价主体，评价指标中的标准定量内容应多于定性内容，尽可能降低评价主体的主观"偏好"的影响。②

（三）如何设定标准确立程序

实务中存在债务人作为招募主体时招募标准的确立程序和管理人作为招募主体时招募标准的确立程序两种形式。

---

① 参见张丽平、陈江刚：《建筑企业重整中投资人招募选定之实务问题研究——以利益相关者间的利益冲突为视角》，载《建设法苑》2022 年第 6 期。

② 参见张丽平、陈江刚：《建筑企业重整中投资人招募选定之实务问题研究——以利益相关者间的利益冲突为视角》，载《建设法苑》2022 年第 6 期。

当自行管理的债务人作为招募主体时，通常缺乏合理的招募标准确立程序。债务人企业往往根据自身的偏好去寻找投资人，缺乏必要的监督程序，从而使得投资人的招募可能存在债务人借机进行财产转移的问题。因此，需要建立起投资人确立标准的程序。

当管理人作为企业管理者时，理应由其作为招募主体。但管理人一方面缺乏建筑企业经营的经验；另一方面也缺乏对投资人的专业判断。这导致管理人拟定投资人标准时缺乏必要的支撑，所拟定的标准未经过正当程序的论证，不符合公开、公平、公正的原则。因此，也需要建立起投资人确定标准的程序。

三、投资人确定标准的完善

（一）招募标准的确立主体

根据《企业破产法》第80条规定，债务人自行管理财产和营业事务的，由债务人制作重整计划草案。管理人负责管理财产和营业事务的，由管理人制作重整计划草案。也就是说，谁负责管理债务人财产和营业事务，就由谁负责制作重整计划。招募重整投资人、协商重整投资事宜是制作重整计划的基础，因此根据《企业破产法》的精神，谁管理债务人财产和营业事务，谁便是招募重整投资人的责任主体。

此外，北京市第一中级人民法院发布的《北京破产法庭破产重整案件办理规范（试行）》第91条规定："管理人、债务人、债权人等重整利害关系人都可以通过协商推荐或引进重整投资人。人民法院、管理人或自行管理的债务人亦可根据需要决定向社会公开招募重整投资人。"即人民法院也可以作为招募重整投资人的责任主体。

实践中，自行管理的债务人或者管理人作为招募主体较为常见。针对不同的招募主体，招募方式也有所区别。当债务人自行管理财产和营业事务时，债务人股东、经营管理人员等对债务人的基本情况、商业合作伙伴、企业发展规划等较为熟悉，可以考虑优先通过协商的方式确定重整投资人，一定期限内协商不成的，采取公开方式招募。当管理人作为招募主体时，不具备上述优势，应优先通过公开方式招募。此时，不论是债务人还是管理人，均避免不了确立招募标准的问题。

（二）招募标准的确立程序

1. 债务人作为招募主体时招募标准的确立

自行管理的债务人作为招募主体时，债务人应根据企业发展规划制定符合理想投资人的招募标准及评分细则。拟定标准后，应提交管理人审阅，由管理人进行初步审核。如管理人认为需要修改的，应退回债务人处，如管理人审核通过的，由管理人负责向全体债权人进行公示并征询债权人意见，最终报人民法院备案。

2. 管理人作为招募主体时招募标准的确立

当管理人作为招募主体时，管理人应当结合履职过程中对破产建筑企业的尽职调查报告以及价值中立且具备建筑行业专业分析能力的第三方专家意见制定符合理想投资人的招募标准及评分细则。拟定标准时，管理人可邀请债务人提出意见。拟定标准后，由管理人负责向全体债权人进行公示并征询债权人意见，最终报人民法院备案。

（三）评价标准的量化

公开、公平、公正原则为招募程序的基本原则，也无法对其进行量化。但在社会效益与经济效益统一的原则中，可以从投资人的背景、投资的价格、投资人的风控能力、投资回报等内容赋予打分比重。而针对重整偿债率高于清算偿债率的原则，虽保护债权人的利益不是唯一目标，但仍应当注重债权人债权的最终实现，因此可以从债权实现的比例、实现时间、实现不能的风险等内容赋予相应权重。如某达建设、某达交通合并破产清算转重整案中，管理人分别赋予重整偿债资金数额（该项占比为50%）、经营方案（该项占比25%）、资质维护方案（该项占比25%）相应比例以量化评价标准。

(四) 投资人招募的评价主体选定

为尽可能做到公开、公平、公正，建议在选定招募评价主体时达到多方参与的效果。因此，即便上述的各类评价主体都存在或多或少的缺陷，笔者仍建议由管理人组织法院、债权人代表、债务人代表、职工代表、行业专家等主体组成综合评定小组进行投资人招募的评价。同时，管理人需将提前确定的评价标准交由各评价主体。因评价标准中已尽可能降低了评价主体的主观"偏好"的影响，因此通过综合评定小组进行投资人招募的评价相对而言会更公正。

(五) 理想型投资人的画像

前文已讲到，"价高者得"在表面上明确了投资人确定的唯一标准，但是该标准显然违背了重整的重点与目的，即维持企业的营运价值。正如有学者所言："重整制度将债务清偿与企业拯救两个目标紧密结合，一方面，通过对债务关系的调整，消除破产原因，避免企业破产；另一方面，则将债权人权利的实现建立在债务人企业复兴的基础上，全面采取重整措施，力图保留企业的营运价值，以企业继续经营所得或战略投资者收购企业的投资偿还债务，最终使企业得到挽救，债权人得到较破产清算更多的清偿。"[1] 也就是说，在制定重整投资人的招募标准时，不能单一以价高者得为标准，同时要以重整目的即维持企业运营价值为标准。

在建筑企业重整案件中，什么样的投资人可以称为理想型投资人？建议从以下五个方面着手构建理想型投资人的画像。

1. 投资人背景

评分的第一个因素是投资人的背景，包括但不限于投资人的投资经验和专业知识。根据笔者在全国企业破产重整案件信息网中查阅到的重整投资人招募公告中，越来越多的管理人将该因素作为重整投资人条件的加分项，如

---

[1] 王欣新：《破产法》（第四版），中国人民大学出版社2019年版，第286页。

某飞公司重整投资人招募公告①中明确"对相关行业熟悉，具备与某飞公司重整相适应的施工项目经营能力、管理能力者优先，有相关行业投资、并购、整合经验者优先"；某元公司、某磊公司招募投资人公告②中载明"意向投资人应具备与重整企业规模相适应的经营和管理能力，拥有重整企业所属行业经营管理经验或并购整合经验者优先考虑"。甚至有管理人直接以相关投资经验作为入选意向投资人应当具备的条件，如某瑞公司破产清算案意向买受人招募公告③中的意向买受人需要满足"近一年内成功中标且分立完成过两家破产企业具备建筑工程施工总承包一级或更高等级资质的成功案例。提交投资协议原件，投资款支付转账凭证、完成证明等充分证明案例真实性的材料"的条件；某大公司破产清算案投资人招募公告④中要求意向投资人"拥有近两年两个以上破产清算（或重整）案件中建筑工程施工总承包一级资质或更高资质转移项目的成功经验，并提供相关证明材料"；某家公司破产招募投资人公告⑤中明确要求"近一年内成功中标3家及以上持有建筑工程总承包一级资质或更高资质、机电工程施工总承包二级或更高资质、建筑装修装饰工程专业承包二级资质或更高资质的建筑企业的破产清算或重整投资人"。根据管理人的实务经验，具有丰富经验和专业知识的投资人往往更有可能作出明智的投资决策。当然，如果意向投资人仅是进行单纯财务投资，则不需要考虑相关经验背景，如某洋公司意向重整投资人招募公告⑥中提出"意向投资人可进行战略投资或单纯财务投资""意向投资人拟

---

① 参见全国企业破产重整案件信息网，https://pccz.court.gov.cn/pcajxxw/pcgg/ggxq？id=11F3B44BA90FE59107BA0527E3A869B0，最后访问日期：2024年4月15日。
② 参见全国企业破产重整案件信息网，https://pccz.court.gov.cn/pcajxxw/pcgg/ggxq？id=E0BD204E5ACFCA4C642E165D8FA83587，最后访问日期：2024年4月15日。
③ 参见全国企业破产重整案件信息网，https://pccz.court.gov.cn/pcajxxw/pcgg/ggxq？id=81D541B4E9FAC6EC5605D2BE0CF0A05D，最后访问日期：2024年4月15日。
④ 参见全国企业破产重整案件信息网，https://pccz.court.gov.cn/pcajxxw/pcgg/ggxq？id=13F3D7AC1F9D68750311786993ED3098，最后访问日期：2024年4月15日。
⑤ 参见全国企业破产重整案件信息网，https://pccz.court.gov.cn/pcajxxw/pcgg/ggxq？id=FCD95501E6812BDC7DF02F60541B8FF6，最后访问日期：2024年4月15日。
⑥ 参见全国企业破产重整案件信息网，https://pccz.court.gov.cn/pcajxxw/pcgg/ggxq？id=5F5123984CF4AFC157E8B728BFD510C1，最后访问日期：2024年4月15日。

成为战略投资人的，应具备与某洋公司重整相适应的经营和管理能力（具有相近行业经验者优先）；意向投资人拟成为财务投资人的无需遵照此条"。此外，投资人还需具备破产重整的相关知识和经验，以防止不必要的损失。

2. 投资成本

评分的另一个因素是投资成本。重整过程中需要大量的资金投入，所以管理人在制定招募公告时都会考虑投资人的资金来源和投资成本。如果投资人能够提供低成本的资金支持，则可以获得更高的评分。综观从全国破产企业案件重整信息网中查阅到的重整投资人招募公告，管理人出于稳妥考虑，一般都会要求投资人出具相应的资信证明或其他履约能力证明，同时管理人也会在"投资人的基本条件"项中设定类似于"意向投资人系企业法人或非法人组织的，应依法设立并有效存续，具有较高的社会责任感和良好的商业信誉，无数额较大到期未清偿债务，无作为失信被执行人的案件"的条件，以最大限度确保投资人的经济状况良好，有进行对外投资的能力。

3. 投资回报

除上述所讲的因素之外，还需考虑投资人的投资计划和投资结构是否合理，换言之，就是投资人的投资计划能否使投资人获取合理的回报。某洋公司意向重整投资人招募公告[①]中要求"意向投资人未来提交的《重整投资方案》应包括投资总金额、对某洋公司的经营方案（包括对企业财产的管理、使用、处分的方案，后续营业及业绩预算等）、债权调整及受偿方案、出资人权益调整、职工安置等内容"，其实质是让评价主体通过意向投资人提交的经营方案了解投资人在重整计划通过后对于新重整企业的布局和经营计划，并对该方案所体现的营运价值进行评价。显然，营运价值越高，则越符合重整制度建立的初衷，获得的评分也应当越高。

[①] 参见全国企业破产重整案件信息网，https://pccz.court.gov.cn/pcajxxw/pcgg/ggxq?id=5F5123984CF4AFC157E8B728BFD510C1，最后访问日期：2024年4月15日。

4. 资质维护能力

因资质是建筑企业重整的核心要素，通常关系到企业的生产经营、工作质量、企业信用、市场竞争力等多个方面，因此，意向投资人的资质维护能力也应当作为招募标准之一。一般而言，企业进入破产程序后，建筑企业资质对应的行业标准往往已不能满足主管部门的要求，如重整投资人具备较强的维护建筑资质的能力，则可以避免重整目的落空，保证新重整企业后续的正常运作，也可以提高新重整企业的综合实力，更可以使新重整企业稳定、长远地经营下去。

5. 风险评估及管理能力

重整过程中存在很多风险，如果投资人能够有效地评估及管理风险，则可以获得评价主体更高的评分。但笔者在全国破产企业案件重整信息网中查阅到的重整投资人招募公告中，少有管理人会提及投资人自身的风险评估能力以及风险管理能力。例如，某城公司破产重整案重整投资人招募公告[1]中管理人简单提到"重整投资人需结合自身的商业判断和风险评估，根据管理人的要求提交报名材料"；某盛公司投资人招募公告[2]中要求投资人"知悉并接受交易过程中的全部风险"；某展公司破产清算案投资人招募公告[3]中明确投资人需"知悉并接受资质处置过程中的所有风险，包括但不限于全资子公司无法设立、资质平移无法完成，受让子公司股权可能承担的债务风险、税务风险等"；而某发公司二级资质重组分立招募公告[4]则对项目的瑕疵及风险披露作了特别说明"因某发公司系进入破产清算的企业，资料不全、涉诉多、被列入失信、信用记录修复、子公司设立、资质分立等方面面临诸多困难，这些问题涉及政府诸多部门，且存在较多法律法规及政策盲

---

[1] 参见全国企业破产重整案件信息网，https：//pccz.court.gov.cn/pcajxxw/pcgg/ggxq？id＝89D60809BAB16BE8746F6FA1A4362D72，最后访问日期：2024年4月15日。

[2] 参见全国企业破产重整案件信息网，https：//pccz.court.gov.cn/pcajxxw/pcgg/ggxq？id＝C451B445817BD52FFF7538855BABBAC9，最后访问日期：2024年4月15日。

[3] 参见全国企业破产重整案件信息网，https：//pccz.court.gov.cn/pcajxxw/pcgg/ggxq？id＝9D5919692C49EA029A39BEC2C0F73D09，最后访问日期：2024年4月15日。

[4] 参见全国企业破产重整案件信息网，https：//pccz.court.gov.cn/pcajxxw/pcgg/ggxq？id＝37EAB6BF0A800D4BA93D6BA003346CCC，最后访问日期：2024年4月15日。

点，由此可能导致报名人无法及时完成的情形，报名人需自行承担因此带来的一切风险。对于管理人未知的、未披露的、潜在的及可能有的瑕疵、风险，各报名人应当自行进行尽职调查，意向报名人决定参与的，应对该公司进行充分的尽职调查，理解可能尚需承担的其他责任和义务，一旦提交报名材料即视为对本次风险的完全确认，并同意承担所有风险和瑕疵"。事实上，重整投资人能否恰当地评估重整项目的风险，制定并执行风险管理策略对于重整项目起着至关重要的作用。因此，在拟定招募标准时，可以将该因素作为衡量的标准之一。

第四节　投资人确定后的权益实现

投资人是破产企业进入重整程序摆脱困境的"援手"，对于新重整企业能否涅槃重生起着举足轻重的作用。但综观我国的《企业破产法》，并没有明确规定投资人的参与程序以及权益实现等。鉴于投资人是推动重整程序的关键因素，有必要对投资人确定后其权益的实现进行探讨。

一、股权转让的实现

在目前的重整案件中，投资人多数通过战略性投资的方式参与破产重整，即投资人通过向困难企业进行投资来获取困难企业的股权，进而来获取未来的长期收益。[①] 该方式涉及以股权变更的方式对出资人权益进行调整。此时如果股东的股权存在查封或者权利负担，股东将股权让渡给第三人将损害相关权利人的利益，相关权利人不同意解除质押和保全，极有可能会导致重整计划无法执行，而又走向清算。

[①] 参见魏杭周：《破产重整投资人权益保护机制探析》，载《法制博览》2021年第19期。

(一) 实践中对于被查封或被质押股权的通常处理方式

1. 质权人或查封人主动放弃权利

在某家公司破产重整案中,重整计划草案依据生效裁判文书中确认质押权人无条件放弃股权上的质押权利。质权人如自愿且无条件放弃股权上的质押权利,愿意配合解除质押登记的,属于《民法典》第435条规定的质权人可以放弃质权的情形。此种情形下,质权人对企业股权的质押权消灭,质押登记应当依法解除,投资人获取重整企业股权显然不再存在条件障碍。

在质权人和查封人自愿放弃的情况下,解除质押登记自然是毫无问题,但是在实践中更多质权人和查封人是不愿意放弃该权利的。此时,股权变更问题仍然是导致重整计划无法执行的不稳定因素。

2. 直接由人民法院解除查封手续或质押登记手续

在某农庄公司破产重整案件中,因股东持有的股权设定了质押登记导致无法直接依照重整计划的约定向投资人完成股东的变更登记。此种情况下,受理该重整案件的人民法院直接作出裁定,解除了股东股权的工商质押登记手续,并出具《协助执行通知书》,要求市场监管局协助解除股权质押手续并办理股权的工商变更手续,最终以此种方式将股权变更至投资人名下。

3. 请求共同上级法院决定解决

作为我国"破产重整第一案"的某场公司破产重整案,在重整计划获房山法院裁定批准后,却因为出资人的股权被广东、山东等六家法院冻结而无法将股权变更到投资人名下。而重整计划里规定只有在股权过户之后,投资人才提供清偿债务和支付破产费用的资金。经过房山法院不懈努力,最高人民法院主持召开了由广东、山东等六省市高级法院参加的研讨会,并作出特例批复,要求广东、山东等地法院在不损害权利人利益的前提下,协调处理股权解冻事项。此后,北京高院与房山法院也多次与相关法院沟通协调,最终对出资人股权解除冻结,完成工商变更登记。

4. 在人民法院协调下多方解决

在某洋公司破产重整案中,出资人向投资人无偿转让全部股权作为重整计划的主要内容之一。但出资人的股权已经设立质押登记，并存在不同法院的多轮冻结措施。重整计划被启东法院批准之后，却因为存在股权质押情形无法进行工商变更登记。最终，由启东法院向启东市工商局出具《协助执行通知书》，并经过债务人、管理人、债权人、投资人、人民法院、工商行政部门的多次沟通后，才完成某洋公司的股东变更登记。

(二) 实践中对于被查封或被质押股权处理方式的问题

1. 重整计划是否能对存在股权负担的股权进行调整

重整计划，是指由重整人制定的，以维持债务人继续营业、谋求债务人复兴为目的，以清理债权债务关系为内容的多方协议。重整计划名为计划，实际是一个协议。正常情况下，重整计划约束的是债务人、债权人以及投资人，所调整的财产是债务人的财产，因此属于股东个人的债务人的股权原本不应当属于重整计划调整的范围。但是根据《企业破产法》第85条第2款的规定，重整计划草案涉及出资人权益调整事项的，应当设出资人组，对该事项进行表决。《企业破产法》用特殊规定，将其纳入了调整的范围。出资人权益调整是指在重整程序中对公司股权结构的调整，即在破产重整程序中，通过对出资人所持有的公司股份进行调整出让给重整投资人或者出资人增加投资，改变公司内部股权结构和股权分布，促使公司重整成功。因此我们常说的股权让渡、缩股应当属于出资人权益调整的范畴。换言之，一般情况下，重整计划是有权调整出资人权益、让渡股权的。

但依据《民法典》第443条"以基金份额、股权出质的，质权自办理出质登记时设立。基金份额、股权出质后，不得转让，但是出质人与质权人协商同意的除外。出质人转让基金份额、股权所得的价款，应当向质权人提前清偿债务或者提存"之规定，显然，如果在破产程序中，设定了质权的股权依旧具备价值，那么重整计划便不能直接调整，需要征求质权人同意后方可实施。在此种情况下，多数质权人会以自身权益无法得到保障而持否定意见。

2. 法院能否依据重整计划解除需调整股权上存在的权利负担

尽管目前实践中有许多法院依据重整计划出具法律文书将股权上的负担

强制解除，但是这种做法到底是否合法是有待商榷的。虽然重整计划最终是由人民法院裁定批准，并经生效法律文书所确认，但人民法院发出协助执行通知书是以要求协助执行的事项具有可执行效力为前提的。而重整计划中关于企业经营重组方面的方案，如股权与资产变更归属、营业业务的调整等，是可以具有强制执行效力的。因重整计划是经法院裁定批准生效的，其效力就不仅是当事人之间自行履行的一般合同效力，而是兼具司法强制执行效力的生效法律文书，应当得到法院的执行保障。[①] 因此我们认为重整计划是具备可执行力的。

3. 重整计划表决时是否应将股权质权人纳入参与表决主体

《民法典》第436条规定："债务人履行债务或者出质人提前清偿所担保的债权的，质权人应当返还质押财产。债务人不履行到期债务或者发生当事人约定的实现质权的情形，质权人可以与出质人协议以质押财产折价，也可以就拍卖、变卖质押财产所得的价款优先受偿。质押财产折价或者变卖的，应当参照市场价格。"股权质权既有物权特征又有债权特征，但其非完整的物权也非完整的债权。股权质权对股权具有依附性，但质权人不能实际占有股权，不能替代股东在企业行使权利、履行义务。且依据《企业破产法》第59条规定："依法申报债权的债权人为债权人会议的成员，有权参加债权人会议，享有表决权。债权尚未确定的债权人，除人民法院能够为其行使表决权而临时确定债权额的外，不得行使表决权……"可见能够参与表决的前提是其是破产企业的债权人且已经向管理人申报债权并经过确认，或由人民法院决定临时债权额。由此可见，将质权人纳入重整计划的表决主体范围显然是不合适的。

4. 管理人是否应当提前审查股权质权是否合法有效

重整企业的股权不属于重整企业财产，依照现有《企业破产法》相关规定，并不属于管理人清查资产的范围。因此，在重整计划涉及调整出质股权时，因股权质权人并非企业重整程序的参与一方，重整程序中管理人对股

[①] 参见王欣新：《谈重整计划执行中的协助执行》，载《人民法院报》2016年7月13日，第7版。

权质权是否有效、是否应当通过重整程序实现并不进行审查。这也就导致质权是否有效、是否应当在重整程序中实现等问题，都集中在重整计划执行阶段去落实。在质权人不配合协助解除质权登记时，长时间进行沟通协调无疑增加了重整计划执行成本。对于该问题，管理人可以有意识地提前沟通、提前审查，这样可以大大减少时间成本以及降低重整计划执行失败的风险。

（三）重整中股东股权受限情况下股权转让的处理之道

综合前文分析，企业重整中股东股权受限情况下股权转让的处理方法主要从以下两方面进行：

1. 对于股权查封的处理

依据《最高人民法院关于适用〈中华人民共和国民事诉讼法〉的解释》第 165 条"人民法院裁定采取保全措施后，除作出保全裁定的人民法院自行解除或者其上级人民法院决定解除外，在保全期限内，任何单位不得解除保全措施"之规定，在重整计划执行时，如果出资人股权被保全而无法过户，在重整案件受理法院和裁定保全法院是同一法院的情况下，可以自行解除保全；不是同一法院的，可以向作出查封裁定的人民法院去函申请解除，或者由重整受理法院逐级上报共同上级法院，请求上级共同法院解除保全，进而完成股权过户。

2. 对于股权质押的处理

如果股东的股权存在质押，建议先与质权人进行协商，看其是否能够主动协助重整投资人办理股权变更手续，或者能够依据《民法典》第 433 条的规定解除质押登记完成股权过户。当然这两种方式存在较大的不确定因素，只要质权人或者股东不同意便难以实施，进而直接导致重整计划的执行不能，因此我们通常还是需要考量强制解除质押权的合法性与可能性。

上文已经讲到，重整计划虽然可以对股权进行调整，但是如果股权依旧具备价值，则需要征求质权人的同意，否则合法性将存疑。那么到底如何来评价股权是否具备价值呢？

笔者认为，从实践操作来看，只能由独立的第三方评估机构来明确股权是否具备相应的价值。我们在判定股权是否具备价值的时候，应当建立在企业重整的条件下，如果在破产清算的条件下进行评估，极少有企业资产大于负债。对于重整股权的价值评估不应当以简单的所有者权益作为依据，例如建筑企业的建筑资质无法体现在公司的资产负债表内，但是建筑资质就是一项具备价值的行政许可，在企业进行重整的条件下能够实现其价值。当然从程序上来说，在管理人获得评估报告后应当告知质权人，允许其对评估报告提出异议。在经过上述程序后，如果股权最终价值被认定为零，则可以由人民法院强制解除质押登记。此项做法，尽管目前尚没有明确的法律规定，但是笔者通过查询发现四川省高级人民法院2019年3月发布的关于印发《关于审理破产案件若干问题的解答》的通知中作出回应，该通知指出"当债务人企业资不抵债时，所有者权益为负，出资人的权益价值为零，对出资人权益的调整由出资人行使表决权，股权价值调整为零，不影响出资人本应向股权负担相关权利人承担的债务偿还责任以及其导致质权人设立股权质押的目的落空所遭受损失的损害赔偿责任；当债务人企业资产大于负债，但又缺乏及时清偿能力的，出资人权益仍具有账面价值，出资人权益调整方案应同时兼顾股权质押权人的权益，股权质押权人对方案有异议的，受理破产重整的人民法院可以组织召开听证会听取各方利害关系人的意见，尽量通过协商解决，若协商不成，重整计划草案中的出资人权益调整方案应确保出资人权益调整后股权质押权人的利益，不低于调整前其就股权质押权可以获得的利益"。此规定亦是以股权是否具备价值作为是否需要征求质权人意见的评判标准，既强调要保护质权人的利益，也充分考虑了重整计划的执行。当然这种方式仅仅是在目前法律尚未有明确规定下的变通做法，想要一劳永逸地解决此问题还是需要国家从立法层面上明确该问题，如可以参照《企业破产法》第19条的内容，在法院裁定受理破产重整申请后，对出资人股权的保全措施应当解除，执行程序应当中止，同时为了维护权利人的权益，可以要求出资人另行提供担保。如出资人无法或不愿另行提供担保的，可由权利人在查封、质押股权份额内代替出资人行使其在破产重整中的权利。

二、信用修复的实现

即使重整计划取得了债权人会议的表决通过和法院裁定，案件从法律层面取得成功，但实践中，重整投资人获得了建筑企业的主体资格和壳资源后，仍然无法开展正常经营。这是因为建筑企业通过招投标方式中标项目并组织施工或转包、分包、允许他人挂靠施工等获得利润、管理费，但破产前企业往往存在不良信用记录，包括税务系统内的黑名单及欠税记录、银行征信黑名单及逾期记录、市场监督管理部门的不良记录以及法院强制执行系统的失信名单等，如无法及时修复，建筑企业的投融资、投招标等事项皆无法开展，这无异于扼住了重整后新企业经营发展的咽喉，重整目的将落空，重整计划亦无法得到顺利执行。

（一）破产重整企业信用修复的内容

1. 税务信用

管理人在进行破产重整企业税务信用信息修复时主要涉及两方面内容：一是税务登记信息变更，即企业在重整过程中因引入重整投资人而需要对企业法定代表人的税务登记进行变更；二是企业纳税信用评价变更，即企业进行破产重整后，其纳税信用评价需重新测评。

2. 银行征信

破产企业在进入破产程序前往往存在银行贷款逾期不还的现象，因此极有可能在银行的征信系统中留下不良记录。《征信业管理条例》规定个人不良信息的保存期限自不良行为或者事件终止之日起 5 年，但未明确企业不良信息保存期限。根据笔者的实务经验，企业不良信息往往长时间保存，如破产企业重整成功，新重整企业在经营过程中不可避免地需要向银行申请贷款，因此需要及时对该负面信息进行消除。

3. 工商信用

进入破产程序前企业相关的涉诉涉执、行政处罚等信息会被记录在企业信用查询系统之中，并对外公布，且不会因重整进行区分或者删除。工商系统中不良记录继续保留也就意味着新重整企业仍有可能受原企业影响，容易降低企业社会评价，进而对新重整企业经营行为造成负面影响，或使其再次面临经营困境和破产风险。

4. 司法失信

企业进入破产程序，通常意味着企业经营不善，大量的债权债务纠纷进入诉讼、执行阶段，长期无法清偿到期债务致使企业被列入失信被执行人名单，以对其进行信用惩戒。但随着企业司法信用降低，即使建筑企业想要继续正常经营，也将面临各种诸如招投标丧失商誉等难题。因此，建筑企业通过破产重整程序获得再生后，需要积极恢复或重建司法信用。

5. 建筑市场主体黑名单

针对建筑市场，住房和城乡建设部印发《建筑市场信用管理暂行办法》，要求建立建筑市场主体"黑名单"制度，并明确了列入建筑市场主体"黑名单"的标准和条件，通过建筑市场监管公共服务平台向社会公开。建筑市场主体"黑名单"的管理期限为1年，期限届满可移出名单。对于列入建筑市场主体"黑名单"的，要采取惩戒措施，在市场准入、资质资格管理、招标投标等方面依法给予限制，并通报给其他部门实施联合惩戒。

此后，全国各地又纷纷制定相关政策，对具有建筑工程、市政公用工程施工总承包资质的建筑施工企业，在各地区范围内实施信用评价。对无信用评价记录或信用评价结果为较差的市场主体将作为重点监管对象，依法采取限制市场准入、限制或禁止从业等惩戒措施。

建筑企业破产重整后，除了需要尽快解除上文提到的失信内容，还需要针对行业本身的失信记录予以积极修复，否则建筑企业仍无法进行招投标，无异于落空了重整目的。

(二) 破产重整企业信用修复的现状

在推进破产重整企业再生的过程中，企业信用修复尚存在以下几方面的难点：

1. 税务信用修复提升难

尽管纳税信用修复问题得到了中央与地方的政策支持，但是实践中管理人清偿完税收债权后，信用等级并不能恢复至最原始的信用等级，且因重整前的滞纳金作为普通债权得不到全额清偿而一直无法核销，导致新重整企业退税存在困难。此外，破产企业本就资不抵债，在和解、重整过程中，迫切需要给予一定的税收优惠政策以减轻重生成本。优惠政策的享受则需要依托于良好的税务信用等级，税务信用等级高低又取决于包括滞纳金在内的税收债权完全清偿。如此一来，使新重整企业陷入了闭环式的困境。

2. 工商信用信息更新不全面

由于破产重整前后企业主体同一，即使重整成功，企业重整之前的涉诉涉执、行政处罚等信息依旧会被记录在企业信用查询系统之中，并显示已被列入经营异常名录或严重违法失信名单。但综观"国家企业信用信息公示系统"，并没有相应区域显示该企业进入重整或者重整成功，使得新重整企业仍受困于不良工商信用的影响中。

3. 金融信用不良记录消除难

虽然管理人向银行申请信用修复，后者会以"征信中心说明"的方式消除企业失信影响，但部分金融机构以《企业破产法》出台之前金融系统部门规章规定不准许企业销户，并以银行账户内债务尚未全额清偿为由，在内部系统中依旧将企业纳入贷款"黑名单"内，在企业申请贷款风险评估时不予通过，导致企业恢复经营重要融资渠道不畅。

4. 异地司法失信修复成功率低

建筑企业因其行业的特殊性，业务遍及全国各地，同时受模式影响，司法失信遍及全国法院。实践操作中，管理人在向本地人民法院申请解除失信时遇到的障碍较少，但对异地法院提出申请得到支持的成功率则较低，无疑对新重整企业后续的生产经营活动产生较大负面影响。

5. 建筑市场失信消除复杂

建筑市场主体黑名单的消除通过"信用中国"网站查询企业信用信息，找到具体行政处罚记录，进入"行政处罚信息信用修复申请"页面后，操作人需按程序提交修复材料，得益于"互联网+"模式，可以通过线上直接将修复申请传递到作出具体行政处罚的原始部门。但信用修复也是有限度的，企业如存在部分情形则不予进行信用修复。如湖北省住房和城乡建设厅印发的《湖北省建筑市场信用管理办法（试行）》，列明了企业进入破产程序的信用不得修复。

(三) 破产重整企业信用修复的政策支持

2019年，国务院办公厅发布《关于加快推进社会信用体系建设构建以信用为基础的新型监管机制的指导意见》，规定探索建立信用修复机制。失信市场主体在规定期限内纠正失信行为、消除不良影响的，可通过作出信用承诺、完成信用整改、通过信用核查、接受专题培训、提交信用报告、参加公益慈善活动等方式开展信用修复。修复完成后，各地区各部门要按程序及时停止公示其失信记录，终止实施联合惩戒措施。加快建立完善协同联动、一网通办机制，为失信市场主体提供高效便捷的信用修复服务。鼓励符合条件的第三方信用服务机构向失信市场主体提供信用报告、信用管理咨询等服务。

为推动和保障管理人依法履职，提高破产效率，充分发挥破产制度作用，进一步优化营商环境，2021年2月25日，国家发展和改革委员会、最高人民法院、中国人民银行、中国银行保险监督管理委员会等十三部门联合印发《关于推动和保障管理人在破产程序中依法履职进一步优化营商环境的意见》（以下简称《意见》），明确中国人民银行、银保监会、证监会等按职责分工负责支持重整企业金融信用修复，即在人民法院裁定批准重整计划或重整计划执行完毕后，重整企业或管理人可以凭人民法院出具的相应裁定书，申请在金融信用系统基础数据库中添加相关信息，及时反映企业重整情况。鼓励金融机构对重整后企业的合理融资需求参照正常企业依法依规予以审批，进一步做好重整企业的信用修复。《意见》也明确了税务总局及相关部门按职责分工负责支持企业纳税信用修复，即在重整或和解程序中，税务机关依法受偿后，管理人或破产企业可以向税务机关提出纳税信用修复申请，税务机关根据人民法院出具的批准重整计划或认可和解协议的裁定书评价其纳税信用级别。已被公布重大税收违法失信案件信息的上述破产企业，经税务机关确认后，停止公布并从公告栏中撤出，将相关情况及时通知实施联合惩戒和管理的部门。有关部门应当依据各自法定职责，按照法律法规和有关规定解除惩戒，保障企业正常经营和后续发展。

2021年10月31日，国务院发布的《关于开展营商环境创新试点工作的意见》中也明确强调健全企业重整期间信用修复机制，并将企业重整期间信用修复机制列入首批营商环境创新试点改革事项清单。该创新试点改革事项主要是指人民法院裁定批准重整计划的破产企业，可以申请在"信用中国"网站、国家企业信用信息公示系统、金融信用信息基础数据库中添加相关信息，及时反映企业重整情况；有关部门依法依规调整相关信用限制和惩戒措施。探索重整计划执行期间赋予符合条件的破产企业参与招投标、融资、开具保函等资格。

以浙江省为例，浙江省高级人民法院、中国人民银行杭州中心支行、浙江银保监局等十五部门联合制定《关于印发浙江省优化营商环境办理破产便利化行动方案的通知》（以下简称《通知》）。为贯彻《意见》和《通知》精神，浙江省高级人民法院、中国人民银行杭州中心支行和浙江银保监局根据国家法律政策和自身职能定位，就优化营商环境完善与破产程序相配套的金融服务若干问题达成共识，并出台纪要。针对破产企业的信用修复问题也制定了专门条款，明确：（1）破产企业重整计划被人民法院裁定批准后需要对其信用记录进行修复的，管理人可凭人民法院作出的批准重整计划裁定书向人民银行申请重整企业信用修复。（2）人民银行经审查后将重整情况在征信系统"征信中心说明"中进行添加，并向信息使用者进行展示。人民银行应督促金融机构积极认可破产重整企业"征信中心说明"的内容，对于重整成功后企业的正常融资需求应予以支持，不得以征信系统内原不良信用记录而一票否决。（3）人民银行应督促金融机构加强与上级机构的沟通汇报，在破产程序受偿后10日内重新上报信贷记录，在企业征信系统展示金融机构与破产重整后企业的债权债务关系，金融机构应将原企业信贷记

2023年1月13日，国家发改委公布《失信行为纠正后的信用信息修复管理办法（试行）》，指出了信用信息修复的主要方式，如移出严重失信主体名单、终止公示行政处罚信息和修复其他失信信息。此外，还建立了信用信息修复的协同联动机制，明确国家公共信用信息中心应当保障信用信息申请受理、审核确认、信息处理等流程线上运行；地方信用平台网站运行机构应当配合国家公共信用信息中心做好工作协同和信息同步；国家公共信用信息中心应对第三方信用服务机构信息更新情况进行监督检查，对不及时更新修复信息的机构可以暂停或者取消向其共享信息等。

尽管中央与地方陆续出台了一些文件，政府相关部门对企业信用修复予以一定支持。但由于尚缺乏统一的顶层制度设计，导致重整后企业的信用修复仍不顺畅。而出售式重整的目的是延续建筑企业的主营业务，信用修复单靠投资人及债务人企业无法解决，有些企业在重整计划执行期间履行不能，从而导致二次破产。[1]

（四）破产重整企业信用修复的展望

1. 积极投入建设全国统一大市场

如上文所述，即使重整计划取得债权人会议的表决通过和法院裁定，案件也仅仅是在法律层面取得成功，实践中，重整投资人仍因失信等问题无法开展正常经营活动。而破产重整企业作为具有一定意义上"司法背书"的市场主体，更具备积极条件实现信用修复。

2022年3月，中共中央、国务院发布的《关于加快建设全国统一大市场的意见》规定，健全统一的社会信用制度。具体包括编制出台全国公共信用信息基础目录，完善信用信息标准，建立公共信用信息同金融信息共享整合机制，形成覆盖全部信用主体、所有信用信息类别、全国所有区域的信用信息网络。建立健全以信用为基础的新型监管机制，全面推广信用承诺制

---

[1] 参见郭娅丽：《出售型破产重整司法适用的现实困境与突破思路》，载《兰州学刊》2020年第2期。

度，建立企业信用状况综合评价体系，以信用风险为导向优化配置监管资源，依法依规编制出台全国失信惩戒措施基础清单。健全守信激励和失信惩戒机制，将失信惩戒和惩治腐败相结合。完善信用修复机制。加快推进社会信用立法。

在建设全国统一大市场的背景下，建筑企业"本地化"发展模式难以维系，大型建筑企业强者愈强的"马太效应"势必加强，而经营结构不合理、管理不规范的中小型建筑企业将加速进入破产程序。全国统一大市场建设中，将加速推动建筑企业的破产进程，并对管理人在程序中通过快速处置，将建筑企业具有市场价值和营运价值的资产、资源尽快推入市场，并加速在市场中创造新价值提出了更高要求和标准。管理人可以此为契机，革新认知理念，创新管理行为，提升履职水平。

借全国统一大市场建设来激励政府以更积极的态度参与破产中的府院联动。通过府院联动机制来形成一套完整的重整后企业信用修复规则。在此体系规则下，破产重整程序将成为全国统一大市场建设的重要一环，以程序保障企业的运营价值和市场驱动力，强调破产重整的市场化导向和市场在资源配置中的决定性作用，企业信用修复有助于防止破产重整制度成为过剩产能变相回流的新渠道。[1]

在上述的战略背景之下，具体可以从以下方面创建破产重整企业的信用修复机制：

（1）依托于统一社会信用制度的建设，在构建区域内的信用修复机制的基础上，将破产重整企业信用修复嵌入社会信用制度的版图中，结合数字经济的发展，构建破产企业信用修复信息整合平台，消除区域间信息流通障碍导致的信息不对称问题，使不同区域的信用监管部门可以构建高效的协商机制。

各地区、各个信用监管部门及时将信用修复信息进行上传共享，单个信用监管部门的修复记录作为其他信用监管部门对重整企业信用修复的积极参

---

[1] 参见吴在存：《美国破产重整及管理人制度的考察与启示》，载《人民司法·应用》2018年第28期。

考因素。

（2）充分发挥信用服务机构的特殊地位及作用，在其已构建的对外公示平台上及时发布重整企业信用修复信息。比如利用"信用中国"网站及地方信用门户网站中"信用服务"栏，充分运用信用信息修复的协同联动机制，通过各信用监管部门共享的信息，统一查询，并作为企业信用恢复的对外依据，以及对重整企业信用修复后的持续监管。

（3）利用现有的信息系统平台，如全国重整案件信息网，对破产企业信息进行及时更新，并设置重整企业信用修复公示专栏，作为重整企业信用修复的统一公示监督平台。对完成内部整改及信用修复的企业进行公示，以逐步恢复其对外的社会信用。

2. 通过专门立法指导

破产重整企业的信用再生虽得到了中央与地方的政策支持，但关于信用修复制度的规定更多的是分散于部门规章与各级政府的地方性文件中，企业信用修复的法律规定层级较低。同时由于缺乏统一的规定指导，信用修复问题仍处于无序的状态。管理人在进行信用修复工作时，通常因缺乏法律依据被相关部门告知无法进行信用修复。显然破产重整企业信用修复制度的法律位阶提升能极大限度地给银行、政府职能部门等修复破产重整企业信用带来便利，提供方法、指引以及法律依据。因此，建立专门立法指导是解决信用修复的当务之急。在立法过程中，可将国外立法与国内探索相结合，基于我国国内现状，从企业信用缺陷所涉及的直接问题出发，建立相对完善的信用修复体系。[①]

3. 推动法院为重整企业失信修复提供司法支持

失信修复需社会各界协同完成，但由于重整程序是基于《企业破产法》产生并完成的法律程序，因此法院起着重要的作用。2018年最高人民法院印发的《全国法院破产审判工作会议纪要》第21条明确了重整后企业正常生产经营的保障，即"企业重整后，投资主体、股权结构、公司治理模式、

---

① 参见徐志明、熊光明：《对完善我国信用修复制度的思考》，载《征信》2019年第3期。

经营方式等与原企业相比，往往发生了根本变化，人民法院要通过加强与政府的沟通协调，帮助重整企业修复信用记录，依法获取税收优惠，以利于重整企业恢复正常生产经营"。

以某达建设、某达交通合并破产清算转重整案为例，管理人在协助修复外地法院的司法失信过程中遇到诸多障碍，最终求助于受理破产案件的人民法院——解决。因此，在全国统一大市场未完全建成及专门立法未出台之前，应当充分发挥人民法院的职能作用，积极帮助重整企业修复各项信用记录。

4. 多渠道建立健全破产重整企业信用修复体系

（1）增设破产重整企业信用档案

为区别于普通破产企业与破产重整企业，使重整企业不再受原企业的不良信用记录影响，可以通过增设破产重整企业信用档案，将重整后企业的信用信息与重整前企业的信用信息进行较明显的分割。同时相关评价主体如工商部门、税务部门、金融机构等，可以在重整企业信用档案中对重整后的企业进行新的信用评价，通过新评价逐步修复企业原有的失信信息。

（2）利用企业合规保障破产重整企业信用修复

最高人民检察院开展的企业合规改革是为了推动企业实现依法依规经营，提高企业的经济和社会效益。从某种程度上讲，企业合规改革与企业破产重整有着一致的目标。

企业在进行破产重整时，往往需要进行资产评估、债务清理，进而使股东构成、组织框架、资本结构及运营模式等发生变动，以实现企业的营运体系重整和信用修复。这与企业合规改革时加强内部管理、建立健全企业新规章制度的工作目标不谋而合。因此，在企业进行合规改革时及时建立合理完善的内部规章制度，有利于破产企业在重整过程中获得社会的支持与理解，更快速地恢复企业的信用修复工作。

·附　录·
建筑企业破产重整典型案例

某达建设、某达交通合并破产清算转重整案

一、案件基本情况

（一）案件背景介绍

建筑业是诸暨市支柱产业之一，民营建企的多年稳步发展，使得诸暨市成为建筑大市和建筑强市，在浙江省及全国建筑市场皆具较强知名度和市场影响力。某达建设历史悠久，一度是当地建筑业龙头企业，曾多次年度创收达百亿元，是诸暨市仅有的三家拥有建筑施工总承包特级资质企业中的一家，并获中国承包商六十强、全国民营企业500强、浙江省百强企业、诸暨市"建企航母"等荣誉称号，巅峰时期曾在全国设有48家分公司，股东数量达36人，承揽工程不计其数，多个年度创收达百亿元。某达交通是某达建设的关联企业，主营公路工程施工、桥梁工程承包等业务，拥有公路工程施工总承包一级等相关资质。

从2015年开始，某达建设就因盲目投资、内部管理不规范等原因导致资金周转严重受阻，而大量的对外担保、工程款回收难使得公司负债金额越滚越大，最终陷入资不抵债境地。某达建设出险后，某达交通也停止经营、无力偿还到期负债。2020年5月9日，浙江省诸暨市人民法院裁定受理了债权人对某达建设所提破产清算申请，并指定浙江振邦律师事务所、浙江中兴会计师事务所担任管理人。

(二) 案件涉及难点

1. 某达建设的特级资质存在被取缔风险

某达建设拥有建筑工程施工总承包特级资质等建筑资质，对于建筑企业而言，资质是其立身之本，必须获得建筑资质才能承接工程与正常经营，其中建筑工程施工总承包特级资质为施工总承包的最高资质，含金量高，在整个诸暨市，也仅有三家建筑企业拥有该特级资质。而该类资质依附于企业，只有在债务人企业主体资格继续存续时才具备价值，企业注销资质随之消灭，故企业主体资格保留是保留资质的前提条件，这使得破产建筑企业具备市场挽救价值。

然而受理破产时距某达建设建筑施工资质到期已经不足一年，与资质相关的企业资信能力、企业主要管理人员和专业技术人员要求、科技进步水平（包括企业技术中心）、设备要求、业绩要求等事项均达不到建筑施工特级资质的标准，在后续评审中特级资质极有可能被主管部门取缔，如果资质被取缔，将对债权人和债务人造成重大的损失，案件也不存在重整的可能性。这决定了本案必须通过重整程序盘活企业的营运价值，并且需要快速招募重整投资人，由重整投资人对资质进行维护。

2. 人格混同，合并破产

某达交通作为某达建设持股80%的控股子公司，与某达建设存在营业场所、人员、债务、财务、决策机制等方面高度混同的情形。同时，某达交通拥有的公路工程施工总承包一级资质距离到期也不足一年，这就需要在较短时间内将某达建设和某达交通进行合并破产并迅速招募重整投资人。

3. 在建工程处置与工程款债权处理

某达建设、某达交通主要从事建筑工程承包业务，存在大量挂靠及转包项目。实际施工人实际向施工项目进行了投入，如不能确定或保障实际施工人对发包人通过施工企业支付的工程款的权利，则将形成严重利益失衡的不公局面。

某达建设尚有9个在建工程项目，如停止营业并解除施工合同，将破坏业已形成的合同关系及利益链，影响工程项目当地社会稳定，且发包方、材料商、农民工等相关主体主张权利也将导致债务人的负债规模扩大。

4. 表决难度大

某达建设成立时间早，公司规模大，在全国多个地方设有 48 家分公司，股东数量达 36 人；会议召开前，即有 319 家债权人向管理人申报债权，债权金额超 33 亿元，其中，金融债权规模超债权总金额的 50%，而因某达建设轻资产运营的经营模式，实物资产仅有抵押的办公大楼，案件清偿率极低，导致重整通过的表决难度较大。

5. 重整模式的选择

重整模式的选择需满足的条件：保留债务人企业的主体资格，维持来之不易的各类优质资质和企业荣誉；切断重整投资人与债务人的原有债务之间的联系，重整后的公司原则上不承担破产申请受理前的所有破产债权；灵活地选定重整范围以吸引更多投资人。

6. 股权过户、税务问题、信用修复等

某达建设及某达交通在破产前存在股权被质押、冻结的情形，且股权归属于第三人股东，重整需股东让渡 100% 股权。重整后存在税务问题如所得税豁免、股权解冻及转让、企业信用修复等问题。

二、案件处理过程

管理人接受指定后，陆续接受了 300 余家债权人申报债权，总金额逾 33 亿元，其中，金融债权规模超债权总金额的 50%。同时，对债务人企业进行接管。

鉴于债务人主要从事建筑工程承包业务并具有相关建筑资质，以允许相关主体以经济责任制模式（挂靠）对外承接工程项目的方式获取经营收入，而以债务人名义承接的在建或未完成结算的工程项目尚有不少，考虑到债务人解除合同需承担高额的赔偿责任而使债务规模大幅增加以及建筑资质的市场价值等因素，管理人在接管债务人后报请诸暨法院许可债务人继续营业，并根据某达建设第一次债权人会议表决通过的《关于继续债务人营业的报告》，就目前尚处于在建的工程项目向发包方和项目经济责任人（实际施工人）寄发了《通知书》，分别告知其继续履行原有的《建筑工程施工合同》和《经济责任制协议》；同时，管理人对尚未结算完毕的工程项目建立台账、逐一梳理，核实工程项目的涉诉情况、项目经济责任人（实际施工人）与债务人之间的债权债务关系对债务人不享有实质性权利的工程款依《经济责任制协议》扣除应有债务人享有的收益后按照"谁投入、谁受益、谁负责"的原则进行处理，切实保障债务人利益、充分控制项目风险。

2020年8月19日，某达建设第一次债权人会议召开，会议通过《关于继续债务人营业的报告》《债务人财产管理方案》等议案。会后，管理人通过调查查明某达建设持股80%的控股子公司某达交通和某达建设法人人格存在高度混同，并立即向法院申请某达交通和某达建设合并破产。2020年10月26日，诸暨法院裁定两公司合并破产。

为提高债务清偿率，保障各相关主体的合法权益，在债务人存在重整价值和可能性的前提下，管理人根据某达建设第一次债权人会议表决通过的《债务人财产管理方案》制定了相应的重整方案，面向全国发布了重整投资人公开招募公告，并于2020年12月4日，以12200万元价格最终选定了重整投资人。

2020年12月1日，根据出资人的申请，诸暨法院裁定对某达建设和某达交通进行破产重整。2020年12月11日，管理人组织合并重整后第一次债权人会议对《重整计划（草案）》等议案进行审议表决并获分组表决通过。某达交通和某达建设由此在法院裁定受理后短短7个月内即顺利实现重整。

《重整计划》明确了某达建设、某达交通采用资产负债剥离式重整，为实现某达建设、某达交通主体资格继续存续，某达建设、某达交通将分别新设或由任一债务人公司设立专门的资债处置公司，除重整资产外债务人公司的其他资产及债务按账面价值全部转入新设资债处置公司并由管理人继续处置。重整投资人提供的偿债资金及分割至新设资债处置公司的资产变价款项同时纳入重整计划向债权人相应清偿，重整后的两新公司对新设资债处置公司，管理人处置分离资产（债务）、清收债权、清偿债务，原以债务人公司名义承建的各工程项目的开票、结算、付款、保修、竣工验收、资料备案，以及其他需以债务人公司名义进行的清理行为等均无条件给予配合、协助。重整投资人向两债务人公司提供偿债资金 12200 万元（其中向某达建设提供偿债资金 8400 万元，向某达交通提供偿债资金 3800 万元）作为参与债务人重整的投资款，用以支付两债务人公司的破产费用、共益债务及清偿各类债权，取得留存两新公司的重整资产、承担重整范围内留存义务和责任，无条件帮助、配合管理人执行诸暨法院裁定批准的重整计划，受让或指定第三人受让两债务人公司现有股东持有的全部股权，从而有条件取得两新公司营业事务的控制权和收益权。

在重整计划的表决上，面临数量众多、利益关系复杂、内部审批流程繁复的出资人及债权人，管理人力抓案件重点，多次提前沟通、解释，协助金融债权人代书上会资料和延长表决时间，在本案清偿率较低的情况下，顺利获得了出资人及债权人的表决通过。

2020 年 12 月 28 日，诸暨法院裁定批准重整计划并终止重整程序。通过与股权质权人的多次沟通，在出具协助执行通知书后，顺利将债务人企业的股权过户给重整投资人。

在重整计划执行阶段，重整投资人对重整后的两新公司提出了切实可行的经营方案，实现两新公司的健康、长久发展，确保重整计划的执行。此外，借助府院联动机制，管理人协助重整投资人取得控制权后的新公司，与税务、法院、市场监管等各行政机关协商信用修复，使得重整企业隔断历史不良征信记录、恢复正常使用银行账户、正常开展税务活动、解除法院执行部门的相关执行措施。

三、案件处理结果

某达建设、某达交通重整案取得了法律效果与社会效果的统一。

1. 保障了正常在建工程项目的工程款结算，使得实际施工人、材料供应商、农民工等各方主体不因债务人破产而受到太大的影响，为维持施工秩序与社会稳定起到了积极的作用。

2. 在重整效率与期限上，短短 7 个月内实现快速重整，过程中采取综合评定法招募投资人，有效防止重整失败可能导致的债权人、债务人、投资人等多方损失，从而最大限度地保全某达建设、某达交通持续的营运价值，为重整工作顺利开展奠定基础。

3. 通过分离式重整模式，实现债务人的资质价值并保留了企业主营业务，盘活了企业现有资源，实现各方利益最大化，职工债权和近 5300 万元的税收债权可得到全额清偿，相较于清算程序中普通债权人清偿率可能为零的结果，重整程序使得普通债权人的清偿比率得到了明显提高。

4. 本案被浙江省高院评为 2020 年度破产审判工作十大典型案例。

四、案件学理评析

本案是对建筑行业具有挽救价值的民营企业进行破产重整的典型案例，分离式重整是实现某达建设、某达交通腾笼换鸟的最佳重整模式，一是在建筑施工企业破产重整中，保留建筑施工企业的壳资源，并对资产和债务进行"分离式处置"，有助于盘活企业现有资源，实现各方利益最大化；二是对于重整范围的确定，在壳资源的处置过程中避免了净壳资源处置带来的建筑资质与资产、主要人员和技术装备设备相剥离后可能导致被主管部门撤销的风险；三是在中央供给侧结构性改革和积极稳妥处置"僵尸企业"的要求下，分离式重整模式能够迅速吸引重整投资人参与企业重整，为重整工作顺利开展奠定基础，助推区域建筑行业的经济转型升级。这得益于：

1. 按行业特点推进企业重整工作

某达建设和某达交通是典型的建筑企业。尽管建筑企业在外承揽了较多工程而经营规模较大，但浙江建筑企业多采取"内部承包"经营模式，建筑企业多为轻资产型企业，对企业重整的核心就是保施工资质、保品牌影响和保运营能力。对挽救建筑企业不能采取挽救重资产企业的思路。某达建设和某达交通合并清算转重整案即在保资质、保运营的思路下确定了分离式重整方案并快速推进。该模式获得市场的认可，因此较快招募到了合适的重整投资人。

2. 投资人招募上重效率也重运营能力

某达建设和某达交通清算转重整案并未简单按照意向投资人承诺提供的偿债资金总额确定重整投资人身份。某达建设具有施工总承包特级资质，以其名义承包的项目遍布全国，保持某达建设的运营能力有必要保留其全国性影响力，选定的投资人因此也需具有全国性的运营能力。正是基于该需要，管理人确定投资人身份上并不唯评选效率、重资金总额，而是采取了综合性评定办法，将投资人对债务人的后续经营方案及资质维护方案作为评分和投资人确定的重要因素，最终确定重整投资人，有效防止了重整失败可能导致的债权人、债务人、投资人等多方损失，从而最大限度地保全某达建设、某达交通持续的营运价值。

3. 继续运营下有效避免了利益失衡局面

某达建设、某达交通主要从事建筑工程承包业务，以允许相关主体进行内部承包、挂靠或转包模式并通过债务人名义对外承接工程项目的方式获取经营、收入。挂靠人或实际施工人实际向施工项目进行了投入，如不能确定或保障挂靠人或实际施工人对发包人通过建筑企业支付的工程款的取回权将形成严重利益失衡的不公局面。管理人对以某达建设、某达交通名义承揽工程进行了梳理，在接管债务人后即制定了相应的工程款处理规则，报告债权人会议表决通过了《关于继续债务人营业的报告》及《债务人财产管理方案》，明确对债务人不享有实质性权利的工程款扣除应有、由债务人享有的收益后按照"谁投入、谁受益、谁负责"的原则进行处理，依法避免了利益失衡局面，以破产法的程序价值保障了债权清偿的实质公平。

4. 有力践行了"抓重点、重沟通、促表决"重整工作推进经验

某达建设成立时间早，公司规模大，在全国多个地方设有 48 家分公司，股东数量达 36 人；会议召开前，即有 300 余家债权人申报债权，债权金额超 33 亿元，其中，金融债权规模超债权总金额的 50%。面临数量众多、利

益关系复杂、内部审批流程繁复的出资人及债权人，管理人多次提前沟通、解释，尤其针对金融债权人，通过延期表决、代为草拟上会资料等方式促成其表决。最终，在本案清偿率较低的情况下，顺利获得了出资人及债权人的表决通过。

5. 有效彰显了府院联动机制的积极效应

某达建设、某达交通的重整，涉及税务、信用修复、股权解冻等一系列需政府、法院协调解决的各项事宜，管理人前期积极与政府、法院之间建立长效的协调沟通机制，充分重视重整投资人、债权人、债务人及社会效益之间的众多矛盾，以解决破产程序推进中的各项社会问题，本案充分体现了"府院"联动机制的积极效应。

某越建设重整案

一、案件基本情况

（一）案件背景介绍

某越建设是一家创立于1993年、拥有下属企业9家且具有国家壹级房屋建筑施工总承包资质的企业。由于近几年盲目地开发房地产，在严峻的经济压力下，资金紧张，在银行贷款金额巨大的情况下，开始走上了民间借贷的道路，最终由于资金成本压力过大，加之对外的投资迟迟未见收益，某越建设"轰然倒塌"。彼时账面资产总计6.28亿元，负债金额8.51亿元，另有民间借贷债权人122人，金额高达9.7亿元，同时所欠银行贷款金额也高达7.48亿元；尚未完工的建设项目106个，所涉农民工10000余人。

申请人楼某某、郭某某等人以被申请人某越建设拖欠申请人等32人职工工资3028919元，且无资金清偿为由向诸暨市人民法院申请破产清算。2016年

1月28日，诸暨市人民法院依法裁定受理对某越建设破产清算的申请。同日，指定浙江振邦律师事务所、浙江中兴会计师事务所为某越建设管理人。

（二）案件涉及难点

本案过程中工作难点主要有以下几个方面：首先，在案件办理之际，某越建设未完成施工的项目和处于保修期的项目数量巨大，因此需要确保案件审理期间某越建设总承包施工的工程能够按照合同约定有序履行，确保在建工程与质保期内的工程质量符合工程质量标准。其次，对于建筑施工企业而言，建筑资质是企业生产经营的立足之本，尤其是一级和特级资质在业内属于稀缺资源，但是资质依附于企业，与企业共存亡，如何保全资质或者让资质在企业重整中价值最大化是一个重难点。最后，建筑企业项目公司较多且遍布全国各地，因项目公司的债务最终需要由建筑企业来承担，导致债务风险较大，寻觅投资人有难度。

二、案件处理过程

案件办理过程中，管理人考虑案件具体情况，多角度出发，最终成功办理本案。案件处理亮点主要有以下方面：

（一）托管经营，努力确保在建项目有序完成

经初步统计，彼时某越建设有106个在建建设工程项目，另有255个处于保修期内项目。如果贸然终止这些项目，不仅某越建设要承担严重的违约责任，而由此产生的项目逾期导致小业主无法顺利收房、工程中的农民工工资无法顺利结清等问题，都将直接影响社会的稳定。为确保破产案件审理期间某越建设总承包施工的工程能够按照合同约定有序履行，确保在建工程与质保期内的工程质量符合工程质量标准，维持某越建设的工程施工资质和品牌价值，管理人经过多方考察选择，选定了一家具备建设工程管理能力的第三方对某越建设进行托管经营。

（二）择机重整，努力打开企业的重生之路

考虑到某越建设由债权人申请破产清算，同时某越建设的建筑资质具有较高的价值，且该资质价值只有在主体资格存续的情况下才能实现，故管理人在设计《债权人财产管理方案》时，要求债权人会议对其进行了授权，在时机合适且债务人或债务人适格的出资人同意时申请债务人重整，推动全部或部分资产进行重整工作。

（三）分离处置，积极发掘企业的无形价值

某越建设是一家拥有房屋建筑施工总承包壹级、市政公用工程施工总承包贰级、建筑装修装饰工程专业承包贰级、钢结构工程专业承包贰级等专业资质的企业，但经过初步审计确定的 8 个亿的账面负债也让任何一个战略投资人都望而却步。最终，管理人确定了一条分离处置的方案：设立一家新的公司，由新公司承接除在建项目和各项权利许可外的所有资产和债务，并进行清算；老公司重整，引入新的投资人，重整投资人的出资并入新公司进行清算偿债。

（四）公开招募，确保企业资质价值最大化

在某越建设的重整投资人招募中，为了保证某越建设的无形资产能够实现价值最大化，管理人采取了公开招募的方式。招募采用暗标与明标结合的方式。先在众多参选人中选出承诺偿债资金最高并在规定时间内全部资金到位的三位（不得少于 400 万元），开示后，前三名有效入围参选人进行竞价，竞价最高者为重整投资人。

（五）多措并举，大力争取政府法院双重支持

某越建设破产重整不仅是单纯的法律问题，更是涉及大量政策和社会问题的系统工程，例如，因破产前某越建设长期拖欠到期贷款，导致公司已经进入银行征信系统黑名单；分离处置，将债权债务平移到新的公司，相应的

资产增值税如何承担；因某越建设涉及许多的债务纠纷，其所有的财产早已被法院财产保全等。这些问题都需要政府、法院的大力支持才能得到解决。为此，管理人多次向诸暨市政府、诸暨法院进行沟通汇报，寻求支持。

（六）分段清偿，适当提高弱势债权分配比例

破产之前，某越建设大部分资产都已设定了抵押，可清偿普通债权人的金额极少，管理人考虑到小额债权人的利益，确定了对普通债权人分段清偿的方案：每户债权人20万元以下部分（含20万元）按20%的比例进行清偿；20万元以上部分则对剩余款项进行比例清偿，该段部分预估清偿比例为5.1255%。按照此种分段清偿方案，经过初步测算，普通债权的平均清偿率将由破产清算情况下的0.8106%大幅增加到5.5238%。

三、案件处理结果

2016年5月7日，某越建设第一次债权人会议顺利召开，会议选举成立了债权人委员会，并表决通过了《债权人财产管理方案》等议案，考虑到某越建设的建筑资质具有较高价值，且该资质价值只有在主体资格存续的情况下才能实现，故在《债权人财产管理方案》中对管理人进行了授权，在债务人或债务人适格的出资人同意申请债务人重整，推动债务人全部或部分资产重整的情况下，管理人将积极推动对债务人全部或部分资产的重整工作。

2016年7月1日，由于某越建设在受理时仍有106个建筑工程项目尚未完工，另有255个项目尚处于保修期内，而管理人并不具备相应的工程管理条件，在经过法院与管理人的慎重考虑之后，最终决定依据《关于继续债务人部分营业事项的报告》，由管理人与具备建设工程管理能力的第三方就某越建设的工程项目签订了托管经营协议，以保证所有工程的质量安全。

2016年8月15日，某越建设股东何某某向诸暨市人民法院提出了破产重整的申请，诸暨法院经过考察之后，裁定同意股东何某某的重整申请。同年8月20日，召开了某越建设债权人委员会的第一次会议，会议审议并通

过了管理人所提交的重整方案以及投资人招募方案。经过公开招募程序，2016 年 8 月 26 日，意向人赵某某以最高价 780 万元取得了某越建设重整投资人的身份。

2016 年 9 月 30 日，某越建设第二次债权人会议召开，顺利通过《重整计划草案》，普通债权的清偿率从清算状态下的 0.8106% 提升至 5.5238%，同时对于普通债权原则上分段清偿，每户债权人 20 万元以下部分（含 20 万元）按 20% 比例清偿，20 万元以上部分则对剩余款项进行比例清偿，该段部分预估清偿比例为 5.1255%。同时确认某越建设破产重整案件的重整模式为反向出售式重整模式，即对某越建设名下建设工程施工资质等无形资产、在建未完工程项目及处于保修期的项目进行重整并重组给重整投资人；不在重整范围的资产及债务则按账面原值和原有法律状态剥离分隔至专门设立的资债处置公司，由管理人继续处置。重整投资人为取得留存新某越建设的重整资产、承担重整范围内留存义务和责任，向某越建设重整计划提供 780 万元的偿债资金，并无条件帮助、配合及协助新某越建设和管理人执行重整计划，从而有条件受让或指定第三人受让取得某越建设股东无偿让渡的全部出资（股权），某越建设主体得以保持存续。重整投资人提供的偿债资金及剥离分隔至新设资债处置公司的资产清理变价款项，同时纳入某越建设重整计划，向各债权人进行清偿。

2016 年 10 月 10 日，诸暨法院裁定批准了某越建设的《重整计划》，终止重整程序，某越建设重整案进入了重整执行阶段。

四、案件学理评析

（一）清算程序如何转重整程序

《企业破产法》第 70 条规定：债务人或者债权人可以依照本法规定，直接向人民法院申请对债务人进行重整。债权人申请对债务人进行破产清算的，在人民法院受理破产申请后、宣告债务人破产前，债务人或者出资额占债务人注册资本十分之一以上的出资人，可以向人民法院申请重整。可见《企业破产法》对于在清算转重整的方式下，设定了两条路径：一条是债务人申请；另一条是出资额占债务人注册资本十分之一以上的出资人申请。投资人申请自然是无可非议的，那么既然破产法规定了债务人可以向人民法院申请重整，债务人到底应该如何来申请呢？既然债务人要申请重整，首先其要作出相应的意思表示。在破产程序中，债务人已经处于一个瘫痪状态，公章等物品已经向管理人移交，此时严格按照《公司法》的规定应该由债务人的股东作出相应的股东会决议才能认为是债务人的有效的意思表示。然而，在《企业破产法》已经规定出资额占债务人注册资本十分之一以上的出资人可以申请，如严格要求债务人作出相应的股东会决议才算是有效的意思表示是和上述规定的实质精神相违背的。同时，管理人已经接管了债务人企业，法律也赋予了管理人诸多的职权，此时应当认为管理人有权代表债务人向人民法院提起重整的申请。

此外，虽然经过上述论证，认为管理人应当有权向人民法院申请重整，但是在实践中笔者尚未见到有管理人申请重整的案例。同时，管理人申请重整往往意味着股东不配合，而股东的不配合会直接导致一个问题：股权无法过户。如果这个问题不能很好地解决，那么重整必然会失败。在某越建设中，管理人同样也遇到了这个问题，虽然最后经过管理人的多方努力，终于使得股东同意重整，但是对于上述情况，也做了相应的备选预案。虽然在破产的情况下：股东的收益必然为零，股权作为股东的个人资产，管理人是没有权利去处置的。但是在某越建设中，根据管理人的调查，发现存在以下情况，在股东的数次增资中，其资金的最终来源是企业本身，同时股东的个人资产与公司资产存在混同的情况。于是管理人想以股东个人资产与公司资产存在混同为由，要求将股东的资产并入债务人资产，包括股东名下的对于某越建设的股权。由此，即使在股东不作相应配合的情况下，管理人也有权处置股权。

（二）决定对施工合同是否继续履行

《企业破产法》第 18 条规定：人民法院受理破产申请后，管理人对破产申请受理前成立而债务人和对方当事人均未履行完毕的合同有权决定解除或者继续履行，并通知对方当事人。管理人自破产申请受理之日起二个月内未通知对方当事人，或者自收到对方当事人催告之日起三十日内未答复的，视为解除合同。管理人决定继续履行合同的，对方当事人应当履行；但是对方当事人有权要求管理人提供担保。管理人不提供担保的，视为解除合同。该规定赋予了管理人对于债务人与对方当事人均未履行完毕合同是否解除的决定权，那么对于建筑企业破产中的建筑施工合同而言，是否属于双方均未履行完毕的合同呢？王欣新教授认为，所谓"履行完毕"，是指对合同主要义务或关键性义务的履行完毕，即已经达到当事人签订合同的实质性目的。[①]反观建筑施工合同，其合同的实质性目的在于工程的竣工验收，因而在建工程的施工合同应当属于双方均未履行完毕的合同，即管理人有权决定是否继续履行该合同。

管理人作为整个破产程序中具体的各项事务操作单位，其在履行职责时，最主要的是把握债权人合法利益最大化、社会效果最优化等原则。因而在建筑企业破产案件中，管理人在决定是否继续履行合同之前要考虑哪种选择对于债权人、债务人以及社会效果均是最好的。对某越建设而言，尽管当初是以破产清算立案，在清算的状态下，建筑企业主体必将消失，建筑资质也将不复存在，而建筑施工合同又要求施工单位必须具有相应的资质，因此，在清算状态下，合同势必只能解除。但是管理人在接到指定时就已经考虑到了建筑企业走破产清算存在诸多不利之处，如解除合同后会产生大量违约责任，债务规模将急剧扩大；解除合同便无法保障工程的质量安全，甚至出现工程烂尾的现象；解除合同后，实际施工人的利益无法得到保障，而在

---

① 王欣新：《房地产公司破产案中的房产权属与合同继续履行问题》，载《人民法院报》2011 年 4 月 1 日，第 7 版。

其身后的材料商以及农民工的利益也将受到损害，不利于社会的安定；等等。

因此，在某越建设中，管理人向所有在建工程的合同相对方在法定期限内寄发了继续履行合同的通知。这样既可以避免在之后清算程序转为重整程序时不会因为合同的解除而导致重整失败的尴尬，同时也有效避免了因合同解除而带来的诸多不利因素。

(三) 如何继续履行施工合同

既然管理人已经决定要继续履行合同，那么随即就产生了一个问题，即管理人作为中介机构并没有相应的履行合同义务的能力。换句话说，管理人对于在建工程的施工并不具备相应的施工管理能力，那就意味着在继续履行合同的前提下，工程的质量以及安全仍旧是无法保障的。一旦工程出现安全事故或者质量问题，这个责任是没有人能够承担的。出于这方面的考虑，在某越建设案件的破产管理进程中，管理人特别聘请了具有工程管理能力的第三方来帮助管理人监管所有的在建工程，以确保工程质量与安全，并且与其签订了相应的托管协议。

从法律的角度而言，管理人是否有权来做这件事呢？根据《企业破产法》第28条第1款的规定，管理人经人民法院许可，可以聘用必要的工作人员。该规定明确了管理人在经过人民法院的许可之后，是有权来聘用必要的工作人员的。可见在管理人已经决定继续履行合同的情况下，管理人对于工程无法监管并保障工程的质量及安全也是事实，此时管理人势必要聘请第三方来协助对所有的在建工程进行管理。相对于因工程质量以及安全而导致的后果而言，工程托管而产生的费用是微不足道的，这样做也符合破产法的精神。

(四) 如何避免未申报债权的风险

反向出售式重整作为较为契合建筑企业的重整模式，并不是法律所明文规定的，而是管理人在实践过程中所创新的一种模式。反向出售式重整的核心在于根据实际的情况将资债进行分离，而在某越建设破产案中，管理人专门设立资债处置公司用于清理不在重整范围内的资产以及债务。根据《重整计划》的规定，属于原某越建设的债务按照账面原值以及原有的法律状态剥离至资债处置公司，最终清偿及补充分配后，各债权人未获清偿部分不再清偿，各债权人也不得向留存的新某越公司进行主张。那么这种做法是如何来避免未申报债权风险，从法律的角度而言是不是有效的呢？

首先，我们需要对将原某越建设的资债转移至资债处置公司的行为的法律性质进行认定。《民法典》第551条第1款规定：债务人将合同的义务全部或者部分转移给第三人的，应当经债权人同意。《民法典》所规定的债务转让所针对的应是每一笔具体的债务，债务转让时需要征得债权人的同意。将某越建设所有的债务一并转让到资债处置公司的话，按照《民法典》的一般规定是需要每一位债权人对这样的做法表示同意的。但是在破产案件中，重整计划仅是由债权人会议表决通过，债务转让对那些不同意的债权人，或者未申报的债权人是否产生法律的效力？

《企业破产法》第64条第3款规定：债权人会议的决议，对全体债权人均有约束力。这就意味着，债权人会议的决议对于投不同意票的债权人也是产生法律效力的，因此对于已申报的所有的债权人而言，即可认为将他们的债权转让到资债处置公司的行为是具有法律效力的。那么对于未申报债权的债权人而言，是否也具有相同的法律效力呢？笔者认为，债权人会议的决议对于未申报债权的债权人也是当然有效的。对于《企业破产法》第64条中规定的全体债权人不应作限缩解释，认为仅仅局限于作出决议时向管理人申报债权的债权人。《企业破产法》的精神在于公平清理债权债务，保护债权人和债务人的合法权益，维护社会主义市场经济秩序。既然未申报债权人有权按照《企业破产法》第92条的规定获得清偿，那么也就意味着重整计划的效力应当及于未申报的债权人，否则在其有清偿权利的情况下，却不用承担重整计划所约定的相应义务，明显有违《企业破产法》的精神。由此可见，新设公司的处置做法，虽然在法律上没有明确的规定，但是探索《企业破产法》的精神本质，应当是一种有效地防止债务人二度破产的方法。

某程公司破产清算转重整案件

一、案件基本情况

(一) 案件背景介绍

某程公司成立于 1996 年 10 月 12 日，注册资本 30800 万元人民币，拥有建筑工程施工总承包特级资质以及设计资质甲级资质。债务人因对外承包建设工程需要，在上海、北京等全国多个地方设立了分公司。某程公司作为诸暨本地一家大型的建筑企业，受到建筑市场行情的影响主营业务营收不断下降，同时企业本身盲目投资最终导致资金链断裂。诸暨市人民法院于 2018 年 11 月 19 日裁定受理某程公司破产清算，并于 2018 年 11 月 19 日指定浙江振邦律师事务所、浙江中兴会计师事务所担任管理人。

(二) 案件涉及难点

1. 债务规模较大，资产较少

某程公司整体涉及债务规模达 6 亿余元，其资产仅有 5000 余万元，其中大部分资产设定了抵押，简单清算会导致普通债权的清偿率极低，甚至为 0。

2. 未完工工程较多

某程公司进入破产程序后，未完工工程尚有 33 个，其中涉及多个烂尾项目。如何保证上述工程在破产期间的顺利施工是重点问题。

3. 资质变现难

某程公司拥有建筑工程施工总承包特级资质以及设计资质甲级资质，但是根据《行政许可法》第 9 条规定，依法取得的行政许可，除法律、法规规定依照法定条件和程序可以转让的外，不得转让。

4. 关联公司较多，关联公司之间资金往来频繁，存在人格混同的可能

某程公司具有多家关联公司，其与关联公司之间人员存在交叉，资金来往较为频繁，且存在大量的互保情况。

二、案件处理过程

（一）借用网络破产财产处置平台公开招募重整投资人

某程公司在招募重整投资人的时候，并非采用通常的招募方式，而是借用网络司法处置平台公开招募。在拍卖公告中，对于重整范围、重整方式、仍在缺陷责任期已完工项目、在保修期内的已完工项目以及尚未完工的项目的管理及保修责任的承担、债权债务的处理等进行明确的说明。在此基础上由各意向人进行公开的竞价，价高者为本案的重整投资人。

（二）允许债务人在破产期间自营

债务人停止营业后，所有以债务人名义达成并仍在履行中的项目合同均需解除，债务人因此可能需承担过重的赔偿责任而使债务规模大幅增加；同时解除合同还将破坏已形成的复杂合同及利益链，直接影响项目所在地的社会稳定。这些可能出现的不利后果均将严重影响正在进行的各项清理、清算工作。债务人拥有的建设工程施工总承包特级资质以及设计资质甲级资质有一定的市场价值，债务人仍存在重整或和解存续的可能。同时，在进入破产程序后债务人所属主营业务经营管理及技术支持团队仍继续留守且劳动合同也未终止，债务人留存力量足以支持其继续营业事项。在债务人的申请及人民法院的准许下，由债务人自营，管理人监督，从而保证破产期间债务人承接工程的顺利进行。

(三) 关联公司同时破产

债务人具有较多的关联公司，其与关联公司人员存在交叉，资金来往较为频繁，且存在大量的互保情况。最终关联公司一并进入破产程序，并指定同一管理人。由管理人对于关联公司之间的债权债务情况进行审查。

(四) 分段清偿，适当提高弱势债权分配比例

管理人考虑到小额债权人的利益，确定了对普通债权人分段清偿的方案：每户债权金额 10 万元以下部分（含 10 万元），按 20%的比例进行清偿；每户债权金额 10 万元以上部分，按 5.3650%的比例进行清偿。按照此种分段清偿方案，经过初步测算，普通债权的平均清偿率将由破产清算情况下的 1.27%大幅增加到 5.3650%。

(五) 实现企业建筑资质价值

某程公司重整计划中，重整投资人通过支付重整对价后无偿受让某程公司 100%股权并间接取得相应的某程公司资产，重整投资人支付的重整对价用于支付某程公司重整计划项下的破产费用、共益债务及各类清偿债权。重整投资人受让某程公司股权后，负责某程公司经营事务，继续履行股权受让前的施工合同或内部承包合同；对于债权债务则由管理人按照重整计划确认的清偿比例予以清偿。由此实现了某程公司建筑资质的价值。

(六) 预留资金用于清偿预计债权

由于某程公司在重整中未设立资产处置公司，为了防止后续未申报债权的风险，管理人预留了 300 万元资金，专门用于清偿后续补充申报的债权。

三、案件处理结果

2019 年 1 月 18 日，某程公司第一次债权人会议召开，债权人会议授权

管理人需根据债务人实际和可被市场接受并纳入重整或和解范围资产的内容，适时剥离不列入重整范围的债务人资产。

2020年6月30日，管理人通过网络处置平台，公开拍卖某程公司重整投资人资格，浙江某钢结构集团有限公司以公开最高价获得某程公司破产案重整投资人资格。

2020年9月15日，管理人召开了第二次债权人会议，对重整计划草案进行分组表决，最终债权人会议表决通过了重整计划草案。2020年12月，管理人与重整投资人完成了交割。目前某程公司已经更名为某筑科技集团有限公司，并开始逐渐恢复各项正常的生产经营活动。

四、案件学理评析

（一）线上竞选式招募

为了充分体现重整投资人招募的公开性、公平性与公正性，越来越多的管理人选择在网络拍卖平台破产资产频道以竞价方式发布债务人所涉重整资产。本案中，管理人通过网络拍卖平台破产资产频道确定了重整投资人。此种方式下，可利用互联网的跨地域特点和巨大力量扩大寻找潜在重整方的范围并且通过竞价实现重整企业的价值最大化，也保证了重整投资人确定程序的公正性。

（二）确定清算式重整模式

清算式重整一般是指将企业大部分财产进行清算处理，但最终仍保留企业主体资格的重整模式。本案中，管理人将债务人具备重整价值的资产由重整投资人取得，对于不在重整范围内的资产即债务人所持有的两处房产以公开拍卖的方式单独处置，处置所得用于清偿债权。同时由于该两处房产已设定抵押，且该两处房产不在重整的范围内，《重整计划草案》并不涉及抵押权人的利益，故在《重整计划草案》表决时不再设立有财产担保债权组。

（三）预留资金用于清偿未申报债权

根据《企业破产法》第 92 条的规定，对于在重整期间未申报的债权，可以在重整计划执行完毕后依照同类债权的清偿比例予以受偿。在本案中，管理人出于对未申报债权风险的考虑，在重整投资人所提供的偿债资金中预留了 300 万元用于清偿未申报债权，同时在公开招募时亦明确，在对未申报债权的清偿中，首先由该 300 万元进行清偿，如不足的，则由重整投资人依照同类债权的清偿比例予以清偿。

（四）债务人自行管理财产和营运事务

本案中，公司的主要人员均未离职，且在管理人进驻后查明债务人拥有建设工程施工总承包特级资质以及设计资质甲级资质，依托这些资质，允许相关主体以内部承包模式对外承接项目工程，获取一定的管理费，公司尚未完工的工程，债务人本身亦具有自行管理的意愿以及自行管理的条件，最终在人民法院的许可下由债务人自行管理财产和营业事务。

同时在该案件中，管理人在征求债务人管理人员以及人民法院意见的基础上，管理人制定了《印章使用管理和监督办法》《资金支付审批管理和监督办法》和《合同管理和监督办法》，建立了债务人清算期间印章使用、资金支付审批、合同签订及履行的监督制度，确保债务人营业事务有序合规开展。管理人在监督债务人的基础上，对于管理人的监督情况，定期向人民法院进行汇报。

后　记

一、振邦律师事务所在建筑企业破产重整领域的探索与实践

浙江振邦律师事务所成立于2004年，一直专注于建筑企业及建设工程非诉、诉讼法律服务，自成立时就已初步设立破产团队，至今已服务大小型建筑企业百余家，累计办理破产重整案件8件，办理的各种类型建筑企业破产重整案件多次被浙江省高级人民法院、绍兴市中级人民法院、诸暨市人民法院等评定为典型案例，获奖颇丰。律所破产团队积极参与浙江省律师协会企业破产管理专业委员会组织的各项业务研讨，深入学习《企业破产法》及相关司法解释等相关文件，并多次参加中国人民大学破产法研究中心主办的全国性破产法论坛，研讨学习，作为破产管理人办案的知识储备。同时，律所也积极参与诸多破产理论和实务方面的调研、案例分析和论文撰写，并多次在相关媒体或刊物上发表或获奖。

2016年，律所破产团队开始关注于建筑企业破产重整法律服务事务，由于建筑行业开始走下坡路，所服务的建筑企业法律顾问单位存在一定的债务危机及项目风险，因此团队逐步开始洞察和研究建筑企业重整法律实务问题以及与重整的相关实质性方案、措施，并定期组织破产团队学习研究优秀建筑企业破产重整方案，联合并组织中国破产法论坛、建筑业协会、破产法学研究会、浙江大学光华法学院破产法研究中心等破产法研究机构研讨建筑企业破产重整中的相关实务问题及学术问题。近年来，团队成员担任了多家建筑企业破产重整的管理人，并取得了优秀的履职成果，办理建筑企业重整

实践经验丰富。团队成员针对建筑企业重整的实务问题和学术研究多次发表论文，进行研讨，获奖无数，团队实务及理论水平得到提高。浙江振邦律师事务所组织的"振邦习法讲坛"定期举办破产实务内训，邀请全国破产法领域知名学者、教授、专家讲授、培训破产法律实务，不但增强了破产团队的理论知识，为服务建筑企业破产重整案件奠定了理论基础，而且也逐步形成了振邦破产团队研究、复盘建筑企业破产重整法律实践的重要途径。律所破产团队深耕建筑企业法律服务，通过长期的建筑企业法律实践服务及破产管理人的履职经验，逐渐发现建筑企业破产重整的必要性及重要性。

浙江振邦律师事务所破产团队自 2016 以来至今，担任大量建筑企业的破产重整管理人，于建筑企业破产重整实操中不断完善理论创新，学习先进的重整思维，从理论中来，到实务中去，遵循建筑企业发展客观规律，严守管理人尽职、敬业精神，充分合理运用政策规范重整程序，实现破产重整人、债权人及投资人的利益最大化，化解社会矛盾，促进建筑企业破产重整案件的法律效益、社会效益、经济效益的统一。

2016 年，在某越建设重整案中，管理人团队探索了一条分离式处置的破产清算新道路，为绍兴地区建筑企业乃至全国具有特殊资质且资质具有较大经济价值的企业破产清算、重整提供了参考价值，该重整案例成功入选了 12348 中国法网案例库，并作为先进经验被国家级刊物《建筑时报》专刊报道。团队担任重整投资人法律顾问参与的浙江某谊公司重整案被浙江省高院列入 2017 年度浙江十大破产审判典型案例。

2017 年 4 月 23 日，律所主任李乐敏带领律所破产团队成员参加了由中国人民大学破产法研究中心、浙江省绍兴市中级人民法院、绍兴市司法局、北京市破产法学会联合主办的"中国破产法论坛——破产管理人制度的实践与创新专题研讨会"论坛。论坛围绕管理人制度的实践与创新开展讨论，李乐敏受邀在论坛上作了题为"反向出售式重整模式在建筑企业破产程序中的运用——兼评某越建设破产重整案"的演讲，对建筑企业破产案件的特点、破产重整模式的选择及如何破解法律难题等相关内容进行了分享与交流。李乐敏、苏凌蓉律师合作撰写的《融资租赁物的取回权即权利冲突探析——以破产管理人为视角》一文，更是在参选的 200 余篇论文中脱颖而出，荣获二等奖。

2017 年 6 月，因在破产领域获得的突出业绩，振邦律师事务所被中国人民大学破产法研究中心、北京市破产法学会吸收为会员，成为浙江省内首家被吸收为会员的律师事务所。

2017 年 10 月 26 日，律所破产团队成员丁天甲律师作为绍兴市破产管理人代表参加了绍兴市中级人民法院组织召开了"破产审判与管理实务分享——经验交流与问题探讨座谈会"，会上结合律所破产案件的办理经验、团队建设管理经验以及如何带领团队走出去这三个方面，分享了律所办理破产案件的过程。

2018 年 4 月 21 日，律所破产团队受邀参加了"中国破产法论坛·破产法市场化实施的配套法律制度"专题研讨会，团队成员撰写的论文《府院联动机制建设与司法权、行政权协调问题的实践探索》荣获论文征文三等奖。

2018 年，振邦律师事务所成功取得浙江省省级管理人资格，成为浙江省破产管理人协会首家理事单位。

2018 年 11 月 11 日，律所破产团队在李乐敏主任带领下参加了第九届中国破产法论坛暨改革开放四十周年纪念研讨会，李乐敏主任受大会组委会的邀请，在会议上就"破产重整制度的改革与实务创新"这一论点作主题演讲，对传统企业存续型重整、事业让与型重整、清算型重整模式作简要介绍并结合自身办案经验，将几种在破产实践中较为创新的重整模式作了重点分析。律所向大会提交的三篇论文，包括李乐敏、傅梦露、苏凌蓉、丁天甲撰写的《房地产企业破产的破产重整价值认定——兼议引进共益债务模式》一文；李乐敏、王荣江、傅梦露撰写的《房地产企业破产重整中商品房买卖合同处理之实务探析》一文；李乐敏、俞鲁烽、陈维撰写的《破产重整制度的改革与实务创新》一文皆被收录至大会论文集。

2019 年 6 月 15 日，李乐敏主任、丁天甲律师应邀参加由中国人民大学法学院、中国人民大学破产法研究中心、中国国际贸易促进委员会法律事务部、北京市破产法学会主办、广西壮族自治区高级人民法院承办的第十届中国破产法论坛。会上，李乐敏主任作为特邀演讲嘉宾，在大会上就其撰写的

《建设工程司法解释二对建筑施工企业破产的影响——以实际施工人的工程款债权为视角》一文，发表了主旨演讲，获得了现场强烈共鸣和业界一致好评。该篇论文也同时荣获此次活动"第十届中国破产法论坛"优秀论文征文二等奖。在建筑企业破产重整领域，李乐敏主任提出的"反向出售式重整模式"，开创了浙江省内乃至全国利用破产重整模式保护企业优质壳资源的先河。

2019年11月，振邦律师事务所荣获"2019ENR/建筑时报最值得推荐的中国工程法律10家专业律师事务所"，李乐敏主任、丁林阳律师获"2019年最值得推荐的60位中国工程法律专业律师"。

2021年3月17日，浙江振邦律师事务所担任破产管理人的某达建设、某达交通合并破产清算转重整案入选2020年度浙江法院破产审判十大典型案例，本案是对具有运营价值的民营建筑企业进行破产重整的典型案例。浙江振邦律师事务所作为破产管理人主要采取"分离式"重整模式，通过资质加人员加技术等重整范围的确定，对资产和债务进行分离式处置，盘活企业现有资源，实现各方利益最大化；在投资人招募方面，浙江振邦律师事务所综合评定招募投资人，有效防止重整失败可能导致的债权人、债务人、投资人等多方损失，最大限度保全某达建设、某达交通持续的营运价值；在工程款归属方面，浙江振邦律师事务所按照"谁投入、谁受益、谁负责"的原则确定工程款归属方，同时通过债务人继续营业推进在建工程项目，既减少了债务人损失，又维护了施工秩序与社会稳定。

2021年9月4日、5日，浙江振邦律师事务所破产团队应邀参加第十二届中国破产法论坛。论坛由中国人民大学法学院、中国人民大学破产法研究中心、中国国际贸易促进委员会法律事务部、北京破产法庭、北京市破产法学会主办。论坛交流当前破产主题前沿务实，其中关于预重整的相关问题及个人破产业务的开展与实施受到了所邀嘉宾的广泛关注。浙江振邦律师事务所主任、破产团队负责人李乐敏以"新时代'枫桥经验'在预重整实践中的探索与创新——以越美预重整案为视角"为主题进行了演讲，李乐敏、傅梦露律师等撰写的《新时代"枫桥经验"在预重整实践中的探索与创新——以越美预重整案为视角》一文获得本届论坛优秀论文征文二等奖。

2021年10月16日,"中国破产法论坛——建筑企业重整法律问题专题研讨会"在诸暨市枫桥学院召开。本次会议由中国人民大学民商事法律科学研究中心、中国人民大学破产法研究中心、中国建筑业协会法律服务工作委员会、浙江省诸暨市人民法院、北京市破产法学会主办。浙江振邦律师事务所李乐敏主任在研讨会中以"建筑企业重整的反思和展望"为主题围绕反向出售式重整的思疑、重整投资人招募的再考量、工程款处理的合法性、正向出售式重整模式的探索、预重整制度的适用等方面作了主题发言。由阙梓冰、李乐敏、苏凌蓉、傅梦露、翁雪毓组成的"建筑企业破产中的法律问题研究"课题组撰写的《建筑企业破产中的涉工程款争议及其应对》荣获优秀论文征文一等奖。由李乐敏、丁林阳、俞鲁烽、丁天甲、傅梦露、翁雪毓组成的浙江振邦律师事务所破产团队课题组撰写的《建筑企业破产重整案件法律问题实务研究》荣获优秀论文征文三等奖。

2021年,振邦律师事务所荣获"2021年最值得推荐的10家中国工程法律专业律师事务所",李乐敏主任、丁林阳律师获"2021年最值得推荐的60位中国工程法律专业律师"。

2022年12月3日,第十三届中国破产法论坛在宜宾举行,律所李乐敏主任在论坛中以"统一大市场背景下破产管理人的知与行——以建筑企业破产重整为视角"为主题,围绕全国统一大市场与建筑行业新常态、新常态下建筑企业破产管理人的知行革新、新常态下破产管理人履职之再构等方面作了主题发言。破产团队李乐敏、傅梦露律师撰写的《统一大市场背景下破产管理人的知与行——以建筑企业破产重整为视角》一文,荣获第十二届浙江律师论坛论文三等奖。此外,律所推荐的《〈企业破产法〉修订增设预重整的制度构建分析》《债务人清算不能情况下的股东责任分析——以〈全国法院民商事审判工作会议纪要〉为视角》和《自然人纳入企业实质合并破产主体范围的法律路径研究》3篇论文被收录至论坛论文集。

2023年6月10日,"中国破产法论坛之营商环境优化与办理破产数智化"专题研讨会在杭州富阳召开。本次论坛由中国人民大学破产法研究中心、北京市破产法学会、最高人民法院《法律适用》编辑部、浙江省法学会破产法学研究会、杭州市委政法委、杭州市中级人民法院、杭州市法学会主办。律所李乐敏、俞鲁烽律师受邀参加本次论坛且李乐敏主任作了"对我国现行破产财产网络拍卖制度的分析与展望"主题演讲。由丁天甲、李乐敏撰写的《对我国现行破产财产网络拍卖制度的分析与展望》荣获本届论坛优秀论文征文二等奖。

2023年10月21日，第十四届中国破产法论坛在北京举办，本次论坛由中国人民大学法学院、中国人民大学破产法研究中心、中国贸促会法律事务部、北京市破产法学会、北京破产法庭等单位联合主办，吸引了来自全国各地法院系统、政府部门、高校科研及传媒机构、检察机关、仲裁机构、金融系统、拍卖协会、管理人系统的900余名专家、学者及实务人士参加。律所李乐敏主任在论坛"房企破产·金融机构·跨境破产"议题上，作"建筑企业破产重整中投资人的招募与确定"主题演讲。破产团队撰写的《建筑企业破产重整中投资人的招募与确定》《"保交楼"背景下房企的纾困挽救路径——基于Z市纾困基金案例分析》《对我国现行破产财产网络拍卖制度的分析与展望》三篇文章被收录至本次论坛论文集。其中傅梦露、丁天甲分别合著的《"保交楼"背景下房企的纾困挽救路径——基于Z市纾困基金案例分析》《对我国现行破产财产网络拍卖制度的分析与展望》皆获得第十四届中国破产法论坛优秀论文征文三等奖。

2023年10月27日，为支持湘潭大学的教学、科研工作和教育事业发展，进一步推进破产法的学习与研究、应用与实践，浙江振邦律师事务所向湘潭大学捐赠50万元以设立"振邦破产法科研奖励基金"。"振邦破产法科研奖励基金"启动仪式由湘潭大学法学院副院长、教授吴勇主持，湘潭大学法学院院长、教授欧爱民致辞，湘潭大学法学学部副部长、党委书记陈双喜，中国人民大学教授、博士生导师徐阳光，湘潭大学特聘教授、中国人民大学教授、博士生导师王欣新出席仪式并依次讲话。"振邦破产法科研奖励基金"的设立，促进了振邦所与国内知名高校在破产法学领域的深度合作，以课题为导向，推动理论与实践不断融合。

2023年12月3日，由破易云及法度研究院主办，以"破·焕新经济发展、立·重塑经济价值"为主题的2023年度无破大会在北京·梅地亚中心盛大开幕。来自全国的上百家优秀品牌及众多领军人物，以及众多破产与特殊资产行业相关人士现场参与此次盛会。大会上，"中国破产与特殊资产行业首个权威名册——《WUPO2023中国破产与特殊资产行业年度名册》发布。超4685家品牌深度参与，涵盖了破产与特殊资产行业的各个领域，力求深入行业内部，挖掘了中国破产与特殊资产领域内最值得目光锁定的卓越机构、前沿技术与服务品牌、经典案例以及影响力人物。振邦所入选多个榜单并斩获荣誉。浙江振邦律师事务所入选"100家年度卓越法律服务机构"、承办的浙江越美国际轻纺商贸城有限公司预重整转重整案入选"50个年度经典案例"、傅梦露律师入选"TOP30·年度新锐领跑人物"。

2023年12月，浙江振邦律师事务所入选"2023年最值得推荐的10家中国工程法律专业律师事务所"，李乐敏主任、董冬律师入选"2023年最值得推荐的80位中国工程法律专业律师"。

在建筑企业破产重整实务及理论学术中，浙江振邦律师事务所一直走在全省破产法律服务团队前列，并始终保持对建筑企业重整法律问题的研究与学习。

浙江振邦律师事务所破产团队虽在建筑企业重整法律实务方面取得了颇丰的成绩与优秀的履职经验，但仍坚持初心，将理论与实践相结合，政策与法律相贯通，并努力使债务人、债权人及重整投资人的权益最大化，实现各方的重整共赢。

二、振邦律师事务所在建筑企业破产重整领域的业务创新

（一）建筑企业资质以及其承建工程业务纳入重整范围

团队在承办破产重整案件过程中，将破产重整企业名下建设工程施工资质等无形资产、在建未完工程项目及处于保修期的项目等资产及相关的责任和义务纳入重整范围进行重整，破产重整企业由此为新生企业并重组给重整

投资人；不在重整范围的资产及债务则按账面原值和原有法律状态剥离分隔至专门设立的资债处置公司由管理人继续处置；剥离分隔资产的处置及清理所得和重整投资人为取得重整资产而提供的偿债资金同时纳入破产重整企业重整计划偿债资金范围并向各债权人进行清偿。

（二）重整过程中涉及未施工完工程项目的重整新思路

团队通过整理重整方案，将破产重整企业的工程列入重整范围，由重整后的企业继续履行合同，承担破产重整企业承接的所有仍在缺陷责任期已完工项目、在保修期内的已完工项目以及尚未完工的项目的管理及保修责任的；所有工程对应的未了债权、债务则处理的创新思路如下。

1. 正常在建及其他未履行完毕而尚在继续履行的建设工程系正常结算的工程，对应的施工合同及内部承包合同以及由此引起的未了债权、债务，由重整后的企业承接，继续履行合同，并在维持原有法律关系的情况下自行与实际施工人进行结算。

2. 凡有涉及项目业主（发包人）支付工程款后而为破产重整企业在破产法院受理破产清算申请前挪用的，管理人已通知所涉项目内部承包（挂靠）合同的相对人申报债权，申报的债权本金为挪用资金超出截止破产受理日可收未收管理费的部分；后续工程由重整后的企业继续履行合同。

3. 破产重整企业为项目施工或其他事项垫款的，该项目或合同中的垫款及对各合同相对人因此形成权益事项，由管理人继续处置，不在重整范围。

4. 对于破产重整企业作为施工方，项目工程目前处于停工或者存在重大问题的，由此引起的债权债务，由管理人继续处置，不在重整范围。

（三）资产和债务进行分离式处置重整模式

团队在处理破产重整案件中，重整范围确定为公司商号、继续经营下的市场影响力等商誉无形资产，银行账户，人员，全部建设工程相关资质以及需要由重整投资人承担的义务和责任。银行账户、人员由重整投资人根据经营需要，在重整计划经人民法院裁定批准之日起15日内确定其所需的清单和名册，并经管理人许可后，与管理人按《重整投资协议》约定的期限和标准进行移交、结算。不在清单或名册之列的银行账户、人员由管理人负责清理、处置。

破产重整企业正常在建及其他未履行完毕而尚需继续履行或清理的建设工程施工合同、对应的内部承包（挂靠）合同及与这些合同相关的未了债权、债务，以及对仍在缺陷责任期或保修期内的已完工项目的管理及保修责任，不在重整范围内，由管理人负责处置，处置净所得纳入重整计划向债权人相应清偿。

不在重整范围内的资产、负债、分公司、人员、账户等及相关的权利和义务由资债处置公司享有、承担、处置，重整投资人应当给予必要配合和协助。

资质资产与债务进行分离式重组的方案，实现了反向出售式重整模式，具有一定典型示范意义，将不良资产进行剥离，留下优质资产由投资人进行股权收购，一定程度上实现了建筑企业的延续，也实现了良好的法律效益与社会效益。

关于建筑企业重整的创新，浙江振邦律师事务所也在实务操作中不断地推进与完善，每个建筑企业的发展模式及资产、债务各不相同，破产团队在研究破产重整方案时，也会因地制宜、推陈出新，逐步达到投资人、债权人、债务人可承受范围，并结合相关政策及法律实行创造性、创新性重整方案，实现良好的法律效益及社会效益。

基于振邦破产团队多年的建筑企业破产重整领域理论与实践的探索及创新，恰逢建筑企业转型发展的契机，以重整方式促进建筑企业转型升级为本书撰写的理念，为建筑企业的转型、发展、创新与可持续性贡献团队的绵薄之力。本书的撰写与出版也是振邦团队在建筑企业重整法律服务领域的一次总结与突破，聚焦当下建筑企业重整、优化的新路线、新理论，以抛砖引玉、投石问路。振邦破产团队以著书的方式接受专家、学者、同行等专业人士的指导、批评与相互学习，从而增进团队的知识储备与理论创新，为了团队能够更好地服务转型发展中的建筑企业并提供优质、专业的法律服务。

图书在版编目（CIP）数据

建筑企业破产重整法律实务／李乐敏主编．—北京：中国法制出版社，2024.5
ISBN 978-7-5216-4489-0

Ⅰ.①建… Ⅱ.①李… Ⅲ.①建筑企业-破产法-研究-中国 Ⅳ.①D922.291.924

中国国家版本馆CIP数据核字（2024）第087180号

责任编辑：李宏伟　　　　　　　　　　　　　　　　封面设计：周黎明

建筑企业破产重整法律实务
JIANZHU QIYE POCHAN CHONGZHENG FALÜ SHIWU

主编／李乐敏
经销／新华书店
印刷／三河市国英印务有限公司
开本／710毫米×1000毫米　16开　　　　　印张／18.75　字数／216千
版次／2024年5月第1版　　　　　　　　　　2024年5月第1次印刷

中国法制出版社出版
书号 ISBN 978-7-5216-4489-0　　　　　　　　　定价：68.00元

北京市西城区西便门西里甲16号西便门办公区
邮政编码：100053　　　　　　　　　　　　　　传真：010-63141600
网址：http://www.zgfzs.com　　　　　　　　　编辑部电话：010-63141804
市场营销部电话：010-63141612　　　　　　　　印务部电话：010-63141606

（如有印装质量问题，请与本社印务部联系。）